586이라는 이름의 어른들

586, 이제 괴물의 시대를 끝내자.

나는 497세대다. 즉 40대, 90년대 학번, 70년대 출생이다. 이 세대를 X세대라 한다. 내가 고등학교 때 서태지의 '난 알아요'가 나왔고 대학 때는 김현정의 '그녀와의 이별'이 나왔다. X세대는 부모세대가 겪었던 보릿고개라는 것을 눈으로도 보지 못한 세대였고 오늘보다 내일이 더 풍요로와지는 모습을 보고 자란 세대였다. 대학 때부터 배낭여행을 간 세대였다. 꿈을 향해 쫓아가는 세대였다. 그렇게 자유롭게 자란 세대였다.

그런데 바로 앞 선배 586세대는 이상한 얘기를 했다. 그들은 대한민국을 저주했다. 그들만이 가진 생각이 옳고 다른 생각은 전부 틀렸다고 주장했다. 이 땅의 발전을 일궈온 그런 우리 부모세대를 욕했다. 모든 것을 저주했다. 모든 것이 잘못됐다고 했다.

하지만 이상했다.

그들은 497세대보다 더한 혜택을 만끽하고 자랐다. 대학이 대폭 늘어나면서 우리 부모세대는 언감 생신 꿈꾸지도 못했던 대학에 입학했다. 폭발적으로 성장하는 경제 속에 넘쳐나는 일자리로 인해 졸업장만 있으면 모두가 취직했다. 허구한 날 데모와 그들만의 토론 속에서 밤을 지새우고 아무런 스펙과 경력이 없어도 기업에 취직했다. 2,3년만 외국에 갔다 오면 갑자기 대학교수가 됐다.

그런데 497세대가 대학을 졸업할 무렵, IMF가 터졌다. 졸업장만 있으면 취직되던 선배들 모습만 보던 497세대에게 취직이란 거의 불가능에 가까운 시련이었다. 그럼에도 그들은 운(?) 좋게도 피했다. 부모세대는 나이가 많고 직급이 높다고 직장에서 쫓겨 나왔지만 그들은 아직 어리다고 자리가 유지됐다.

대한민국 건국 이래 이보다 운 좋은 세대는 없었다.

그럼에도 그들은 항상 모든 것이 불만이었고 모든 것이 기득권 때문이라고 했다. 모든 것을 빼앗아야 한다고 했다. 그것을 빼앗아 나눠주겠다고 했다. 반대 의견은 없었다. 586들 모두가 그런 것은 아니겠지만 이런 주장에 반대하는 의미 있는 동세대 주장은 없었다. 반대 의견이 있으면 무리를 지어 욕을 하고 낙인을 찍었다. 어떤 세대보다도 모든 것을 정치적으로 해석하고 권력에 대한 집착력이 강했다.

어느 날 뉴스를 보니, 공부는 안하고 구호만 외치던 사람들이 소위 386이라고 해서 정치권에 대거 들어갔다.

그래도 그런가 보다 했다.

어쨌든 사회는 여전히 노력하는 자에게 보상을 해주는 그런 시스템으로 돌아가는 줄 알았다. 그게 파시즘이고 전체주의이며 우리 삶의 방식을 완전히 부정한다는 의미를 몰랐다기보다는 그들의 말에 동조해주면 우리에게도 (떳떳하진 않지만) 떡고물이 생길 줄 알았다. 그렇게 386으로 들어간 세대는 586이 되도록 30년간 모든 나라를 장악해서 그들만의 잔치를 벌렸다. 그러나 586세대의 구호 속에서 497세대는 침묵했다. 악의 방관이었다.

간단히 말해서, 586의 정의는 남의 것을 빼앗아 오는 것 그 이상도 그 이하도 아니다. 남의 불의를 없는 것도 만들어 지적하면서 꼭 그것을 자신들의 이익으로 바꿨다. 그들은 현실에서 맞닥뜨릴 수밖에 없는 타협과 협상의 과정을 모두 불의라고 매도하였지만, 사실 그들이 정의를 세우는 것은 이익의 약탈을 위해서였다. 개인이 아닌 집단의 구성원이기만 하면 모든 것이 용서됐다. 집단적 힘의 과시만이 법적 절차를 무너뜨릴 수 있기 때문이었다.

광우병선동, 촛불난동, 약탈을 위한 무조건적 파업 등등은 지난 586세대가 주축이 된 30여 년간의 우리가 보아온 대한민국이었다.

그 결과가 오늘의 대한민국이 될 줄은 아무도 몰랐다. 그러는 와중에 497세대는 정작 아무것도 얻은 것 없이 586과 같이 '꼰대'가 되고 말았다. 정확하게 꼰대 소리조차도 못 듣는 잊혀진 세대가 되고 말았다.

무엇보다 586을 제외한 모든 세대는 이제 그들만의 리그에 들어가지 못하면 아무것도 얻을 수 없다. 그들이 남의 것을 빼앗아 나눠주는 몇 푼의 대가는 영원한 굴종이다. 586은 현재 입법, 사법, 행정 등 모든 권력기관과 모든 사회 영역에서 활동하고 있다. 그러나 조국사태에서 보았듯, 그들의 탐욕은 아직도 끝이 없다. 현재의 권력과 부에도 만족하지 못하고 미래세대의 그것마저 빼앗으려 하고 있다. 국민들과 청년들에게 푼돈을 공짜로 준다는 이유로 이 땅에 노력들을 빼앗아 준다고 하지만, 결국 뒤에서 막대한 수수료를 챙긴다. 그러나 그 수수료는 결국 우리의 노력과 땀이고 우리가 그들의 자식이 아닌 한 영원히 그들 가문의 밑에서 살아야 한다는 것은 또하나의 덤이다. 586 잘난 부모를 만나지 못하면 이젠 개천에서 용이 날 수 없다.

이 책은 우리사회의 '빅브라더'가 된 586에 대한 젊은이들의 저항이다. 무엇보다 젊은이들의 시각과 삶을 열심히 살아왔던 젊은이들의 체험으로 586의 악마성을 지적하는 내용은 다른 어떤 세대의 설명보다 설득력이 있다. 이 추천사에 의문이 들면 책을 끝까지 읽기 바란다.

악의 방관자였던 497세대, X세대를 대신하여 이들을 응원한다.

변호사

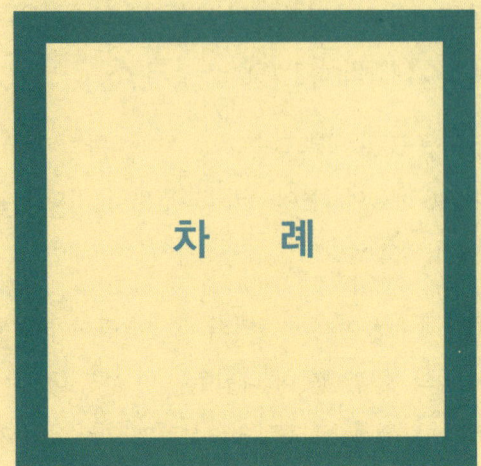

작가소개…11

에필로그…22

정의는 권력 앞에서 패배하기도 한다…36

광우병 파동이 신세대를 구분짓다…86

"세월호"라는 현상은 왜 일어났을까?…134

홍콩에서 온 편지…142

교육시스템 안에서 열린 사회의 저항…148

생각을 강요 받는 사회, 강요를 학습 받는 사회…156

학교 밖에서도 생각을 강요하는 세대…162

신세대, 빅브라더를 거부하다…192

강주아오 대교와 홍콩의 분열…224

분열과 배경…228

홍콩민주화 주역들의 한국과의 인연…246

대한민국은 어떻게 붕괴될 것인가?…254

신세대의 자유국가와 열린사회, 그리고 징병제…276

대한민국 신세대들의 미래를 위하여…294

"책을 마치며"…306

저자소개

현대의 부모들은 요람과 식탁에서 자식들에게 사랑을 속삭이지만,

투표와 노조에서는 자식들의 미래를 착취하기 바쁘다.

작가소개

장효섭

나는 고3 때 박근혜 대통령이 탄핵되는 순간을 보면서 대학에 들어갔다. 그때와 그 이전에도 나름대로의 정치적 성향은 가지고 있었지만, 그건 어떠한 이유도, 명분도 없는 편가르기의 감정일 뿐이었다. 하지만 지금은 명분이 있다. 내가 과학을 전공할 사람이기 때문이다.

과학자와 기술자에 대해 이렇다 할 정책을 중심에 놓은 정권은 없었지만, 문재인 정권은 달랐다. 정치 논리에 따라 기술자들을 적폐로 몰아넣었다. 그 중 하나는 원전이다. 이유는 단순했다. 원전은 필요악이지만, 대중들에게 거부감이 있기 때문이다. 원자력공학이나 유전공학(GMO)은 공부를 해야 이해할 수 있는 학문인데, 이 정권에서는 말초적인 공포에 의존하는 정책을 계속 펼쳤다. 탈원전 정책이 어느 순간 중지되는 듯했지만, 국내의 원전 산업은 괴멸적인 피해를 입었다. 탈원전 다음에는 어떻게 진행될까? 탈원전에 반대했던 산업체 직원들의 탄압? 아니면 탈원전에 반대했던 환경 과학자들의 탄압?

그런데, 이런 분노들을 자기 페이스북에다 쓴다고 해서 세상이 달라진다면, 이런 일은 진작에 일어나지 않았을 것이다. 간혹 고전으로 돌아갈 때 더 좋은 결과를 보이기도 한다. 좋은 예이든, 나쁜 예이든 "반일종족주의"라는 책은, 책이라는 고전적 매체의 한계에도 불구하고 많은 논란을 이끌어 냈다. 내가 생각한 과학의 몰락을 막을 방법은 당원 가입도, 페이스북과 트위터에서 팔로워를 만드는 것도 아닌, 책이라는 매체를 통해 의견을 피력하는 것이었다.

나는 1년에 5명만 과학에 대해 관심을 가져달라고 설득할 것이다. 나에게 설득 당한 사람이 또 1년에 5명을 설득한다면, 5년이 지나면 거의 3000명의 사람이 나와 같은 의견에 동조하게 된다.

누구든 절실하지 않은 적은 없다. 여기 실린 모든 필자들의 정치관은 조금씩, 어쩌면 거의 정 반대의 의견일 수도 있다. 모두들 제 각각의 절실함을 가지고 있다. 우리의 이야기를 읽은 후, 독자의 의견을 바랄 뿐이다.

최승혁

나는 만 10세가 되지 않은 어린아이다. 무슨 뜻인가 하겠지만, 내가 남한으로 오기 전의 나의 생활은 내 것이 아니었기 때문이다.

나는 매우 유복한 가정에서 태어났으나 아버지의 좌초와 죽음, 또 그에 따른 생활고 때문에 중국에서 떠돌다 하나님의 은혜를 입어 자유의 땅 대한민국의 품에 안겼다.

나는 비록 북한에서 배운 것이긴 하지만, 아코디언을 잘 한다. 솔직한 말로 대한민국의 여느 프로들 수준이라고 감히 말할 수 있다. 나는 아코디언으로 사람들에게 행복을 줄 수 있다는 것을 깨달았다. 대한민국에서 봉사의 즐거움을 알 수 있었고, 나의 특기로 많은 이들에게 즐거움을 주어서 2017 대한민국 인재상(장관상)을 수상하였다. 대한민국에서 봉사라는 단어와 북한에서의 봉사라는 단어의 의미는 엄청 다르다. 모든 것이 감사밖에 없는 삶을 살게 해준 이 나라에 감사한다.

지금은 스스로 공부한 일본어로 일본 대학 입시에 성공하였고 지금은 오사카 지역 4대 사립대에서 학업에 열의를 다하고 있다. 지금은 잠시 귀국하여 국가의 존속을 걱정하고, 기성세대의 비리에 분노하며, 마음이 맞는 분들과 소통하고 있다. 이 땅에 다시는 불행한 역사가 오지 않길 기도하며.

강사빈

중학교 졸업 직후, 박근혜 전 대통령이 탄핵당했다. 그런 모습을 지켜보면서 여러 사회 문제들에 직접적으로 관심을 가지기 시작했다. 그 중에서도 나에게 가장 크게 다가온 것은 '역사'였다. 처음에는 '일본의 역사왜곡'에 관심을 가지고 공부를 하기 시작했다. 역사에 관심이 많은 대부분의 또래 친구들도 그랬을 것이다. 그런데 공부를 하고 여러 사람들을 만나 토론도 하며 의견을 공유해보니 '역사 왜곡'이라는 것이 엄청나다는 것을 알 수 있었다.

"내가 느꼈던 다른 역사 왜곡들을 고치려면 어떻게 하면 될까?"라는 생각을 가지고 고민을 하게 되었다. 그래서 이런 문제를 해결하는 데에는 '조직적인 활동'이 필요하다는 생각을 하게 되었고 어느 정도의 공신력을 인정받을 수 있는 '사단법인'을 설립하겠다는 결심을 하였다. 여러 분들의 도움덕택에 6개월동안 열심히 달려 마침내 2017년 12월, 최연소로 사단법인을 설립하게 되었다. 설립된

법인의 이름은 '사단법인 한국역사진흥원'.

대한민국역사박물관에 왜곡되어 서술되어 있는 전시내용 일부를 다양한 활동을 통해 수정을 이끌어내는 등 활발히 시민사회에서 활동하고 있다.

기성세대들은 많은 고난과 역경을 극복해서 '오늘'을 우리에게 선물해주신 분들이다. 그렇기 때문에 그 고난과 역경을 다시 겪지 않을까 라는 두려움에 자신이 좋아하는 일에 도전해볼 용기가 많이 없는 것 같다. 하지만 나는 아직 19년밖에 살지 않았기에 그 시간 속에서 그 분들이 겪었던 엄청난 고난과 역경을 잘 모른다. 그러나 그러한 두려움이 없는 것이 나의 장점이자 단점이라고 할 수 있다.

현재 나의 신분은 고등학생이자 사회운동가이자, 그리고 언론인이다. 역사 전문 언론이 없는 것이 안타까워 개업을 했다. 현재는 나를 믿어주는 다른 청소년들과 데일리에이치, 한국역사진흥원을 통해 활발히 활동을 펼쳐 나가고 있다.

조주영

어렸을 때부터 논술학원을 하셨던 어머니의 영향으로 굉장히 책을 많이 접했다. 틈만 나면 서점과 도서관을 들락거렸다. 초등학교 1학년에 불과했을 때부터 부모님이 구독하시는 신문을 같이 볼 정도였다.

초등학교 2학년 때 '광우병 파동'과 2년 후에 일어난 '천안함 폭침'을 보고 세상에는 이해할 수 없는 일들이 있다는 것을 알았다.

2010년 지방선거에서 서울시 무상급식 주민투표 논란 때 어머니에게 배웠던

'논리적 오류'의 전형적인 예시를, 다 큰 어른들이 범하고 있는 것을 보고 세상을 바라보는 새로운 시각이 싹 텄다. 정치가 아닌 정치철학에 눈을 떴다고나 할까.

그러던 중 어느 날, 청소년 월간잡지 '중등 독서평설'을 보다가 '경제학자 소개란'에서 흥미로운 주장을 발견했다. 밀턴 프리드먼을 다룬 내용이었는데, 이 사람의 핵심 사상은 '세상에 공짜 점심은 없다'는 것이었다. 이 글을 보고 나와 맞는 사람이라는 생각이 들어 그가 누구였는지 찾아보았고, 대표적인 저서 '자본주의와 자유'를 읽었다.

이 과정에서 아인 랜드와 같은 자유주의자들을 알게 되었고, 그들의 사상을 공부하면서 나에게 가장 잘 맞는 사상은 자유주의라는 생각이 들었다. 공동체의 권위적인 질서도 딱히 좋아하진 않았고, 반대로 복지국가를 만든다며 개인에게 높은 세금을 물리는 것도 내가 좋아하는 사회는 아니다.

정리하자면, 어렸을 때부터 책과 신문을 많이 읽었던 영향, 그 시기에 있었던 정치적 상황, 마지막으로 나의 개인적인 성격이 지금의 자아를 만드는 데 큰 도움이 되었다. 나는 자유국가와 열린사회를 원하고 있다.

최종원

나는 신(神)을 믿지 않는 무신론자이다.

그 '전지전능하다'는 신의 존재 때문에 수많은 사람들이 죽고 분열하는 것을 보았다. 그런데 나는 자기 삶은 신이 아니라 자기 스스로만이 구원할 수 있다고 믿는다. 신이 있다면, 신은 오히려 인류를 분열시키고 수많은 피를 부른 '독재자'라고 여겨질 것이다. '신을 믿지 않으면 지옥에 간다' 아니, 자기를 믿지 않는다고 지옥에 보내버리면 그게 신일까 라는 생각마저 든다.

왜 신 이야기를 했냐고 하면 지금 한국의 상황이 종교 전쟁과 비슷하다는 생각이 들었기 때문이다. 정치인들은 표면적으로는 국민을 '신'이라고 여긴다. 정말 그들은 국민이 '신'이라고 생각할까? 선거철이 다가오면 어김없이 시장을 돌면서 서민 코스프레를 하는 그들은 정말 국민을 '신'처럼 여기는 것일까? 아니면 필요할 때만 국민을 '신'으로 여기는 것일까?

국민이 '신'이라면 두 거대 정당이 찾는 '신'은 서로 다른 것 같다는 생각이 들어서 대한민국이 신과 상관없는 이성을 찾았으면 좋겠다는 마음에 많은 활동을 해왔다.

'확증편향 시대'를 살아가면서 '확증편향'과 '탈진실'에 맞서 싸우는 것을 꿈꾼다. '확증편향'은 자신에게 유리한 정보만 선택적으로 수집하고 불리한 정보는 무시하는' 것을 말한다. '탈진실'은 앞서 말했듯이 진실보다 감정에 호소하는 것이 더 효과적인 현상이다.

19세기 후반 프랑스의 유대인 육군장교 '알프레드 드레퓌스(Alfred Dreyfus)'가 간첩 혐의로 누명을 썼을 때 소설가 '에밀 졸라(Emile Zola)'는 [나는 고발한다]라는 기사를 <로르지>에 게시했다. 반유대주의가 득세하던 '의 시대에 에밀 졸라는 양심적인 작가 그 자체로 후대에 추앙 받았다. 드레퓌스 사건은 반지성주의가 아직도 사라지지 못하는 21세기 대한민국 사회에 경종을 울릴 만한 사건이라고 생각한다. 나도 그런 일을 할 수 있기를 기대해 본다.

장주영

우선 이런 기회를 주신 모든 분들께 감사의 말씀을 전한다.

2019년 만27세에 아직도 대학교에 다니고 있는 학생이라 감히 이런 글을 적게 될 줄은 생각도 못했다. 우연한 기회로 인하여 여러분들께 책으로 나마 나의 생각을 전할 수 있다고 생각하니 매우 영광스럽다.

어렸을 때 아버지께서 하시던 사업이 망해 빚에 시달렸지만 어려운 상황에서도 어머니의 가르침으로 나와 동생은 어긋나지 않았다. 한 가지 사건이라면, 어렸을 적 TV에 애국가를 어쩌다 들은 일이었다. '외로우나 즐거우나 나라 사랑하세'라는 가사가 가슴에 와 닿았다. 어린 마음이었지만 '나도 커서 나를 위해 훌륭한 사람이 되어야겠다'고 다짐하며 오늘까지 왔다. 2008년, 우리 가족은 재기하는 데 성공했다.

어렸을 때이긴 하지만 편향된 선생님들의 가르침이 마음에 들지 않았다. 2008년 광우병 선동을 보고 생긴 의구심 덕에 의무전투경찰로써 기동대에서 집회시위를 관리하는 것을 자원했다. 덕분에 소위 말하는 우익 집회의 폭력성도 보았고 내가 생각하는 것이 같은 진영이라고 다 통하는 것이 아님을 깨달았다.

14년 말에는 자퇴 후 경찰공무원을 준비하다 발생한 여러 건의 사고로 인해 2년을 날렸다. 이 기간 동안 노력은 언제든지 배신할 수도 있다는 걸 느꼈다. 이 사고를 계기로, 생업을 위해 경비지도사 관련 과목을 이수하였다.

비록 지금은 동아대 경영학과에 편입해 있는 상태이지만 로스쿨에 진학하고자 하는 큰 꿈을 세웠다. 롤 모델은 정의로운 모래시계검사이다. 만일 검사가 되지 못 한다 하더라도, 학변에 들어가 헌법의 가치를 수호하고 싶을 뿐이다. 그런 큰 꿈과 함께, 작은 소망 또한 있다. 아주 사적이지만, 좋은 배필을 만나 조부모님 생전에 증손자를 보여드리고 싶다.

오종택

카프카의 어릴 적 삶을 닮았다고 생각하고 있다. 카프카의 아버지, 헤르만 카프카처럼 나의 아버님은 자신의 불우했던 젊은 시절과 어려운 집안 환경에서 벗어나기 위한 수많은 지난 노력을 어린 나에게 주지시켰다. 하지만 아버지가 평생 어렵게 일궈 놓으신 것에 대해서 관심조차 없던 나는 아버지의 비난을 받았다. 아버님도 자신이 초안한 삶을 아들에게 받아들이라고 강요하는 것 이외에는 부자간에 많은 대화가 없던 성장기를 보낸 것을 알고 계신다. 우리 부자는 이런 불행을 최근에 비로소 극복하였다.

고독과 공동체의 경계지대에서 자라났다. 서울에서 태어났지만 7살까지 미국에서 산 터라 초등학교 4학년까지 한국말을 제대로 못했다. 한국말 못한다고 애들이 하도 괴롭혀서, 신문을 읽고 뉴스를 따라 말하는 것으로 한국어를 배웠다. 딱히 의도한 건 아닌 데도, 그렇게 배운 말투 때문에 가끔 사람들이 매우 공손한 사람인 줄 알고 있다.

카프카는 '독일어 사용자로서 체코인도 아니었고, 독일권 유대인으로서 보헤미아 독일인도 아니었으며, 그렇다고 또 보헤미아 태생으로서 오스트리아인도 아니었다'고 한다. 나도 영어 사용자로서 미국인도 아니었고, 미주권 아시아인으로서 한국계 미국인도 아니었으며, 그렇다고 또 서울 태생으로 서울사람도 아니었다. 그러한 이유로 한국의 사회와 문화에 완벽히 녹아들지 못하였다. 잦은 이사는 연고지에 대한 연고감을 없앤다. 고향이나 고향의 공동체가 가진 의미를 삶에서 찾기 힘들어진다. 그렇다고 고독스러운 것은 아니다. 고독과 공동체의 경계지대에서 살아가는 특별한 자유를 누리고 살아가고 있다.

다른 훌륭한 사람처럼 청춘이 시작하는 반경(半徑)을 긋고나서 삶의 성공이라는 멋진 원을 그리고 싶다. 하지만 무슨 원을 어떻게 그려야 할지 아직 고민이 많다.

에필로그

에필로그

LAISSEZ NOUS FAIRE! (제발 우리가 알아서 하게 해줘!)

586세대는

제발 미래를 위해서 아무것도 하지 말아줘!

　한국의 기성세대는 프랑스 혁명으로부터 굉장히 미심쩍은 교훈을 얻었다. 봉건주의 정부를 무너뜨리고 새로운 권력이 된 자신들은 이전 정부와는 완전히 다르며, 자신들의 손으로 비로소 경제가 부흥하고 정의도 되찾을 것이라고 믿었다. 날마다 부르는 혁명의 노래도 하나쯤 있을 터인데, 결국 그것은 믿음보다는 미신에 가깝게 공유되고 있다. '사랑도 명예도 이름도 남김없이'라고 불러도, 자신들은 그저 또 다른 하나의 봉건세력임을 자각하지 못하고 있다. 이것은 한가지 확실한 근거가 있다. 자신들과 자신이 축출한 세력과 세대들이 모두 전체주의적인 가치관을 갖고 있다는 것이다. 이것이 세상에 어떻게 작용하는지 쉽게 말하자면, 자신들이 권력을 가졌으니 다른 사람의 일에 참견하면 할수록 세상이 좋아진다는 자만심과 자기 합리화라는 것이 생긴다. 인터넷 없이 살아온 인류의 마지막 세대로써, 패거리 인생과 그 식견으로 성공할 수 있는 마지막 순간에 기술의 벽에 부딪쳐 사라지기 직전에 도달하였다.

루이 14세는 왕조국가의 전체주의적인 왕이지만, 단순히 전체주의가 나쁘다는 인식을 잠깐 잊게해 주기에 충분한 개인적인 인심도 갖고 있었다. 쟁취한 왕관을 누리면서도, 그는 당연히 그의 나라가 부국이 되었으면 좋겠다고 생각하였을 것이다. 그리고 그는 신하 중에 민정수석쯤 되는 콜버트라는 자를 불렀다.

루이 14세　"콜버트야, 너도 알다시피 우리는 독일과 영국이라는 강국을 둘다 맞대고 있어. 산업적으로 부국이 되어야겠는데, 경제성장을 위해서 우리가 무엇을 해야 할지 시장의 상인들과 지주들에게 우리가 해줄 수 있는 것을 물어보고 알아오너라"

어쩌면 루이 14세나 콜버트나, 현재 여러 민주국가에 군림한 정부의 행정부와 비교하면, 산업이나 경제성장의 노골적인 방해자가 아니었을지도 모른다. 어쨌든 콜버트는 소문난 직능공들과 시장의 지주들을 왕의 이름으로 방에 불러모으는데 성공하였다. 그는 이윽고 오늘날 규제를 생산하는 선출직들과 똑같은 질문을 하였다.

콜버트　우리 국가가 시장에서 도태된 가난한 사람들을 돕고, 너희들도 더 잘 살 수 있도록 하는 방법이 무엇이 있을까?

그래도 어쩌면 당시 프랑스의 실업가들은 오늘날 한국의 기업가보다는 수천배는 용감했을지도 모른다. 그들은 얼굴을 찌뿌린 채 얼마간 서로 몇 마디를 수군

거린 뒤, 왕의 이름으로 내려온 그 신하에게 입을 모아 외쳤다.

"LAISSEZ NOUS FAIRE! (제발 우리가 알아서 하게 해줘!)"

이런 비유는 어떤 이에게는 크게 와닿지 않는다. 17세기와 오늘날이 얼마나 다른데, 이와 같은 비화가 무슨 교훈이 있겠냐는 말이다. 물론 17세기의 모습은 21세기의 모습과는 전혀 다르다. 현대인들이 비행기로 여행을 할 때, 그들은 우마차로 여행을 하였다. 현대인들이 부드러운 나일론과 석유제품으로 옷을 짜맞춰 입을 때, 그들의 거친 직물과 찢어진 옷을 기워 입은 그들의 모습은 서로가 전혀 다른 시대임을 저절로 알게 해줄 것이다. 잘 포장된 간편조리 식품을 뜯어 따뜻하게 먹는 현대인이, 감자를 냄비에 어설프게 삶고 어제도 먹은 묽은 고깃국을 먹는 17세기보다 더 우월하다고 생각할 것이다.

하지만 여기서 현대의 사람들이 가진 최악의 모순이 있다. 청년이 유사이래 직면한 최악의 경제위기와 실업을 최신의 끔찍한 현상이라고 생각하면서도, 자신의 삶이 17세기와는 비교할 수 없을 정도로 안전하고 쾌적하다고 여긴다.

이 모순을 이해하기 위해서는 신세대가 왜 17세기의 프랑스 실업가와 같은 목소리를 갖고 있는지 알아볼 필요가 있다. 왜 신세대 청년들은 386과 586세대를 혐오하고, 그들의 완전한 몰락과 붕괴를 원하는 것일까?

바로 이전의 386세대이었던 586세대가 신세대의 성공과 부흥을 완전히 가로막고 있기 때문이다. 이제 사람들은 규제가 경제성장을 가로막고 있다는 것은 알고 있지만, 여전히 정부가 시장에 개입해야 한다고 믿고 있다. 그 사람들은 386과 586의 대다수를 의미하며, 그들이 신세대를 가르치는 교과서에서도 마찬가지다.

한편 신세대에게는 패거리/부족/민족과 같은 끈끈한 종족주의는 성공하기 위한 삶에서 전혀 필요하지 않다. 이른바 개인주의라는 권리적 도구의 발견이 찾아왔기 때문이다. 패거리 세대에서는 개인주의를 공동체를 해체하는 악의적인 요소와 여가생활의 근거 정도의 수준으로 생각하기 마련이다. 하지만 개인주의는 남의 권리를 침해하지 않는 한에서 무제한적인 자유만을 의미한다. 그런 개인주의에서 행사하는 욕심이야말로, 우마차가 비행기로 바뀌고, 날감자가 간편조리식품으로 바뀌며, 넝마 같은 직물에서 나일론 옷으로 인류의 복지가 성장한 비결이 된다. 바로 그것을 사고 파는 것이 돈과 성공과 부흥을 가져다 주기 때문이다.

하지만 586세대는 패거리처럼 종족주의로 물들어 있다. 물들어 있기에 그러한 종족주의적인 관념이 성공과 부흥의 요소인 개인주의를 제도적으로나 정치적으로나 사회적으로도 막고 있다. 시장에 새로 진입하는 신세대의 성공과 부흥을 막는다는 것은 당연히 불황과 경제위기로 귀결된다. 기성세대는 한편으로 자신들이 오래 믿어온 관념들을 버리지 않을 것인데, 지금의 불황과 경제위기가 그들의 천재 마르크스가 알려준 자본주의의 본성이며, 인류에게 닥친 최신의 불행으로 이해하고 있다.

하지만 현실은 다르다. 이따금 들려오는 신세대 청년의 커리어적 승전보는 그들 세대가 전혀 잘못된 미신에 빠져 있고 다음 세대를 뼈저리게 착취했다는 사실에 경종을 울린다. 손흥민처럼 인간의 성공과 승리에 열광하는 우리는 왜 성공과 번영의 반댓말인 불황과 경제위기를 맞이하고 있는지 질문을 던져야 한다.

오늘의 불황과 경제위기는 그것을 인공적으로 불러온 자들이 누구인지 명백하게 책임을 물을 수 있다. 그래서 자신의 가치대로 살고 싶은 신세대는 외치고 있다. 특히 Z세대가 외치고 있다.

"LAISSEZ NOUS FAIRE! (제발 우리가 알아서 하게 해줘!)"

이 책은 밀레니얼들과 그 즈음하여 20세기에 태어난 독자들을 위한 책이다. 그리고 그들이 읽는 책이 되기 위해 썼다. 따라서 독자와 비슷한 나이를 가진 7인의 인물로 구성되었다.

이 책은 수많은 사회문제 중에 일부분만 다루고 있기 때문에 그것을 하나하나 밟아가듯이 배우는 느낌으로 볼 필요는 없다. 지대넓얕(지적 대화를 위한 넓고 얕은 지식)처럼 넓고 얕게 쓰레기 지식을 알아 둘 필요도 없다.

다만 모든 주제를 관통하는 한가지 주제를 발견하면 이 책의 의미는 충분하다.

"Laissez nous Faire!"

탐욕의 체제라고 폄하된 자본주의 사회를 살아갈 신세대들이 오히려 희망, 선의, 발전을 지니고 그 체제와 가치를 방어하는 과정으로 보게 될 것이다. 그래서 홍콩에 대한 이야기는 추가된 이야기이다. 그들은 우리에게 거울과 같은 단면이다. 신자유주의로 점철되어 있으며 양극화가 한국보다 심한 홍콩에서 그들의 신세대가 사회주의에 왜 대항하는지 말이다.

신세대에 새겨진 자유의지주의적인 철학의 회로를 발견하면 이 책의 의미는 그것으로 충분하다. 그것은 잃어버린 플라스틱 빨대를 되찾는 일처럼 달콤한 것이다.

왜 기린은 목이 길까요? 목이 길어진 신세대 기린들의 향연

"사람들이 흔히 말하는 '성숙함'이란, 그저 현실에 대해 끝없이 금욕적으로만 대응하려는 태도를 말하는 것 뿐이다." -캐리 피셔

586세대가 가진 성숙함의 논리는 수십년간 젊은 층을 오염시켰다. 586이 만든 그러한 논리 속에서 대략 X세대라고 불리는 시대까지, 대략 40년동안 젊은 한국인들은 두려움, 열등감, 질투심, 호전성을 달고 제대로 된 자신감과 자존심조차 없이 허무하게 살아왔다.

그런 젊은이들을 586의 정치인과 방송인들은 되려 착취하기 바빴다. 그들만의 카르텔을 숨기고 그런 허약해진 청년들을 강연장으로 불러 공영방송 등에서 세금으로 어마어마한 돈을 받으며 자신의 뱃속만 불려갔다. 그것만 그럴까? 국민에게 몇 천억을 준다는 공약은 실제로는 그들의 정치활동을 후원하는 관제기업 속에 들어가고 있다. 이런 카르텔의 모습을 젊은이들이 더 이상 모르지 않는다.

이런 현상은 그들이 갖고 있는 선민의식과 관련이 있다. 그들이 보여주는 계몽활동이 추악할 수밖에 없는 이유이기도 하다. 586이 보여주는 계몽이란 청년들의 이해를 목적으로 하지 않는다. 단지 청년들의 열등감을 겨냥하는 것뿐이다. 미투는 왜 역풍이 되었을까? 애초에 청년이나 여성을 이해하는 사람들이 아니기 때문이다. 하지만 언론사의 카메라 앞에서는 자신이 청년이나 억압받는 여성을 대변할 수 있는 얼굴이라고 주장한다. 이 위선자들의 자신감은 지금까지 청년, 특히 여성들을 성적으로 착취했음에도 무사했기에 이어진 것이다. 그런 자신감에서 조국 사건의 범죄자를 응원하는 모습을 보일 수 있다. 그들은 다양한 곳에서

도덕적으로 추악함을 바로 보여주었다.

민주화세대라고 불리는 것들은 학생운동으로 군사정부를 종식시키고 민주화를 불러왔다고 자랑하였다. 하지만 그들은 권리적으로 자유로운 사회를 주장하지 않았다. 그것이 없는 민주화 사회는 과연 어떠할까?

2011년 박원순 시장은 "광화문 네거리에서 김일성 만세를 외칠 수 있어야 표현의 자유"라고 주장하였다. 이런 발언은 586세대의 모순점을 보여준다. 민주국가에서 공산주의를 외칠 수 있는 것이 어떤 현상일까? 남의 것을 빼앗는 사람이랑 자기 삶을 지키려는 사람은 같이 살 수 없다. 민주주의 원리에서는 더욱 그렇다. 그들은 그들 입으로 민주주의를 외칠 때마다, 도덕은 추락해야만 한다는 것을 부끄러움 없이 말한다. 발전하는 자유로운 민주사회를 위한 수 많은 토론에서 고위정치인은 굳이 "김일성 만세"의 가능 유무를 논점으로 삼을 필요가 없다. 그럼에도 "김일성 만세"가 설명의 배경이 되는 이유는 그들은 이북의 독재정치에서 일어나는 인륜적인 추악함을 제 입으로 말한 적이 없었고, 그러면서 마주하는 대중의 나약함에 기대어 당선되었기 때문이다. 결국 그들은 대중의 나약함과 두려움에 포퓰리즘이라는 뇌물을 주고, 한편으로는 두려움을 심어주는 형태에 의존하면서 집권한다. 그러면서 도덕적으로는 추악한 것을 대중에게 호소할 수밖에 없다. 그러나 그것은 인터넷을 통해 언제든 도덕적으로 추락하는 그들을 자세히 아는 신세대들의 반감을 가져올 뿐이었다.

586세대의 지도자들이 젊을 적에는 권리적으로 가장 경직된 사회인 북한에 앞다투어 밀항하였다. 그들과 당시에 그들을 추종하였던 고위 학생간부들을 우리는 흔히 주사파라고 부른다. 북한으로 밀항하여 김일성에 충성을 맹세한 이들은 돌아와 "특별한 대상"이 되었다. 그리고 지금은 주체사상이라고 널리 알려진 그들의 '지식'은 하나의 학생운동 이데아였다. 그런데 오히려 이 이데아를 갈증하며 그것을 전달해주길 바라는 계층은 또래 세대이었다. 이들 "특별한 대상"이 북한에 다녀왔다는 "신비주의"는 독재자가 체제를 지키기 위해 백두혈통처럼 선전해야 하는 "신비주의"와 일맥상통한다. 김정은도 자신이 북한 주민에게 더 이상 특별하지 않고, 모두와 똑같은 인간임을 선포하는 순간 자신의 목이 잘릴 것이라는 걸 알고 있다. 이 시기 학생운동가들 가운데 "특별한 대상"들도 고충이 있었을 테다. 이러한 추종자들을 만족시키기 위해서는 이해 불가능한 좀 더 고차원적이고 신비로운 권위에 호소해야 했다.

이것은 현재 기성세대라고 불리는 지도자들이 보여주는 모습이다. 청와대 비서관부터 유명한 기자와 방송인, 예술가와 관료까지 두루 보여주는 모습이다.

그래서 586세대의 리더들은 인터넷이 발명되고 민간기업이 로켓을 쏠 정도로 과학기술이 발달한 2020년대에도 신비주의에 호소하게 되었다. 그럴수록 지식은 멀어지고, 상대하는 대중의 나약함과 가식, 두려움에 의존하게 되었다. 이것은 신비주의의 널리 알려진 모습이다.

하지만 95년생 이후는 다르다. 인터넷이 발명되었기 때문이다.

그들의 추악한 모습은 인터넷이라는 독특한 세계와 사라지지 않는 기록으로 발견되었다. 또한 그들의 행적과 본래의 모습은 미투(me too)운동 와중에도 그들이 자기들이 고발하려고 작업한 대상과 똑같은 짓을 했다는 걸 쉽게 알 수 있게 만들어준 것이 인터넷이다.

그래서 청년들에게, 그리고 더욱 나이 어린 이들에게는 "신비주의"는 더 이상 먹히지 않는다. 정직한 지식은 굳이 변장을 한 적이 없다. 그래서 20세기의 많은 모순과 미신들은 인터넷의 보급으로 점차 사장되어갔다. 이러한 경향은 이념도 피해갈 수 없었다. 이타주의는 "사랑"의 원리인 양, 공산주의는 "해방"인 양, 평등주의는 "정의"인 양 호소되던 신비주의는 청년들에게 점점 UFO나 오컬트(신비적·초자연적 현상)로 취급을 받게 되었다

분기점은 Z세대가 대략 태어나기 시작한 95년쯤이다.

Z세대에게 인터넷이란, 태어났을 때부터 있던 것이었다. 인터넷 없이는 살 수 없고, 인터넷에서 살아가기도 한다. 그들에게 인터넷은 기성세대의 사회와 전혀 다른 것이다. 인터넷의 등장은 종이의 발명이 한번 더 일어난 것과 같다. 수 세기 동안 사용되어온 기존의 종이와 다르게 과거의 기록이나 가상의 세계나 영상도 반영구적으로 남는다는 것이다. 실제로도 종이매체를 대체하는 가장 큰 이유는 인터넷 때문이라는 것을 사람들은 누구나 알고 있다. 이렇게 새로운 종류의 종이를 쓰는 신세대를 인류 최후의 전통적인 기성세대가 마주하였다.

두뇌가 인터넷이라는 열려 있는 회로로 무한히 뻗어간다는 것은 중요한 세대 차이를 만든다.

이 과정에서 진화가 일어난다. 진화는 가혹하기에, 불을 사용할 줄 모르거나 그 사용에 어설픈 유인원들이 설원에서 죽어가고 잊혀지는 것과 같다. 인터넷의 특징은 다음과 같다. 당장 우리 인간은 불을 사용하지 못하는 과거의 유인원이 우리와 같은 인간이라고 생각하지 않는다. 인터넷은 진화론적으로 세대를 갈라놓았다. 인터넷에 서툴거나, 인터넷의 윤리에 어긋나거나, 인터넷에 의해서 모순이 드러나는 이들은 절대 다가오는 신세대에게 같은 인간으로 취급받기 힘들어진다.

신세대는 지금 살고 있는 세상에서 벗어나 어떠한 검열도 당하지 않고(대한민국 정부는 검열에 관심이 많지만), 다른 사람과 다른 인종과 무한이 교류할 수 있다. 이러한 특징은 인터넷이 발명된 영미와는 아주 멀리 있는 아시아에서 두드러졌다. 수 만년 동안 신비주의적이고 봉건적이었던 모든 정부가 하나하나씩 기성세대와 함께 무너져가는 것이다. 대만에서는 2014년에 95-6년대생을 주축으로 입법원이 점령당했다. 이를 해바라기 운동이라고 부른다. 홍콩에서는 2018년에 95-97

년생을 주축으로 200만의 시위가 일어나서 그들의 목표를 쟁취했다. 이는 14년의 것과 합쳐져서 우산혁명이라고 부른다. 우리 대한민국은 2020년 현재, 입법부가 95년생들에게 점령당하지 않았지만, 같은 흐름에 돌입했다고 보는 것이 타당하다.

기성세대는 이들 세대가 인터넷이라는 열려있는 회로로 서로 어떤 공통점을 발견했는지 전혀 모른다. 이들이 언어와 국경이라는 장벽을 극복하여 어떻게 다면적으로 접촉하고 있는지도 모른다. BTS와 싸이의 유행이 회자될 때 거기에 반응하고 놀라워하는 기성세대의 얼굴을 생각해보자. 그것은 돌연변이들이 생존에서 주류를 압도하는 종을 바라보는 동물들의 충격과 같다. 인간의 경우에는 그것뿐만 아니라 자신들의 모순이나 후진성도 고개를 들게 될 것이다.

기린이 목이 길어진 이유가 여기에 있다. 하지만 어떤 기성의 종도 돌연변이를 좋아하지 않는다. 되려 죽이려고 들 뿐이다. 특히 인간은 어느 누구도 자신들이 빨리 대체될 것이라는 사실을 반가워하지 않는다. 힘들게 적응을 하니, 변화와 진화를 죽여버리는 쪽을 선택하기 마련이다. 그래서 그들은 온갖 제재에 사활을 걸었다. 그리고 많은 이유를 부여하고 지나간 세월동안 합리화를 하였다. 하지만 95년생 이후로 대표되는 신세대는 다르다. 그들은 수많은 자유가 멸종되어가는 세상 속에서 자유를 찾는 법을 배웠다. 그들은 바로 위의 선배들이 그 기본적인 자존감과 자신감이 멸종당하는 것을 보며 스스로 자존감과 자신감을 채우는 법을 터득했다. 그들은 국경과 바다 건너의 또래들이 자기들의 모순적인 정부를 전복시키는 것을 가만히 지켜보는 것에서 멈추지 않고 참여하고 독려하며 그 기술을 배우고 있다.

오컬트나 신비주의처럼 평등이나 모순된 평화를 주장하는 기성세대의 최후가 Z세대라는 돌연변이를 통해 다가오고 있다. 이 책은 돌연변이 세대들을 대표해서 쓴 책이 아니다. 수많은 돌연변이들 중 몇몇을 골라 오늘날 그들의 생각과 생활상을 썼을 뿐이다. 돌연변이 세대의 대표는 오늘날 존재하지 않는다. 개인주의를 완성시키고, 다시 성장하는 경제를 가져다 줄 위대한 그 신세대는 대다수가 이제 막 고등학교를 졸업했을 뿐이기 때문이다. 그래도 그 중 어느 누구도 완성적인 철인의 모습으로 만들어진 리더가 될 수 없다. 다만 인터넷 정보망처럼 오프라인에서도 신뢰있는 네트워크를 작게라도 다른 이들보다 조금 일찍이 구축해본 사람들을 추려보았다. 그것이 새로운 유형의 리더십이기 때문이다.

그런 경험을 하는 수많은 이들 중에 무작위에 가깝게 몇을 골라 이 책을 썼다. 헬스트레이너부터 뷰티디자이너, 스페인 6부리그에서 도전하는 축구선수에서 기술도전을 시작하는 농업인까지 수많은 청춘 또래의 얼굴이 있음에도 그들의 이야기를 싣지 못하고, "다양하지 못한 이들을 싣게 된 것"을 안타깝게 여긴다. 그래도 이 책은 현재 Z세대의 평범함이야말로 586세대를 무너뜨릴 강력한 무기를 갖고 있는 저력임을 설명하는데 부족함이 없을 것이고, 더 나은 것을 찾아가는 과정을 보여줄 것이다.

일부의 독자들은 이 책을 읽으며 기존에 알던 청년의 모습과 큰 괴리를 느낄 수도 있다. 자신이 알던 단어로는 설명하기 힘든 모습을 많이 담았기 때문이다. 어떤 독자는 자신의 80년대 대학생 시절을 떠올리며 신세대의 모습을 혐오할 수도 있다. 다른 독자는 자신의 자식 뻘에서 그런 모습을 본 적이 없다고 생각할 수도 있다. 하지만 청년의 역동하는 삶은 청춘 본인만이 알 수 있는 법이다. 가로등 아래를 지나가면서 청춘이 품는 수많은 고민을 어른들이 쉽게 알 턱이 없기 때문이다. 그 중 한가지 확실한 고민이 있다. 오로지 신세대 청춘만의 고민이다. 이전 세대가 거의 완벽하게 망쳐 놓은 이 세상 속에서 자신이 어떻게 살아야 할지 그 몫을 고민해보는 것이다. 모두가 공유하는 고민이면서, 철저히 자신의 몫으로 귀속된 고민이다.

그래도 신세대는 확신한다. 모두들 법무부장관으로 임명된 조국과 관련된 게이트를 보면서도 느꼈을 것이다. 신세대는 무엇을 시작하든 거의 모든 분야에서 그들에 비해 도덕적 우위에 있다는 것을 확신했을 터다. 그래서 신세대의 저항이 다가오는 것이다. Z세대야말로 홍콩과 대만에서 외국의 또래들처럼 그들을 서서히, 혹은 급격하게 586을 대체할 것을, 그것도 자연선택적으로 말이다.

"자본주의는 탐욕의 체제라고 불리어왔다.
하지만 그것은 가장 빈곤한 사람들을 어떤 집단주의 체제도 겨루지 못할 수준으로, 또 어떤 부족적인 집단도 꿈꿔보지 못했을 수준으로 끌어올린 체제이다. 자본주의는 민족주의적이라고 불린다.
그러나 그것은 종족을 추방하고 미국에서 과거 적대적이었던 수많은 인종들이 평화를 유지하며 살아갈 수 있게 해준 제도이다. 자본주의는 잔인하다고 불리어 왔지만 그것은 현대의 젊은이들에게 희망, 발전, 총체적인 선의를 가져온 제도이다.
자존심, 존엄, 자신감, 자기존중 등으로 말하자면, 이러한 것들은 자본주의를 제외한 어떤 사회체제 속에서도 인간을 지탄받게 한 속성들이다."
〈자본주의의 숨겨진 이상, 아인 랜드〉

자본주의 속에 자라나고 적응하고 부유하거나 어려운 바에 상관없이 서로와 함께 번영을 꿈꾸는 대한민국의 모든 청년들이 새롭게 자유롭고 열려 있는 나라를 꿈꾼다.

정의는 권력 앞에서
패배하기도 한다

정의는 권력 앞에서 패배하기도 한다

　진정한 범죄자는 빈민의 죄수들이 아니라, 비싼 양복에 합법적으로 군림한 부패집단들이라는 말이 있다. 부패한 권력이란 신세대에게 그 의미가 무엇일까? 성적으로 문란하고, 중앙정부로 가야할 세금을 착복한다는 것일까? 신세대는 그렇게 생각하지 않는다. 중앙정부로 가야할 세금을 걷는 과정에서의 부패는 이제는 거의 사라졌다고 생각한다. 부패한 권력은 공공이라는 이름으로 합법적 사업을 하는 척하며 기생한다는 것을 우리는 알고 있다.

　"정부의 눈먼 돈"이라는 표현이 괜히 나오는 것이 아니다. 부패한 회사나 부패한 개인은 냉정하게 시장에서 퇴출되거나, 사기나 배임으로 법정에 서겠지만, 부패한 권력이란 시장에서 퇴출되거나 법정에 서지도 않는다는 것을 알고 있다. 그들은 자본주의 아래 합법적인 사업을 꾸미는 것처럼 하며 절대 경쟁하지 않는다. 그것이 곧 부패이다.

　우리는 부패한 권력이란 더 이상 80년대의 멋진 액션 영화에 등장하는 악역

같지 않다는 것을 알고 있다. 물론 80년대 액션영화의 악당들이 태양광 사업을 하진 않을 것이다. 대신 그들은 그들의 영역을 침범하면 응징을 주는 권력이 되어서 공공이라는 합법적 이름으로 도시와 마을의 내벽을 갉아먹고 있다. 부패한 기득권은 우범곤(하룻밤사이 62명을 살해하고 자살한 대한민국 경찰관)같은 냉혈한이 아니다. 그들은 파블로 에스코바르 같은 권력형 악당들이다.

조주영 군은 19년에 입학한 새내기이다. 그는 자신이 공부한 몫을 보답받아 서울대학교에 입학하였다. 그는 명석한 만큼 꽤 운이 좋은 편에 속하였다고 볼 수 있는데, 자신이 원하던 공부를 자신이 원하던 학교에서 누릴 수 있게 되었기 때문이다. 그러나 주영 군은 학교에 입학한지 얼마 지나지도 않아 자신의 학교에서 학문만을 생각할 수 없다는 현실을 알게 된다. 그의 학우들이며 친구들이 교내에서 그의 학교 출신의 장관에 반대하여 대규모로 일어난 사상 초유의 시위를 벌이게 되었기 때문이다.

그는 자신의 학교에서 자신의 전공만 공부하고 싶은 마음을 지키기 위해 학내의 갈등에 더 이상 휘말리지 않기로 결심했다. 그러나 그가 비판적인 시각을 버린 것은 아니었다. 그는 오히려 이 사태에서 자신의 학교에 소속되어있다라는 공동체적 생각을 주관으로부터 완전히 배제하고, 명쾌한 문제의식을 기성세대에서 찾고 있다.

오종택 나는 뉴스를 볼수록 매번 새롭게 청와대를 보게 되었어. 하나의 게이트를 통해 어느 집단이 가장 이익을 본 것인지. 사실 이렇게 청문보고서도 없이 장관이 된 사람이 대체 몇 번째인 줄 모르겠다.

조주영 네. 2019년 9월 9일이, 대통령이 기어코 조국 법무부장관 임명을 강행한 날이네요. 국회 청문보고서를 거치지 않고 임명된 장관급 인사로서는 역대 22번째라고 해요. 군사정부도 이 정도까지 했는지 모르겠어요. 야당을 좋아하는 것은 아니지만 그렇다고 그 동안 야당의 반발은 아랑곳하지 않고 임명강행을 일삼아온 청와대였기에, 조국 임명은 어쩌면 당연한 수순이었다고 생각해요. 하지만 저는 그 어느 때보다도 문재인 정부에 대해 너무 화가 나요. 왜냐하면 그런 의혹을 얼렁뚱땅 넘기고 임명을 한 순간 책임은 청와대에 있기 때문이에요.

오종택   나도 너무 화나더라. 완전히 국민을 기만하는 거잖아. 그런 숱한 편법과 도덕적 해이에도 개혁을 외친다는 것이 무슨 의미인지, 무슨 목적인지 모르겠어. 의혹이 있는 후보자가 나올 수 있는 것은 당연한데, 왜 사회주의를 비호하는 사람이 장관이 되며, 그런 부도덕한 편법을 같은 진영이라고 청와대가 직접 감싸는 건지 이해할 수가 없어.

    그는 여러 신문사의 신문을 읽는다. 각각의 기사가 여럿이 모여 그가 스스로 답을 찾아내는 재료가 되었다. 그는 이 문제가 적어도 1988년 4월에서부터 시작된 것을 알게 되었다. 사노맹이 그때 검거되었다며 88년 4월부터 시작된 도덕적 파산에 대해서도 말하였다. 그 시기는 주영 군이 태어나기 10년도 더 지나서 있었던 일이다. 그는 자신이 태어나기 훨씬 전의 역사를 보고, 그들은 줄곧 자신들이 정의롭게 보이도록 포장한다는 것을 깨달았다고 한다.

조주영   지금까지 조국에 대한 논란거리가 얼마나 많이 터져나왔던가요? 저는 그것을 전혀 모른다는 말로만 몇 시간이 넘는 기자회

견을 해놓고 '이제 됐다, 어쩌라는 건데?' 라는 식으로 변명하는 것을 보고 충격받았어요. 저는 그래도 대한민국이 헌법 아래에 있는 줄 알았는데, 법무부장관이 되겠다면서 이적단체인 사노맹에 동조했던 과거를 미화하기에 바쁜 모습을 보고 정말 실망을 했어요.

오종택   그치? 사노맹은 법원에 의해 재심에서도 2명 빼고 민주화운동으로 인정받지 못했는데. 나도 대학생이지만 대학생 때 헌법을 부정하는 무장세력을 만든다는 건 생각한 적도 없어. 조국을 포함한 멤버들은 이른바 '노동자해방투쟁동맹'에서 갈라져 나와 무장봉기에 의한 사회주의혁명을 기획한 건데 어떻게 헌법을 부정하려는 사람이 법무부장관을 한다는 건지 도저히 이해가 안 되었어. 그런데 사실 더 큰 충격은 그를 지지하겠다는 사람들이 그를 지지하지 않겠다는 사람들을 물어뜯고 공격하는 행태였어.

조주영   그리고 그의 동생이 조국이 이사로 있는 사학재단 측에 터무니없는 조건으로 소송을 제기했을 때 재단이 단 한 차례도 변론에 나서지 않아 패소한 사실이 밝혀졌다면서요? 결정적으로 그의 딸이 수많은 연구진들의 노력을 도둑질해가며 쓴 논문의 제1저자로 등재되었어요. 그것은 명백한 도둑질 아닌가요?

오종택   나도 아버님이 교수이시지만, 그런 식의 논문 부정은 생각해본 적도 없어. 아버지가 교수이고 연구자이면, 연구에 대해서 정직함을 갖춰야 정상 아냐? 나는 훌륭한 학생은 아니지만, 그런 편법은 생각해본 적이 없는데 너무 화나고, 말도 안 된다고 생각해. 어떻게 이게 법무부장관에게 일어날 수 있는 일이야?

조주영   그리고 그걸 대학 입시에 활용했던 사실, 그리고 대학원 시절 벌어진 의문스러운 장학금 수령 과정은 정치에 관심이 없는 일반 시민들조차도 분노하게 만든 것 같아요. 아무리 관심이 없어도 누구나 그것이 명백한 부정임을 알고 있기 때문이잖아요. 청문회가 개최되는 동안에는 배우자가 딸의 가짜 스펙을 위해 사문서를 위조한 혐의로 기소되면서 조국은 개혁가가 아니라 개혁 대상이라는 비판도 쏟아졌어요.

오종택   그러니깐 말이야. 그런데 그의 친척이 북한산 석탄 밀수입에 연루되었다는 소식도 들려왔다는 말이지. 대체 이들의 정체는 무엇일까? 그래서 나는 청와대에 대해서 엄청난 배신감을 느꼈어. 저건 민주국가에서는 있을 수가 없는 모습이라고 생각해. 사실 자유가 사라지는데에는 한 세대면 충분하다고 하잖아. 저 정도로 부도덕한 권력이라면 언제든지 공정사회는커녕 민주사회도 뒤집어버릴 것 같아. 그런 세상에서 도대체 어떻게 내 삶을 정직하게 살아갈 수 있을까?

조주영   그러니까요. 문재인 정부는 조국이 사법개혁의 적임자라는 소리만 반복하며 우리 학생들의 뜻마저도 철저하게 외면한 것 같아요. 이제보니 문재인 정부가 취임 직후부터 약속해 온 공정사회 건설은 거짓말에 불과했네요. 그건 그저 자신들을 정의롭게 보이도록 포장하는 수단이었음이 명백하게 밝혀진 것 같아요. 사회는 부도덕한 자기가 알아서 개혁할 테니 주권자들의 의견은 가볍게 무시해도 된다는, 자칭 '도덕적 우월주의자'의 민낯이 아닌가요?

대화를 나누면서 우리는 둘로 나뉜 국가를 느끼고 있었다. 과거 프랑스의 뒤레퓌스 사건보다 분열된 여론일수도 있다. 하지만 조국은 유대인도 아니며, 뒤레퓌스 대위는 부정에 찌든 관료도 아니다. 그리고 조주영 군은 물론, 학생사회 대부분이 어느 한 쪽에 매우 큰 배신감을 따라 느낀다고 했다.

조주영   그런데 제가 더욱 화나는 점은 바로 조국을 비호하는 지지자들의 행태였어요. 그리고 그지지자들의 나이대를 보세요. 조국과 비슷한 나이대더라고요. 어떻게 조국을 반대하는 사람들을 친일파로 몰고, 어떻게 무작정 극우라고 부를 수가 있죠?

오종택   그러니깐. 특히 페이스북이나 온라인에서 더욱 두드러지는 것 같아. 심지어 어떤 인터넷 카페를 보니까 아예 군사작전처럼 지령과 지시를 통해서 사람을 물어뜯더라고. 홍위병이 생각나는 것 같아. 난 사이버상의 군사작전도 실제의 군사작전만큼 위험하다고 생각해. 그런데 이들의 행태는….

조주영   정말 저도 그랬어요. 그들은 상식과 정의라는 측면으로 이 문제에 접근하기보다는, 조국을 지키고 더 나아가 대통령을 지켜야 한다는 맹목적인 충성심에 사로잡혀 수단과 방법을 가리지 않고 정권을 비호하는 것 같아요. 설령 찬성할 수 있더라도 반대편을 조직적으로 공격하는 모습을 보고 너무나 섬뜩했어요. 3천명 이상이 참여한 교수들의 비판 성명에 가짜 인적정보를 조직적으로 입력시켜 명분을 없애려 했다면서요? 심지어 그것을 옹호하는 방송에서 저널리즘을 붕괴하면서까지 대놓고 편파적으로 보도한다는 것도 너무 무서워요. 아마 피디(PD)나 데스크가 그들과 세대가 같겠죠.

오종택   TBS에서 '뉴스공장'을 진행하고 있는 김어준은 공영방송에 소속된 언론인의 입장에서 공정한 보도를 진행해야 하지 않겠어? 그런데 조국과 그의 딸을 옹호하는 방송만을 진행했다고 해서 방송을 들어보니까 정말 그런 것 같았어. 근데 그들이 또 조국과 서로 같거나 비슷한 세대잖아.

조주영   저는 몇몇 지식인들이 스스로 '어용 지식인'을 자처한 것에 너무 놀랐어요. 유시민 이사장은 대학가에서 벌어지는 조국 반대집회에 '자유한국당 패거리들의 손길이 어른어른하다'며 학생들의 분노를 폄하했고, 조국 찬성집회에 나오는 사람들이, 심지어는 반대집회에 나오는 사람들이 떳떳하지 않으니 마스크를 쓰면서 얼굴을 가리는 거라고 조롱했다죠? 청문회 자리에서 민주당 의원들은 조국을 검증하려고 나서기보다는 '온갖 모욕을 당하는 것도 시대적 사명'이라며 그를 위로하기에 바쁘더라고요. 지도자들이 이 정도인데 일반 지지자는 어떨까요?

오종택   나는 일반지지자야말로 빅브라더를 사랑하는 사람들처럼 보였어. 평범히 살아가다가 권력의 무서움에 스톡홀름 증후군처럼 홀린 사람들말이야. 솔직히 태어났을 때부터 인터넷을 마주하던 사람들은 그런 것에 빠지긴 어려울 것 같은데.

조주영   그러게요. 그런 이의 지지자들은 세대 탓인지 더욱 과격한 모습을 보이더라고요. 저희 학교 익명 게시판 대나무숲에 와서 가짜 계정으로 온갖 말을 쓰는데, 아무리 봐도 우리 세대의 어투가 아닌 거에요. 그런데 저는 제일 무서웠던게 대학생인 척하고 일종의 분탕을 하는 것이에요. 인터넷 사이트에서 서울대 집회 참가자의 발언을 짜깁기해 시위대가 박근혜 옹호발언을 하고 있다는 가짜뉴스를 퍼뜨리는 일도 있고, 저희 학교 같은 경우는 아예 총학생회장의 개인 신상을 털어 '그의 논문 역시 문제가 많다' 느니, '바른미래당과 커넥션이 있다' 와 같은 누명을 씌우는 일도 발생하더라고요. 총학 페이스북 페이지에 '왜구들의 씨를 말려버려야 한다' 라는 모욕적인 댓글이 이어진 것은 물론이고. 이런 글들을 보면 이 사람들은 대학생이 아니에요. 인터넷을 굉장히 늦게 접한 사람들처럼 서투른 모습을 보이기도 해요. 이것은 자유사회가 붕괴될 때 보여주는 전체주의의 모습이라는 생각이 들더라고요. 자신과 생각이 다르다고 모함하고 모략을 하다니….

조주영 군은 자신의 정치철학관을 설명해달라는 질문에 진보나 보수라는 용어를 설명하지 않았다. 그는 그 둘 중 하나라도 자신의 생각이나 도덕성과 어울린다고 생각한 적이 없다고 했다. 그는 자신을 완성된 개인주의에서 도덕을 찾는 자유의지주의자라고 설명하였다. 자유의지주의자라는 것이 갖는 의미를 설명하다가, 주영 군은 다시 전체주의가 갖는 무서움을 주제로 돌렸다. 그는 신입생임에도 진보의 전체주의의 그림자가 아른거렸음을 잘 알고 있다. 그가 어릴 때부터 얼마나 많은 사회갈등을 신문 지면으로 봤는지는 알 수가 없다. 그리고 그는 지금에 이르러서 눈 앞에 나타나는 전체주의적인 모습에 진정으로 공포를 느끼고 있음을 설명했다.

오종택　나는 탄핵촛불집회에 참여하지 않았어. 왜냐하면 군중에 대한 막연한 불신과 두려움이 크거든. 그래도 난 다수의 사람들이 탄핵집회에 참여할 때는 민주노총에 대한 지지보다는 헌법을 걱정하는 순수한 마음에서 일어났다고 생각했어. 그런데 이제는 아니야.

정의는 권력 앞에서 패배하기도 한다

조주영   맞아요. 그리고 아이러니를 느껴요. 이런 전체주의적인 사고를 가지고 있는 사람들이 3년 전 탄핵정국 때는 촛불을 들고 광화문 광장에 나가 그 누구보다도 박근혜 정권을 비판한 사람들이 대다수라는 것이에요. 저는 박근혜 대통령 탄핵시위에 참여했던 모든 사람들은 좌우를 떠나 각자의 이념을 잠시 내려놓고 헌법파괴를 걱정하는 순수한 마음에서 함께 뭉친 것이라고 여겨왔어요. 하지만 이 상황을 보고, 그들이 순수한 동기로 집회에 나갔다고는 전혀 믿지 않게 되었어요. 과연 이들은 나라를 걱정해서 일어선 것일까요, 아니면 자기가 광신적으로 맹신하는 진영에 유리하다고 생각해서 일어선 것일까요?

조주영 군은 그의 나이 때문에 18대 대선(박근혜 대통령)이나 19대 대선(문재인 대통령)에서는 투표권이 없었다. 그는 자신이 투표하지 않은 대선의 결과에 대해 판단하기를 꺼려했다. 그것은 이 책을 구성하는 대부분과도 공유하는 특성이다. 그런 특성 와중에 조주영 군은 그가 유일하게 가치판단을 두고자 하는 것을 밝혔다. 바로 탄핵 이후에 우리 사회가 지켜야 할 "헌법적 잣대"라는 것이다.

오종택   나는 내가 가치판단할 수 없는 것은 판단하고 싶지 않아. 서양에서도 그렇게 비슷하게 말하는 것이 있는데 그냥 "I can't Judge"라고 하더라. 세상 만사 모든 걸 판단할 순 없으니. 그런데 정말로 이번 일을 보니까 헌법질서가 위협을 받는 것처럼 느껴지더라. 헌법적 잣대가 일상생활 중에서도 훼손되어 가는 것을 처음 느꼈어.

조주영   그러게요. 몇 년 전에 헌법에 의해 당선된 국가원수가 탄핵된 만큼, 우리 사회는 공직자들의 행동에 대해 보다 엄격한 헌법적 잣대를 들이대야 할 것 같아요. 그런 것을 기대하는 것은 나쁘지 않은 가치판단 같은데 지금은 사치 같아요. 지금 정권이 보여준 무시무시한 모습과 그의 맹목적 지지자들이 헌법적 가치를 외면하는 모습에 충격을 받았어요. 그리고 더 나아가 이를 파괴하는 행위를 지속하고 있는 것 같아요. 사실 내일 밥 뭐 먹지, 좋아하는 친구랑 뭘 할까? 라고 고민하는 것이 더욱 현실적인 것 같은데, 그런 현실적인 생각을 뒤집고 이제는 '내가 살고 있는 이 나라의 헌법이 지켜질 수 있을까' 라는 생각이 강력하게 들었어요. 누구나 그렇듯 집권을 하자마자 보다 나은 사회를 만들고자 했던 시민들의 열망을 깡그리 외면하고 본인들이 하고 싶은 대로만 통치하는 것 같아요.

오종택   그리고 이런 모습이 처음도 마지막도 아니라는 것이야. 조국 게이트야 국민적 관심사가 많았지만, 이런 어마어마한 일이 처음은 아니잖아? 나는 청와대에서 연평해전 유족 등을 초청했을 때 김정은 사진이 그려진 팜플렛을 유족들에게 제공했다는 뉴스를 듣고 어이가 없었어. 그들은 자기가 무슨 짓을 하는 건지 알까? 그때 어떤 유족분들은 구토를 했다고 했어. 마음이 아픈 걸 넘어 화가나더라. 우리도 그 북한의 일족 때문에 징병당하는 것인데 말이지.

조주영   저도 그런 위선적인 모습을 보며 정말 분노를 많이 느꼈어요. 그들이 자신의 행위를 정당화할 때마다 외치는 '촛불정신'이 어떤 것인지는 잘 모르겠지만, 민주사회를 살아가는 시민답게 지금이라도 최소한의 도리는 지켜주길 바랄 뿐이에요. 근데 그런걸 기대할 수 있는지 모르겠네요.

청년들은 나이를 불문하고 조국게이트를 보며 분노하였다. 사람에 따라 분노하는 포인트는 서로 달랐다. 안보에 관심 있는 청년은 조국의 친족이 북한산 석탄을 밀반입한 회사에 근무했음에 분노하였고, 법에 관심 있는 청년은 그가 헌법을 전복시키려한 사노맹 출신임에도 법무부장관이 되어 그 과거를 부끄러하지 않음에 분노하였다. 하지만 모든 청년이 가장 분노한 포인트가 있었다. 정의로운 것처럼 포장하던 이들이 가장 역겨운 방법으로 서로 어울리고 있었다는 것이다.

장주영 군은 부모님의 지원을 한사코 거부하고 부산에서 혼자서 생업과 공부를 병행하는 학생이다. 그가 유독 변칙과 편법에 분노하는 것은 법조인을 꿈꾸기 때문일 것이다. 그는 미래의 법조인을 꿈꾸며 여러 해를 준비하던 중 조국 게이트를 뉴스로 알게 되었다. 그는 처음부터 현 정부를 신뢰하지 않았던 차에, 이번 사태를 통해 그들의 모순적인 본질에 대해 확신이 들었다고 한다.

장주영 군는 다른 사람에 비해 조국 사태에 대해 더욱 화가 많이 난 편이었다.

오종택   저는 정권이 아무리 바뀌어도 관치경제는 바뀌지 않고 측근비리는 계속 터지는 것 같아요. 그런데 형님은 저보다는 더 많은 걸 보아 오셨잖아요. 어떤 모습이 제일 핵심인 것 같으세요?

장주영   우리는 정치인들의 비리를 처음 본 것이 아니야. 모두가 익히 알고 있는 노무현 전대통령의 범죄피의사실을 망각한 것 같아. 노무현 전 대통령은 무죄여서 수사를 안 받은게 아니야. 뛰어내려서 사망한 시체는 더 이상 자연인이 아니기 때문에 공소기각을 결정하였던 것이거든. 그것은 예우차원에서 끝났던 것이랑은 전혀 다른 사실관계가 아니겠어? 한 마디로 미화할 일도, 미워할 일도 아닌 객관적인 사실이 있다는 것이지. 게다가 문재인 대통령이 주군이었던 노무현 전 대통령의 과거 행적을 보아왔음에도 이런 파렴치한 모습을 보여주는 것은 과거를 잊는 사람처럼 보여. 나는 우리 국민이 그것을 명확하게 판단하지 못하는 것이 안타까워.

오종택　저는 노무현 전 대통령이 자살했을 때 중학생이어서 자세한 내막을 기억하지 못하겠어요. 하지만 많은 사람들이 추모하고 기억하고 있는 것 같은데, 사실은 기억하고 싶은대로 기억하고 어떠한 목적이 있어서 추모하는 것 같아요. 그래서 본능적인 거부감이 들었어요. 어쩌면 권력적인 비리가 사라지려면 얼마나 많은 시간이 필요할까요? 형님과 저는 4살 차이인데 4년이라는 세월동안 어떠한 모습들을 더 보신 것 같으세요?

장주영　나는 현 정부의 모순을 보면서 국민들 사이에도 모순적인 모습이 많아진 것 같아서 걱정이야. 그것이 어쩌면 동생들과 얘기할 때 느끼는 4년의 교훈인 것 같아. 그런 것을 배울 수 있었던 것은 어쩌면 행운이었는지도 모르겠어. 어쨌든 이번 사건을 통해, 의학전문대학원에 가고 싶어했던 지인의 눈물을 본 적이 있어. 친구라서 같이 한탄을 하였거든. 그 친구야말로 정말 수재야. 현재 의학전문대학원을 목표로 하는데 자기가 속한 집단에서, 특히 꽤 수재임에도 제 1저자 논문은 한 번도 해본 적이 없었거든. 그 친구는 제 1저자 의학논문이 얼마나 큰 책임이고 어느 정도의 수준인지를 잘 알고 있어. 그런데 그걸 고등학생이 제 1저자가 된다는 것이 말이 될까? 조국의 집안과 그 친구를 서로 비교해 보았는데 꽤 모순적인 모습이 많이 보이더라고.

오종택　너무 가슴 아픈 이야기네요. 자기 분야에서 정말 열정적으로 살아가는 사람이 본인의 노력으로 힘들게 달성하는 목표가, 누군가는 수상하게, 부모님의 힘으로, 정정당당하지 않게 누린다는 것이….

장주영　그리고 노무사 친구가 있어. 그 친구는 학비에 시달리고 있는데, 취중에 "병석에 누워 계시다가 돌아가신 자기 아버지는 나한테 무엇을 해주었냐"며 이번 사태를 욕하더라고. 그러면서도 아직 문재인을 지지하는 모습에 놀랐어. 사실 관계를 생각하면 친구의 그런 모습은 정말 모순이라고 생각했어. 게다가 문재인 대통령이 모시던 노무현 전 대통령이 왜 비극을 맞이했는지 알면 그렇게 지지할 수 있을까? 이는 굉장한 아이러니라는 생각이 들더라고.

오종택　저도 가장 화가 나는 것은, 사회 도덕은 너무 당연한 것인데 그것을 송두리째 흔들었다는 거예요. 스스로 만든 모순으로 말이죠.

장주영　맞아. 물론, 지금 당장 문재인 대통령이 탄핵되어도 사람들의 삶의 질이 바뀌지 않는 것은 명백한 사실이야. 왜냐하면 정치와 일상은 의외로 큰 관계가 없거든.

오종택　저도 그렇게 생각해요.

장주영　하지만 조국게이트 사건을 통해 여당 정치인들이 억지로 조국을 옹호하는 과정을 통해 적나라한 밑바닥을 보였어. 그리고 그 일 때문에 두 갈래로 갈라진 국민들이 생겼어. 나는 그 도덕적 밑바닥에 울화가 치밀어. 수 년간 자신들은 정의로운 것처럼 포장했던 여당(민주당) 의원들, 거기에 역겨울 정도로 같이 어울리는 부류들의 모습이 있지 않아?

오종택   자신들이 개천에서 용나는 구조를 없애 놓고선, 우리 청년들은 가재와 붕어로 살라는 그 모습. 그러면서 자기들의 부당한 이익을 위해서 도덕적 모순을 마음껏 만들어가는 그 모습이 너무 역겨워요.

장주영 군은 제일 실망스럽고 화가 나는 것은 본인보다 나이가 많은 일부 국민들때문이라고 말했다. 아직 푸르른 20대이지만, 그의 삶은 책임감으로 가득차있다. 그 중, 한가지는 스스로 가장 치열한 사회갈등을 목격하고 판단해 보고자, 시위를 관리하는 경찰에 지원한 것이다. 그는 좌나 우, 보수나 진보, 농민단체 등 수많은 이권단체의 집회를 관리하고 젊음과 방패 하나로 쇠파이프를 무수히 받아보면서 가장 갈망하는 가치가 생겼다. 바로 공정과 법치였다. 그는 이제 막 시작한 자신의 삶에서 공정과 법치라는 단어를 스스로 찾았다. 공정은 정치인 누구나 외치는 말이지만, 법치는 드물다. 그 두 가지가 대한민국에서 실현되는 경우가 있을까? 그런데 그는 공정을 외치는 자가 법치에 대한 신뢰를 법무부장관이라는 이름으로 붕괴시키는 것을 목격했다.

이는 비단 그의 생각만은 아닐 것이다. 그가 2년을 함께 한 전경 전우들도 각자의 방법으로 생각하고 정리되어 사회에 갈망한 바가 있을 것이다. 더욱이 치열한 투쟁의 현장에서 쇠파이프를 방패로 막지 않았어도, 자기의 삶을 부단히 빛내기 위해 노력하는 수많은 청춘은 더 많은 조용한 분노를 품고 있을 것이다.

수많은 사회갈등과 폭력과 안타까운 사연을 바라본 그도, 한창 많은 논란을 일으킨 조국 딸이 시험 한번 안 보고 편법과 부정으로 외국어고등학교, 고려대학교, 부산대 의학전문대학원에 간 것에 놀랐다고 했다. 그런데 가장 큰 의문점은 조국의 일가나 그를 중용한 대통령에게서 든 것이 아니었다고 한다. 그들을 옹호하는 기성세대에게 들었다고 한다.

장주영 "왜 무시할 수 없는 숫자의 국민들이 우리 사회를 이렇게 만든 정치인들에게 분노하지 않는가?" 왜 우리 사회의 기득권층, 특권층 자제들의 편법적 신분세습 수단을 조국의 딸만 누린 것일까? 사학비리는 과연, 조국 일가에서만 저질러졌을까? 제도를 교묘히 이용한 병역 회피를 조국 아들만 하였을까? 라는 생각이 들더라고.

오종택 형님 말씀을 들으니 정말로, 조국 일가만의 문제가 아닐 수도 있겠네요. 자유롭고 공정한 세상은 언제 올지 참 걱정이 많아요.

장주영 나는 이번 사태 이후에 여야(與野) 모두 법(法)의 칼날을 두려워하게 되었으면 좋겠어. 기득권으로 올라가려는 것과 공정한 것은 사실 전혀 상관이 없어야 하는 것 아니겠어?

오종택 저는 특히 정교분리만큼 정경분리가 있었으면 좋겠어요. 다시는 정치적인 승리가 경제적인 승리로 이어지지 않도록 말이에요.

장주영 나는 그것보다는 586세대 전반에 대해 그들의 책임과 윤리의식에 비난을 하고 싶어. 그들은 기성세대잖아. 그런데 도대체 586세대들은 어디에 세대 가치를 두었길래, 저런 괴물들을 자기 손으로 만들었을까?

오종택 공감해요. 세대적인 면죄부가 그런 사람들에게 기회를 준 것이라고 생각해요. 기성세대는 모두 공범이에요.

장주영 변칙 입학이나 변칙 사회가 오늘만의 문제는 아냐. 하지만 이 사건은 현 정부가 촉발하였고 변칙 입학, 변칙 사회를 만든 것은 그들 세대의 책임이 큰 것 같아. 게다가 이 변칙 사회를 만든 장본인은 문재인 정권인데 대선 공약을 생각하면 정말 기가 막혀. '기회는 평등하고 과정은 공정하고 결과는 정의롭다'였는데, 결국엔 국민들을 기만하고 속인 것 아니겠어? 나는 주변을 둘러보면 정말 화나. 기성세대들이 만든 사회의 모순을 자기들이 폭발시켜놓곤 아무렇지도 않게 국민을 갈라놓은 것 같아.

젊은 법조인 지망생은 조국게이트와 관련하여 결국 법집행자들의 책임을 강조하였다.

최승혁 군은 대한민국의 국민이다. 그것이 특별히 강조되는 이유는 그가 처음부터 대한민국의 국민이 아니었기 때문이다. 그는 아버지를 일찍 여의었다. 평양에서 대다수 북한주민과는 다른 어린 시절을 살았던 그는 김정은 시대가 이렇게 큰 삶의 격변을 가져다 줄 줄은 몰랐다고 했다. 이 시기, 그의 아버지가 무심코 "조국(북조선)의 미래가 걱정된다"고 내뱉었던 말은 어느 독재정권에나 있는 '알 수 없는 그 누군가'의 귓속에 들어갔다. 그리고 곧 체제에 대한 의심을 가진 사상범으로 몰리고 말았다. 어느 누구도 그러한 밀고 앞에서는 살아남을 수가 없었다. 당의 간부였던 아버지는 무언가를 직감했다. 당신께서는 죽음 앞에서 자신을 끌고가 처형시킬 친구들에게 유언으로 가족의 안전만을 부탁했다고 한다.

아버님의 친구들은 새로운 영도자가 이끄는 체제를 의심한 사상범을 처형하면서, 그와 동시에 친구의 마지막 유언을 충실히 들어주었다. 밤마다 불이 꺼지는 평양에서 손풍금(아코디언)을 기가 막히게 켜던 한 꼬마가 있다. 이 어린 꼬마는 아버님을 다시 보지도, 그리고 다시는 잊지도 못할 긴 여정을 거쳐 남한으로 오게 되었다. 그가 중국어와 러시아어에 능숙해진 이유는 거기에 있다.

그는 학업에 뜻을 가져 자력으로 일본유학생활을 하고 있다. 유학 여비를 충당하기 위해 트럭운송 일을 하던 도중, 그는 조국 사태를 뉴스로 보고 듣게 된다. 최승혁 군은 핏줄을 당기는 공포에 대해서 잘 알고 있다. 그것을 피해서 온 사람이 새로운 터전에서 그런 공포를 다시 느낀다고 했을 때, 나는 굉장히 마음이 아팠다.

최승혁   그냥 황당하기 그지 없어요.

오종택   어떻게 말이야?

최승혁   2019년 9월, 조국 법무부장관이 대통령의 지시에 의해 임명되었거든요. 근데 곧이어 그게 나에게 많은 것을 암시하는 듯 무겁게, 암울하게, 그리고 핏줄을 당기는 공포로 다가왔어요.

오종택   핏줄을 당기는 공포라니 마음이 너무 아프다. 아마도 사회주의나 공산주의를 실제 몸으로 겪어서 그런 것 같아. 그들은 옛날에는 자기가 사회주의자고, 공산주의자라고 설치고 다녔잖아. 근데 이젠 그런 모습으로 사람들에게 다가오지 않는 것 같아. 대신 자신이 국가복지주의자고, 정의의 사도라는 식으로 선전을 해. 그런데 그런 것은 본질이 북한과 다름없는 전체주의자들이라서 공포를 느끼는 것 같아.

최승혁   저는 공포를 어디서 느꼈냐면 학생들의 집회였어요. 서울의 유명

대학의 학생들이 촛불을 드는 것을 보았어요. 하지만 그들이 어떤 취급을 받는지 눈으로 똑똑히 보았어요. 어떻게 여당(민주당)인사들이 비리부정에 분노한 학생들을 보고 태극기 부대라느니, 바른미래당의 하수인이라느니, 돈을 받은 알바라느니 폄하하는 거에요. 그들은 당이나 정치활동에는 관심도 연관도 없는 평범한 학생들이에요. 하지만 제일 무서운 것은 메스컴이었어요. 엄청 많은 사람들이 비리에 저항하기 위해 모였는데 전혀 그런 장면을 찍지 않았거든요. 그리고 그들을 여권(민주당)인사가 교묘하게 논평을 해요. 그때 알았어요. 지금 대한민국의 지상파는 북한의 방송과 전혀 다르지 않구나. 아니 오히려 더 심하구나 하는….

그는 유학 여비 마련에 전념하고 있었지만, 작은 목소리라도 보태기 위해 집회에 참여했다고 말했다. 그가 말한 공포심이란 정부가 시민들의 감시를 벗어난 상태에서, 그 다음에는 시민들을 상대로 무슨 일이라도 할지 모른다는 것이다. 우리는 곧 조국 장관의 청문회 발언을 이야기하기 시작했다.

오종택　대한민국의 법무부장관 후보자가 자신은 "자유주의자이자 사회주의자"라고 하더라. 이어 사회주의 정책이라도 받아들일 수 있다는 어처구니 없는 말을 했어. 이런 사람이 자유주의자 맞아? 술은 알코올이 15%이고 나머지가 물이어도 술이라고 하잖아. 리버럴과 마르크스주의의 합체를 파시즘이라고 여기는 학문도 있던데, 어쨌든 사회주의 무장봉기를 기획했던 사람이 저런 말을 하니까 굉장히 무섭더라. 히틀러는 또 1941년 2월 공개연설에서 민족사회주의 '나치즘'이란 마르크스주의와 근본적으로 같다고 했더군. 그것이 바로 자유주의자이자 사회주의자가 아닐까. 조국과 조국의 세대는 학문적 분류로는 나치일 수도 있어.

최승혁 우선 저도 탈북자로서 내 인생의 절반을 북한에서 보내온 사람이 잖아요. 저와 같은 사람이 대한민국에 3만5천이 조금 넘어요. 우리는 하나같이 김일성 족속의 사회주의 정책을 떠받들며 목숨과 영혼을 바쳐 일하였지만(옮긴이 : 이는 북한 당국이 선전하는 표현 그대로이다), 결국 당이 우리를 배신하였고 당이 등을 떠밀며 목숨까지 위협하니까 자유대한민국까지 목숨을 걸고 오게 된 것이죠. 풍요로운 자유를 만끽하던 것도 잠시 우리들은(옮긴이 : 새터민들은 가끔 "나는"이라는 표현에 익숙하지 않은 경우가 있다) 귀를 의심하였어요. '사회주의자'라는 단어가 뇌리를 스치면서 두려웠거든요. 사회주의는 분배를 약속하는 희망의 이념이라고는 생각하지 않아요. 분배 이전에 누군가의 것을 자연스럽게 폭압적으로 뺏는 과정을 보았으니까요. 사회주의자들은 시장에서 기부를 하기보다는 정부나 권력이 되어서 사람들을 설계하려고 하잖아요. 그게 전체주의이고, 그 때문에 사람들을 죽이는 것을 불사해요. 그래서 북한주민들의 공포의 상징인 사회주의라는 단어를 법무부장관을 하겠다는 사람의 입에서 아무렇지도 않게 튀어나오니 우리 탈북자들이 경악을 하고 트라우마를 일으키죠. 자유의 샘과 같은 대한민국에서 마른 목을 축이던 탈북자들에게 사회주의란 썩은 흙탕물과 같은 존재에요. 이 부분이 정말 두렵지 않을 수 없어요.

오종택 나도 사회주의가 싫지만 북한 주민들처럼 구체적으로 삶이나 가족이나 재산을 빼앗겨 본 적이 없으니까, 새터민들이 느끼는 공포는 상상할 수가 없어. 하지만 법무부장관이 되려는 사람이 그런 얘기를 하니까 새터민들은 정말 공포에 질릴 수도 있겠다. 거기에 이 사람들이 북한에 대해 평소에 갖는 생각이며, 과거에 북한과 회합했던 전적을 보면, 더더욱 확신을 주는 것 같아. 나는 사실 이해가 되지 않아. "사회주의계산논쟁"은 저 사람들이 태어나기도 전에 유럽에서 이미 사회주의는 실패한다는 것을 증명해 내었는데, 아직도 그게 그들에게 그렇게 매력적인가 싶어.

남한에서 사람들은 "사회주의"를 이념으로 생각하지만, 북한에서 온 사람들은 "사회주의"를 공포라고 생각한다. "자유의 샘과 같은 대한민국"의 표현은 강제된 것이 아니라 개인적인 경험에서 온 트라우마와 그것을 치유하는 과정에서 자연스럽게 흘러나왔다. 최승혁 군은 그러한 개인사 덕분에 자유라는 단어의 소중함을 누구보다 더 잘 알고 있었다.

최승혁 요즘은 오죽하면 탈북자들이 이런 말을 해요. "사회주의를 이론으로 배운 사람은 사회주의를 동경하며 사회주의를 몸소 경험한 사람은 반공주의자가 된다". 이론으로 배운 사람이 누구고, 몸소 경험한 사람이 누군지는 확실히 알겠죠?

오종택 그렇다고 걔네들은 마르크스주의자들도 아니야. 순 사이비들이지. 마르크스주의 좋아한다면서 국제주의 같은 건 하지도 않아. 결국 자기들에게 돈 되는 것만 쫓는 사이비들이야. 이게 현 정권의 모순이지?

최승혁 모순은 그것만이 아니에요. 문재인 정부가 출범할 때 자신들이 세운 정부는 촛불정신을 기반으로 한 민주적이고 공정한 정부라며 취임부터 오늘에 이르기까지 정의와 공정, 평등을 주장해 왔잖아요. 그러나 이번 조국 사태를 겪으면서 이들이 말하는 정의와 공정은 어디에도 없고 입버릇처럼 달고 다니던 민주라는 말조차 사라진 것 같아요. 심지어 문재인 대통령은 자기 하야집회가 열린다면 직접 가서 설득하겠다고 온갖 미사여구를 붙이더니, 정작 서울에서 자신과 조국에게 책임을 묻는 300만 명의 집회가 열리니까 논평조차 안하더라고요. 누구나 알다시피 서울대학교를 중심으로 여러 서울 소재 대학, 지방의 대학에서 순차적으로 조국 후보자 임명 반대를 요구하는 촛불집회가 일어났어요. 저는 살면서 이렇게 많은 학생들이 부정에 대해 분노하는 일을 본 적이 없어요. 그런데 그걸 거의 없었던 일처럼 다룬다? 혹은 자유한국당 당원들의 집회 정도로 왜곡한다? 자유한국당과 전혀 상관없는 사람들을 자유한국당으로 몰아갈수록 학생들은 더욱 분노할 거예요.

오종택   나도 학생들의 이러한 자발적인 대항이 이번 사태를 이해하는데 있어서 중요한 부분이라고 봐. 왜냐하면 그들의 분노를 알아주기는커녕, 완전히 매도해버리거나 왜곡했거든. 그것도 의도적으로 말이지. 위로는커녕 부정입시와 같은 비리를 오히려 무마하려는 모습을 보고 완전히 한 세대에게 엄청난 충격을 준 것 같아.

최승혁   맞아요. 게다가 문재인 대통령은 본인 스스로 촛불로 세운 정권이라는 말을 했잖아요. 그런데 그 촛불을 든 사람들의 대다수는 젊은 청년, 특히 저와 같은 학생들이었어요. 저도 그걸 고등학교 때 보았고, 물론 저만 본 것은 아닐거에요. 그리고 취임 이후, 뉴스에 관심 없는 사람들조차 몇 번이나 들었을 법한 대통령의 연설문 중에 '국민', '민주주의' 그리고 '촛불'이라는 단어가 나온다는 것은 대한민국 국민이라면 모두가 알거에요. 자랑차서 촛불정신을 잊지 않겠다고까지 해온 문재인 대통령인데. 그런데 이제 와서 불공정함에 분노하는 학생들에게 그런 말을 한다? 저는 조심히 생각해봐요. 지금쯤 강남역에서 놀고 있는 학생을 한번만 더 화나게 하면 대한민국이 다시 소용돌이로 들어갈 수도 있다는 것을.

오종택   나도 기성세대인 586세대로 구성된 문재인 정권의 철저한 이중성과 위선이라고 밖에 생각되지 않아. 그리고 Z세대와 같은 신세대와 관련된 책을 보면 무슨 우리가 단체로 무기력함과 우울함에 빠져 지내는 줄 알아. 자신들이 무슨 짓을 해도 맞서 싸울 수 없는 좀비 정도로 언급한 책도 많더라고. 진정 자신이 촛불에 힘입어 당선된 대통령이라고 생각한다면, 이번 대학생들의 자발적인 촛불집회에 대해서도 입장을 밝히고 그들의 소리에 귀를 기울이는 것은 고사하고 한마디 변명이라도 했어야 했어. 하지만 이제는 모든 것이 늦은 것 같아. 그들의 본질이라는 것을 이해하면 귀를 기울일 사람들은 아니었던 것이지. 열심히 살고 정직하게 미래를 꿈꾸는 학생들을 처참하게 모욕했어.

최승혁   맞아요. 그리고 저는 남한에 와서 바로 충격 받았던 것 중의 하나가 청문회라는 제도였어요. 민주적인 제도라는 명분이었지만 아예 기능을 못하는 것을 보고 큰 공포를 느꼈어요.

당연히 북한에는 청문회라는 제도가 있지 않다. 고위탈북자나 생계형 탈북자는 물론이고 대다수 새터민은 대한민국에서 청문회라는 제도가 있다는 것에 놀랐다고 한다. 최승혁 군도 같은 생각이었다. 하지만 그가 놀라워했던 청문회라는 제도가 이번 조국 사태에 이르러 거의 유명무실해지고, 형식뿐인 쭉정이가 된 것에 충격을 받았던 것 같다. 일개 새터민 학생에게 그런 모습은 핏줄을 당기는 공포가 되기에 충분했을 것이다.

최승혁   국회 인사청문회 당일, 청문회를 통하여 모든 것을 밝히겠다며 자신만만하던 조국의 모습은 어디가고 거의 모든 질문에 모른다고 답하더라고요. 그걸 친구랑 몇 시간동안 같이 보았어요. 그리고 마지막엔 자신의 의혹에 대해 밝히게 되어 감사하다는 말까지 하는 걸 보고 헛웃음이 나왔어요.

최승혁 군은 탄핵정국 때 촛불을 들었던 시민들에게도 엄청난 배신감을 느끼고 있다고 전해주었다. 그가 믿었던 정의와 평등의 원리와는 전혀 다른 모습을 다각도로 보고 있다고 한다.

오종택   지난 탄핵정국 시기에 정유라가 부정입학을 저질렀다고 하여 대통령까지 끌어내렸던 사람들이 있었지. 그런데 조국의 딸에게는 한마디의 질문조차 하지 않으면서, 검찰이 수사에 착수하자 권력의 편에 서서 검찰총장을 헐뜯고 있더라.

최승혁   9월이 지나고 10월이 되었는데 지금도 조국 부인의 증거인멸시도 정황을 확보했다는 속보가 나오고 있어요. 그들의 정의라는 단어의 개념과 탈북민인 내가 이해하고 있는 정의의 개념이 다를 순 없을 거에요. 누구나 이해하고 있는 말이니까요. 그러나 점차 그들에게 있어 '정의'란 '부정과 부도덕함을 덮기 위한 단어 따위'로 탈색될 것이라는 생각이 들었어요. 그래서 솔직한 심정으로 현

시국에 공포를 느낄 때가 많아요. 경험해본 공포이거든요. 두려움을 넘어서서 공포를 느껴요. 조국을 포함한 정부가 확신을 주기에 더욱 그래요. 매사를 북한과 함께 하겠다는, 이 알 수 없는 북한사랑을 보니 그들이 본질적으로 서로 같다는 확신이 들거든요. 북한 주민들은 북한주민대로 저 사람들 때문에 생활이 더욱 고통스럽게 조여올 거에요.

최승혁 군은 새로 탈북하는 친구들이나 모종의 방법 등으로 떠나온 탈북민으로부터 고향의 여러 가지 소식을 듣고 있다. 마치 고향에서 들려오는 향수의 라디오를 듣는 것과 같다. 하지만 그는 정부가 바라는 평화공존의 모습과 달리 오히려 북한은 자생적인 시장경제가 망가지고 있다고 전해주었다. 그것이 지금 법무부 장관이 원하는 사회주의의 모습일까?

오종택 남한이 원조를 할수록 북한의 시장경제가 붕괴된다고??

최승혁 네, 이미 북한 장마당경제는 우리 정부에서 마구잡이로 원조를 한 탓에 물가가 폭등한 상태라고 해요. 이따금 친구들부터 소식을 듣기도 하고, 여러 경로를 통해서 북한의 소식을 들어요. 한때 북한에 이런 이야기가 있었어요. 북한에는 태양이 세 개씩이나 있어서 뜨거워 못살겠다. 민족의 태양 김일성, 21세기 태양 김정일, 그리고 햇볕정책. 북한 주민이 햇볕정책에 관심 가질 이유는 없는데, 그것은 원조하는 물품에 따라 가격이 폭락하거나 폭등하는 것들이 많아서 북한 주민들이 달갑게 여기지 않기 때문이에요.

오종택 대한민국에서도 정부가 시장에 개입하여 온갖 폐단을 만들더니,

북한의 시장에도 개입하여 엉망진창으로 만들고 있구나. 사실 시장은 내버려두면 실패하니 정부가 시장에 개입해야 한다고 주장하는 사람들은 일종의 마약중독에 빠져있는 것 같아. 현실이라는 것을 못본다는 점에서 말이야.

최승혁   화합과 교류협력이라는 달콤하고 듣기 좋은 소리의 건너편에선 하루 한 끼 끼니를 에우는(옮긴 이 : 끼니를 다른 음식으로 때우다'의 북한어) 것을 걱정하며 살고 있어요. 진정 우리 민족을 사랑한다면 김정은을 만날 것이 아니라 북한의 인민들이 노동착취 현장(옮긴 이 : 당의 명령으로 작업에 인민들이 동원되는 것을 의미한다)에서 얼마나 굶주려가며 힘겹게 살고 있는지를 제발 한번 보아주길 원해요. 사실 그럴 마음이 있었다면 자신이 "자유주의자이면서 사회주의자"라고 궤변을 털어 놓는 사람이 법무부장관이 될 일도 없겠죠. 대학생들이 촛불을 들고 학기 중에 집회를 할 이유도 없고요.

    강사빈 군은 고등학생이다. 그는 역사에 관심이 많다. 역사에 관심을 갖는다는 것은 죽고 사라진 영웅이나 사건만을 배운다는 뜻이 아니다. 불과 몇 십년 전과 오늘을 잇는 사람을 발견한다는 것도 있다. 강사빈 군은 고등학생임에도 근현대사를 잇는 선에 호기심이 많았다. 그에게 축복인지 불행인지, 과거와 오늘을 잇는 선을 너무 일찍 발견한 대가로 또래에게 무시를 당하기도 한다. 그래도 그는 자신의 발견을 믿는 편이다.

    그는 "사노맹"이라는 사회주의자의 무장봉기 시도를 보고 대한민국이 현대에도 엄청나고 다양한 내부적 위협에 시달려 왔다는 것을 알게 되었다고 한다. 그리고 '조국'이라는 익숙한 이름이 약 40년 전의 사노맹에도 연관되어 있고 그가 오늘날 법무부장관이 되었다는 것에 자괴감을 느꼈다고 한다. 과거와 오늘을 잇는 선을 알게 된 대가를 고등학교에서 겪은 그는 평범한 학생의 삶을 살고 싶었을 뿐인데 혹독한 경험을 당하고 있다.

강사빈   2019년 9월 9일, 조국 서울대 교수가 법무부장관으로 임명되었어요. 왜 날짜를 정확히 어떻게 기억하냐면 그날 저는 하루 동안 굉장히 우울했거든요. 친구들은 그런 나를 보고 무슨 일이냐고 물었어요.

오종택   친구들이 무슨 일인지 물어보았는데?

강사빈   친구들에게 내가 따로 설명을 덧붙이지 않았는데도 "혹시 조국이 법무부장관으로 임명된 것 때문에 하루종일 기분이 안 좋은 거야?"라면서 나에게 되물어보았거든요. 저는 그 친구들이 사실 이런 이슈에 관심을 갖는게 더욱 신기했어요. 처음에 '사모펀드'를 비롯하여 '사학법인'을 둘러싼 각종 의혹이 논란이 되었을 때에는 아무 관심도 가지지 않던 친구들이었거든요. 솔직히 알 사람은 알지만 그게 뭔지 아는 친구들은 많지 않잖아요?

오종택   고등학생들도 관심이 있을 정도 였구나. 나도 조국은 원래 그런 사람이었지 싶었다가, 논문과 입시비리 논란에 휩싸이면서 그때부터 정말 화가 났거든. 나도 입시를 치르면서 그 고통을 알기 때문에. 그 친구들도 그런거야?

정의는 권력 앞에서 패배하기도 한다

강사빈   그렇죠! 그의 딸의 입시와 관련된 의혹이 논란이 되자 관심을 가지기 시작한 것이죠. 사실 처음에 논란이 된 여러 의혹들은 우리가 공감하기 어려운 것이 많았어요. 솔직히 말해서 근현대사에 엄청 관심을 갖는 돌연변이가 아니고서야, 조국이라는 이름이 40년 전 어디서 나오는지 쉽게 알 턱이 없죠. 교과서에서도 아예 뭉뚱그려서 민주화 운동이라고 대충 묘사하니까요.

오종택   그치. 교과서도 헌법에 대한 반란시도까지 포함해서 전부 항쟁이라고 뭉뚱그려서 표현하는 것이 많지. 사노맹은 법원 재심에서도 용서받지 못했지만 말이야.

강사빈   또래 친구들 중에서는 '사모펀드'가 무엇인지 모르는 친구들이 태반이었고 그 개념을 알아도 각종 언론 보도에서는 어려운 단어들을 사용해가며 다루기 때문에 이해하기 어려웠어요.

오종택   사실 그건 나도 쉽게 설명하기 힘들어.

강사빈   그쵸. 그건 저도 그래요, '사학법인' 관련된 의혹 역시 우리가 관심을 가져도 이해하기 쉬운 주제가 아니었고 너무나 복잡했어요. 덧붙이자면 이런 의혹들이 있다는 사실 역시 정치나 시사 문제에 관심이 많은 친구들만 알고 있는 것이죠. 그런 친구들은 극소수인 게 당연하잖아요? 보통 친구들은 연애나 스포츠, 연예인 같은 것에 관심이 있으니까요.

오종택   그건 대학생도 그래.

강사빈   네. 그러던 중에 그의 딸의 입시와 관련된 의혹이 논란이 되기 시작한 것이에요. 상세히 소개하자면 그의 딸이 병리학 논문의 제 1 저자로 등재되어 있다는 사실이 각종 언론보도를 통해 알려졌고 그것을 고려대학교의 입학에 이용했다는 사실이 전해진거죠. 근데 저도 놀랐는데, 그걸 보고 친구들이 엄청 관심을 갖고 화가 났던 거예요. 당사자들은 언론몰이라고 하지만, 편법이 맞죠. 그래서 친구들이 그러한 편법에 분노했던 것이라는 생각이 들어요.

강사빈 군의 고등학생 친구들은 입시에서의 편법부정에 관심을 가지기 시작했다. 그런데 그 조국의 아내가, 근무하던 학교 총장의 직인을 위조하여 표창장을 만들었다는 의혹 역시 각종 언론들을 통해 보도되었고 뒤늦게 그 표창장을 의전원에 입학하는데 이용했다는 사실이 전해졌다. 사빈 군은 조국이 몇 십년 전 보여준 역사적인 사실에 분노하고 있지만, 고등학생 친구들은 당장에 입시에서의 편법부정에 더욱 분노했다는 것이다.

강사빈　게다가 지금 우리는 당장 목표로 하고 있는 대학에 들어가기 위해 같은 반 친구들과 싸우고 있어요. 그건 교실 안에서 1부터 9까지의 등급을 나눠 가져야 하기 때문에, 함께 공부하고 밥 먹고 노는 친구들과도 경쟁해야 하는 것이죠. 친구들을 살펴보면, 정말 자신의 목표가 뚜렷한 친구들은 중학교 때부터, 그게 아닌 친구라도 적어도 고등학교 입학한 이후부터 대학에 들어가기 위해서 자신의 스펙을 만들어 나가는 거죠. 또 이렇게 본인의 스펙을 만들어 나가기 위해 정말 피나는 노력을 하고 있어요. 저는 제가 다니는 '자율형 사립 고등학교'라는 학교 특성상 수행평가가 엄청 많아요. 그래서인지 학교의 분위기도 정말 많이 빡빡하죠. 그렇지만 진학이라는 목표가 있기에 견뎌내면서 자신의 목표를 위해 나아가요. 그런데 권력가 딸이 모종의 편법을 써서 입학했는데, 관련 증거물은 우연히 모두 사라지고, 중요한 자료들 중에 위조도 있다는 보도가 나왔어요. 입시 관련 의혹은 너무나 큰 충격과 상실감을 안겨주었어요.

오종택 나도 고등학교 때 입학사정관제를 3년 동안 준비했거든. 하지만 입학사정관 제도로 대학에 진학하지는 않았는데, 그 3년 동안의 긴장과 피말림은 아직도 떠올라. 그래서 나도 입시 관련 의혹에 너무 분노하게 되더라. 물론 대한민국의 입시 제도가 문제없다고 할 순 없을 거야. 공교육으로 거의 정부가 독점적으로 가르치고, 의무교육 특성상 학생에게 다양한 교육적 선택지가 보장 받지 못하니까 말이지. 그래도 독점이라고 해도 현행 제도에서 모두가 길러지고 배출되는 만큼, 그것이 그나마 평등하고 공정하게 이루어지길 바라는 건 틀림이 없어. 그런데 그 속에서 법무부장관이 된 자가 권력과 지위를 이용하여 가족 전체가 공모해서 입시편법과 부정을 한다? 그것도 헌법을 부정한 사노맹 무장봉기 공모자가? 대한민국이 정말 어떻게 가는지 모르겠다. 현실이 판타지보다 더한 것 같아.

강사빈 제 말이 그 말이에요. 의혹들이 정말 사실이라면, 사실 지금까지만 봐서라도 사실이라고 볼 공산이 크지만, 우리는 잘 시간까지 줄여가면서 여러 활동을 해 나가며 자격증 시험을 준비하고 학교 내신도 준비하는데 누군가는 부모님을 잘 만나 병리학 논문의 제1저자로 등재되어 특별전형을 통해 명문대학교에 시험 없이 입학하며 표창장 등의 스펙으로 의학 전문 대학원까지 입학했다는 것이잖아요. 그렇게 졸업을 하면 그녀는 우리나라에서 가장 성공했다고 일컬어지는 직업인 '의사'로서의 삶을 살아갈 수 있겠죠. "그럼 과연 조국의 딸과 우리들의 출발선은 같은 걸까?"라는 생각이 들더라고요. 평소에 그가 해왔던 말들을 생각해보면 기가 차요. '정유라, "능력 없으면 니네 부모를 원망해. 능력있는 우리 부모 가지고 감나라 배나라 하지 말고. 돈도 실력이야" 바로 이것이 그들이 주장하는 박근혜 정권의 철학이었어요. 그런데 지금은 그가 언급했던 '박근혜 정권의 철학'을 지금은 본인이 보여주고 있네요.

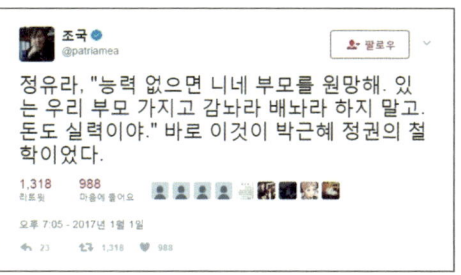

▲ 조국 법무부장관이 2017년 1월 1일 본인의 트위터에 올린 글

오종택   정유라는 아시안게임 금메달리스트였는데, 기한을 넘기고 제출해서 합격한 걸로 입학취소와 학장이 징역을 받았어. 그런데 조국 일가는 그만한 공 자체가 있나? 그걸 비판할 수 있는 도덕성 자체가 있을까? 이렇게 보니, 인터넷은 또 모든 것을 밝혀주는거 같아.

구세대와 신세대 간의 가장 큰 기술적 차이점 중 하나는 자기가 한 말에 대한 기억과 보존이다. 자기가 쓰거나 한 말을 기억하는 행위는 인터넷이 없는 구세대로 올라갈수록 습관화하기 힘들 것이다. 조국과 조국 세대는 언제나 인터넷에 발목이 붙잡힐 것이다. 인터넷이라는 독특한 도구는 자기가 하거나 쓴 말을 서버가 살아있는 한 영구적으로 보존된다.

조국 세대만 하더라도 자기가 몇 년전에 한 말이나 생각에 대해서 생각해볼 필요는 없을 것이다. 남는 기록물은 한정적이고, 이런 시대가 도래한지는 얼마 되지 않았기에 얼마 없는 기록물이라도 관점에 따라서 다시 해석하기 나름이라는 사고를 가져봄직하기 때문이다.

그러나 그와 조국 세대는 인터넷에 대해서 잘 알지 못하였을 것이다. 신세대에게 있어서 인터넷이 어떤 존재인지도 몰랐을 것이다. 태어났을 때부터 인터넷이 존재해온 Z세대들에게는 인터넷은 그야말로 정보의 홍수이다. 정보와 기록의 홍수 속에는 몇 년, 몇 십년 전에 남긴 흔적도 당연히 남아있다. 자기도 기억하지 못하는 순간과 말이 모두 여기에 있다.

이 특징은 신세대에게는 당연히 받아들여지는 특성이다. 신세대에게 사이버 윤리나 도덕성이란 이러한 특성을 관습적으로나 자연스럽게나 당연히 받아들이고 있기에 그 도구를 사용함에 자연스럽게 녹아져 있다.

하지만 조국 장관은 몰랐을 것이다. 평생 자기가 한 말을 지키고 살아오지 않을 수도 있다. 적당히 멋진 말을 하고 까맣게 잊고 그 책임에서 시간이 갈수록 멀어진다고 여겨온 습관일 수도 있기 때문이다. 그러나 자유로운 인터넷은 그런 어두운 도덕성을 가진 사회의 흡혈귀에게는 피하고 싶은 진실의 빛이다. "인터넷이 주는 무제한적 자유로움"이란 어떤 권력가의 부도덕한 본질을 찾기 쉽게 해주는 "주권적 자유로움"으로 해석할 수도 있다.

강사빈   약 2년 전만 하더라도, 저를 비롯한 친구들은 정유라의 '입시비리'를 보면서 정말 많은 충격과 상실감을 느꼈어요. 결국 부모의 부당한 권력에 의해서 출발선이 우리보다는 훨씬 앞선 그들을 보면서 "정말 신분제 사회가 없어지긴 한 걸까?" 라는 생각까지 하게 되었거든요. 그런데 그것을 SNS를 통해 비판하며 많은 학생들의 공감을 산 그 법무부장관 조국이 있었던 것이죠. 그리고 그의 딸이 지금은 똑같은 상황에 놓여 있었다는 것이 전해진 것 아닌가요? 이는 배신감까지 더해서 우리 또래에게 상실감으로 다가왔을 거예요. 그렇게 편법을 보여주고, 관제데모까지 벌이고 있는 마당에 우리 세대에게 용서받을 수 있는 방법은 없을 거예요.

오종택　그래도 모두가 그렇게 생각하진 않을 거 아니야? 고등학생 친구들이라도, 누구는 무관심일테고 누구는 편파적인 어떤 매체에서 접한 그대로 조국은 억울하다고 생각하는 사람도 있지 않을까?

강사빈　당연히 친구들 중 저에게 "왜 조국의 임명을 반대하는 거야?"라고 묻는 친구들이 있죠. 그럼 이 친구들에게 항상 똑 같은 것을 말해주어요. "다른 무엇보다 그의 딸의 입시와 관련된 의혹, 언론 보도 등으로 전해지는 수많은 이야기들이 정말 사실이라면 지금 어디선가 계속 본인의 목표를 위해서 노력하고 있는 학생들에게 정말 큰 상실감을 안겨주는 것이거든" 라고 설명해요. 그렇게 말하면 친구들은 문제의 본질을 이해해요. 이것은 다른 것이 아니라 부정, 편법, 비리라는 것을. 조국의 가족이 정당하다고 생각하는 친구들은 못봤어요. 특정 언론이나 지상파를 보고 이것은 정치적 공작이라고 생각하는 소수 고등학생들도 정작 조국 딸의 입시 비리에는 크게 분노하고 있으니까요.

이렇듯 일명 '조국 게이트'는 목표로 하고 있는 대학을 위해 열심히 달려가고 있는 고등학생들에게 정말 많은 실망감과 박탈감, 상실감을 느끼게 했다고 한다. 더불어 정치나 사회, 여러 시사 문제에 크게 관심이 없었던 친구들까지도 관심을 가졌을 정도였다. 조국 장관은 2017년 SBS라디오 '박진호의 시사전망대' 인터뷰에서 "지금 현재 국민들의 삶이 어렵고 민생이 어려운데, 이 금수저 사람들이 딸도 그렇고, 자신도 그렇고 온갖 국정을 농단하고 부를 챙기고 지위를 챙기는데 분노한 것이거든요"라고 밝힌 바가 있다. 진정으로 국민을 위하고 공정한 사회가 만들어지기를 원한다면 지금의 본인부터 되돌아볼 필요가 있다.

하지만 그는 자신을 돌아보기는커녕, 자신을 되돌아본 대다수 국민들에게 화살을 돌렸다. 가장 상처 받은 존재들은 입시를 준비하는 학생들이다. 입학을 준비하는 고3의 학생들은 조국과 이른바 조국세대로 불리는 386-586에게 무겁고 차가운, 침묵하는 분노를 가슴깊이 담아 후배에게 전해주고 싶어하고 있다.

오종택   종원이는 참 평범하지는 않은 사람이야. 항공우주공학을 공부하다가, 언론학에 관심을 가졌지. 그리고 졸업도 미뤄가며 기자 생활을 시작했지. 업계에서는 진지하고 젊은 언론인이자, 나에겐 학교 후배인데 요즘의 대한민국 정세에 대한 네 생각도 정말 궁금했거든.

최종원   많은 사람들이 문재인 대통령의 취임사를 기억하고 있어요. "기회는 평등할 것입니다. 과정은 공정할 것입니다. 결과는 정의로울 것입니다" 2017년의 무거운 정치적 격변기를 거쳐 태어난 대통령이기에, 응원의 박수를 보냈어요. 그때는 정말 많은 사람들이 촛불 대통령이라면서 박수를 치고, 언론에서도 하루하루 청와대의 새로운 모습을 조명하기 바빴던 것이 기억이 나요. 그래서 기대를 많이 했어요. 대통령이 청와대 구내식당에서 직접 식판을 들고 음식을 담아 직원들과 식사를 하는 모습에 저는 기대를 걸었거든요.

오종택   그때는 이른바 '허니문'이라는 단어가 있을 정도로 엄청난 관심과 지지 속에서 출발했던 것 같아. 강력한 시장개입 정책도 펼치면서 말이야. 물론 소득주도성장으로 우리 알바자리를 다 날려버리는 등 이런 경제폭락은 처음 겪지만, 그게 주제가 아니니깐, 다시 본론으로 돌아오자면 그래서?

최종원   하지만 한달도 채 되지 않아 기대했던 감정이 실망으로 점점 바뀌기 시작했어요. 인사 청문회에서 국무위원 후보자들의 자질 논란이 이어졌기 때문이거든요.

오종택   그러면 너는 자신을 소개하자면 비교적 다른 이들보다 정치 뉴스에 관심이 많았던 것이었구나!

최종원   그렇게 말할 수도 있지만, 저는 사실 그보단 막연히 공정에 대한 공약을 굉장히 기대하고 관심 있게 지켜봤어요. 문재인 대통령은 대선 후보 시절 '5대 인사원칙'이라는 것을 내세웠는데 병역 면탈, 논문 표절, 위장 전입, 세금 탈루, 부동산 투기 문제가 있는 사람은 고위 공직자로 임용하지 않겠다고 약속했거든요. 하지만 이 5대 인사원칙에 위배되지 않는 인물이 거의 없었어요

오종택   사실 한명이라도 있는지 모르겠다 지금은.

최종원   네, 그럼에도 불구하고 문재인 대통령은 "제가 공약한 것은 그저 원칙이고 실제 적용에 있어서는 구체적인 기준이 필요하다"고 말했습니다. 그래도 하도 어른들 말씀을 많이 들어서, 마음 일부분

정의는 권력 앞에서 패배하기도 한다

에서는 "탄핵 정국에서 태어난 정부인 만큼 적폐 청산을 위해서는 (후보자들에게) 엄격한 기준이 적용될 필요는 없어도 된다"며 문재인 정부를 지켜봤거든요.

오종택   사실 그건 2년 전 이야기이고 우리가 너무 많은 일을 접하기도 했어. 그런데 너에게 조국게이트는 어떻게 다가왔니?

최종원   저는 사실 이것을 사람이 죽지 않은 문화대혁명이라고 봅니다. 다만 홍위병이 대학생이 아닐 뿐인 것입니다

오종택   대학생들이 아니라고 해서 생각난 건데, 요즘 사람들은 무작정 정권을 옹호하고 비리를 의심하는 시민들을 매도하는 사람들을 "4050대 진보대학생"이라고 놀리더라고.

최종원   그 시대에 다같이 대학생이었던 세대들인 것 같아요. 조국게이트 사태는 '적폐 청산'이라는 명목 하에 잘못된 사람을 등용하게 되면 얼마나 큰 반발이 생기는지 보여주는 사례라고 생각해요. 개인적으로는 민주국가에서 '목적'을 위해 수단과 방법을 가리지 않는다면 어떤 결과가 초래되는지 보여주는 것이라는 생각도 들어요. 청와대는 "검찰 개혁, 최종적으로 사법 개혁을 이루기 위한 적임자는 조국밖에 없다"고 주장했지만 상식적으로 수많은 논란에 휩싸인 인물이 장관이 되면 사법 개혁이 제대로 될까요? 법무부장관의 자택이 압수수색을 당하는 초유의 사태에 직면했으며, 정치권에서는 조국 연대와 반(反) 조국 연대가 결성되어 서로를 비난하고 있습니다. 이것 좀 보세요. 우리 대한민국이 건국되고 나서, 각 정당이 이렇게 서로를 증오했던 적이 있었나요? 아! 하

나 있었군요. 남북이 분단되던 그 순간이군요.

오종택　나도 문재인 정부의 도덕적 해이를 바라보면서 너무나 실망했어. 게다가 문재인 대통령은 내가 첫 대선 선거권을 가진 선거에서 당선된 사람이었거든. 자신들의 입맛에 맞는 코드 인사를 앉히기 위해 국회의 청문보고서 채택 불발에도 불구하고 임명을 강행한 거지.

최종원　이제는 "어차피 청문회 통과 못해도 임명될 텐데 청문회를 왜 하고 있는가" 라는 회의도 듭니다. 사실 더 큰 문제는 비리에 합당한 분노를 느끼고 있는 대학생들이 물리적인 피해를 보고 있다는 것이에요. 합리적 비판 의식이 결여된 지지자들이 대학생 친구들을 마구 공격하거든요. 인터넷 상에서든 페이스북에서든 조국 장관을 둘러싼 의혹이 사실로 밝혀져도, '가짜뉴스' '일베충' '댓글알바' 등의 과격한 언어를 쓰며 의혹을 제기하는 대학생들을 완전히 쓰레기로 매도하는 모습에 질려 버렸어요. 공정한 사회를 원하는 대학생들을 그렇게 취급하고 무조건적인 조국 감싸기에 골몰하고 있다는 것이 개탄스럽기도 하구요

오종택　그렇지 않아도 페이스북에서 서울대 대나무숲이라는 게시판을 보면 40~50대 아저씨들이나 아줌마들이 소울드레서 같은 카페를 이용해서 아예 좌표를 찍고 댓글로 의혹을 다는 특정 대학생들을 테러한다고 하더라고. 너무 살벌한 언어를 사용해서 정말 무서웠어. 그런데 정말로 웃긴 건 말이야. 이들이 대학교 커뮤니티에 들어와서 처음부터 다짜고짜 욕설을 퍼붓거든. 그러면 사람들이 화나서 욕을 퍼붓거나 조롱을 해. 처음엔 대학생인 척을 하다가

조롱을 받으면 돌아오는 말이 "왜 어린 놈이 니 아빠뻘에게 말을 그렇게 하느냐"로 돌아와. 무슨 반응하는 것들이 다 똑같아!

최종원　그런 인터넷 상의 린치도 무섭지만, 사실 그들의 의식이 더 무서워요. 국민의 절반이 반대하고 있는데 이들은 국민이 아닌 건가요? 저는 문재인 정부에게 막연히 기대를 품었던 사람으로써 정말 실망스럽습니다. 문재인 정부는 진정 국민들을 분열시키고 싶은 것인지 국민의 일원으로서 묻고 싶습니다. 박근혜-최순실 사태로 인한 탄핵 정국 속에서 '국민의 뜻을 거스를 수 없다'는 입장을 계속 밝혀 왔던 문재인 대통령이기에 더욱 실망스러워요

오종택　그래도 대한민국이 분열되는 건 유쾌한 일이 아닌 것 같아. 하지만 다시는 합쳐질 수 없도록 사태를 키운다는 느낌이 들어. 대학에서 사회에서 국민들이 두 갈래로 나뉘고 있는데, 서로 다시는 부대끼고 살고 싶어하지 않을 정도로 멀어진 것 같아.

최종원　저도 결코 우리나라 국민들이 분열되어 갈등이 심화되는 것을 원하지 않아요. 하지만 조국 장관 임명 사태로 인해 지지파와 반대파가 극명하게 나뉘게 되었고 한쪽에서 집회를 열면 반대쪽도 맞불 관제집회를 여는 형식으로 갈등이 심화되고 있어요. 서울대·연세대·고려대는 조국 장관 사퇴에 대한 총학생회 주도의 촛불집회를 넘어 학교들끼리 연합하는 형식의 촛불집회를 했어요. 그런데 같은 형식의 촛불집회를 더불어민주당 경남도당에서 조국 일가를 응원한다고 검찰 앞에서 벌인다고 하더라고요.

오종택　재판과 수사에 영향을 주는 행동들이 너무 많은 것 같아.

최종원 저는 검찰이란 정치적인 집단이라고 생각해 왔어요. 제가 바라는 공정 사회에서 볼 수 있는 모습이 아니었죠. 검사들 간에 비리가 있으면 서로 덮어주거나, 정권을 잡고 있는 인물과 관련되어 있으면 수사를 축소하거나 은폐한 적도 있었죠. 그래서 가끔 검찰이 '정권의 개'라는 오명도 쓴 적이 있었다고 하더라고요. 그래도 잘못된 것은 잘못되었다고 말할 수 있는 사회가 되었으면 좋겠어요. 검찰이 원칙대로만 수사하면 돼요. 문 대통령의 말처럼 '살아있는 권력에 대해서도 칼을 들이댈 수 있는' 정의로운 검찰이 되어야 민주주의 신장 차원에서도 의미가 있다고 생각하거든요. 이러한 상식이 통해야 국민들이 분열되지 않고 진영 논리에 입각한 분쟁을 예방할 수 있을 것 같아요. 이런 것이 제 개인적인 얘기는 아니지만, 저는 정말 그런 상식적인 사회에서 살아가고 싶습니다.

문재인 정부의 출범을 응원하였지만, 실망은 2년 뒤에 되돌릴 수 없을 정도로 찾아왔다. 가끔 선거마다 각종 연구소들은 청년층이 정치에 관심이 적어서 청년들을 위한 정책이나 복지가 적다고 한다. 하지만 그런 분석은 청년이나 학생들이 어째서 이토록 "조용한 분노"를 공유하고 있는지 설명하지 못한다. 연구소들은 학생들이나 청년들이 응당 자기 자신들을 위한 복지를 요구해야 한다고 가정을 하고 설문조사를 하지만, 사실 신세대에 가까울수록 자신의 삶은 순전히 자기에게 달려 있다는 것을 구세대보다 더욱 잘 알고 있다.

그리고 그들은 자신들끼리 필요한 것들을 더욱 잘 교류하고 거래한다. 전통적인 국가관은 이런 학생들이나 청년들의 시각을 "정치적 무관심"이라고 표현하였다. 하지만 공정을 갈망하고, 기회의 자유가 있는 사회를 갈망하는 것이란 복지나 정책으로 굳이 구걸할 필요가 없다는 것이 신세대 가치의 핵심이다. 그것은 "정치적 무관심"이 아니라, 보다 나은 사회와 정치를 구현하는 것은 선거의 몇 표가 아니며 사회에서 "성숙하고 성공한 개인"임을 안다는 것이다.

물질적 성공에서도 윤리성을 찾을 수 있는 신세대란 구세대적 도덕론으로는 도저히 이해할 수 없을 것이다. 정치인이 그런 것을 해줄 리가 없음을 이들은 정확히 알고 있다. 그리고 공정과 윤리를 약속했지만 마치 마지막 약속을 어긴 듯한 이번 정권에 실망과 냉소를 아낌없이 표현하고 있다. 그것은 각종 정당연구소들의 말처럼 "정치적 무관심"을 가진 세대라면 보여줄 수 없는 성숙한 모습이다.

오종택 트위터는 좀 해?

장효섭 트위터는 조국 사태 이전에도 난장판이라서 하지는 않고 참고만 하고 있습니다.

오종택 트위터에서는 조국과 조국이 싸우고 있다면서?

장효섭 네. 오늘의 조국과 과거의 조국이 서로 용호상박으로 싸우고 있는 게 꽤 재미있더군요. 그런데 저는 남들이 다 했을 법한 그런 이야기보다는 조국 법무부장관 임명사태에서 비롯된 세대 갈등과 그 원인에 대해 이야기해 보고 싶어요.

오종택 효섭이는 학교 성적도 상위권이고, 무엇보다 코딩을 참 잘하지. 내 과제가 막혔을 때 아웃소싱을 부탁한 걸 언제나 흔쾌히 도와준 것을 항상 고맙게 생각하고 있어. 요즘은 초딩들도 코딩을 배운다고 하던데, 이공계에서는 코딩이 필수인 것 같아. 그것도 언어 하나로는 충분하지 않고. 그치?

장효섭   난 코딩 잘 못하는데…. 그래도 저는 코딩을 할줄 아는 유무가 신세대와 기성세대를 나누는 차이점이라고는 생각하지 않아요. 저를 포함한 청년 세대가 기존 세대와 가장 다른 점은, IT 관련 기계 사용이나, 스마트폰 사용률 등이 아니라 "소속이나 집단에서 어떻게 반응하느냐"인 것 같아요. 즉, X세대나 Y세대보다 더 개인주의자가 되었다는 것이죠. "개인주의"라는 말이 어떻게 다가오느냐도 꽤 다른 문제예요. 기성 세대가 개인주의의 확산이(자신이 소속되었거나 만들었던) 공동체의 와해라고 생각하는 반면, 우리들은 공동체가 큰 의미가 있다고 느껴지지 않아요.

오종택   대표적인 사례가 있을까?

장효섭   대표적인 사례로 애국심이 있어요. 우리는 국가 교육과 가정 교육으로부터 나라사랑에 대한 끊임없는 지시를 받아왔어요. 반면에, 나라에 충성을 다하거나 나라를 위해 열심히 일해도 결과가 나쁜 사례를 많이 보았어요. 아무 이유 없이 우리나라를 자랑스러워해야 하고, 대체품도 딱히 없는 일본 제품을 불매해야 한다는 이야기는 단지 듣기 껄끄러운 소리일 뿐이죠. 연구실이나 회사에 있는 계측장비들이 다 일본산인데, 고작 맥주나 옷 따위를 불매한다는 것은 참으로 한심한 겁니다.

오종택   나도 그런 생각이 들어. 살기 좋아야 우리나라인 것이지. 같이 살기 싫은 사람들이랑 부대끼면서 나라까지 따로 사랑해야할 필요는 없는 것 같아. 개인이 자유롭고 정부가 경제에 개입하지 않아야, 내 일자리도 많아지는 것인데 말이지. 한국 국적을 버리고 외국에 정착하는 한국인들이 연간 4만명을 넘고 있더라고. 그들은 외국이 좋아서 떠나는 것이 아니야. 한국에서 누릴 수 없는 개인주의적인 가치를 외국에서 찾고 자기 자신을 실현하는 것이라고 생각해

"'두뇌유출'이라는 용어는 전세계적으로 널리 알려진 말이다. 그것은 여러 종류의 정부가 인식하기 시작하고 있는 어떤 문제를 일컫는 말이다. 그들 정부는 능력 있는 사람들을 국가에 묶어놓음으로써 그 문제를 풀려고 하지만, 사회이론가들은 두뇌와 생산 사이에 어떤 연관도 찾아내지 못하고 있다. 최고의 능력을 가진 사람들이 달려가고 있다. 이 지상의 구석구석에 놓인 노예우리를 벗어나 자유를 찾기 위해 말이다"

〈평등주의와 인플레이션, Ayn Rand, 1974〉

장효섭   그런 상황에서 문재인 정권의 집권은 다소 민감한 문제였어요. 박근혜 대통령의 탄핵이라는 역사적인 사건으로부터 거대한 동력을 얻은 이들은, 두려울 것이 없어 보였으며, 집권 초기부터 북한에 집착을 보였기 때문이었거든요. 북한에 대해 이상할 정도로 온화한 정책이 처음엔 의아했어요. 징병제로 북한으로부터 간접적인 피해를 입는 청년 세대는 떨떠름하지만 그래도 합리적인 정책을 펼치기를 기대했을 거에요. 하지만, 이런 기대는 모두 헛된 것이었죠.

오종택   특히 지금 Z세대들은 연평도 포격사건, 연평해전, 천안함 피격사태, 서부전선 전쟁위기 등을 모두 겪었잖아. 게다가 햇볕정책 때는 어렸지만, 성장하면서 북한이 20년 동안 단 한번도 핵을 포기

하지 않는 것을 보았을 것이고 그건 나도 마찬가지야.

장효섭   문 정권의 북한에 대한 집착도 문제였지만, 저에게 가장 이상하게 다가온 것은 탈원전 정책의 추진 과정이었어요. 원전은 철저한 관리감독이 필요한 에너지원이라는 것은 부정할 수 없지만, 작은 국토로 인해 개발 가능한 토지 면적이 제한되어 있는 상황에서, "전 국토의 5%를 태양광 패널로 덮으면 전기 수요를 충분히 커버 가능하다"는 소리가 문 정부 지지자들 사이에서 돌더라고요. 대한민국은 작은 국토에서 개발 가능한 토지면적이 제한되어 있다는 것을 고려하지 않은 거에요. 그래서 정부가 합리적인 계획을 세운다기 보다는 결론을 정해놓고 그럴싸한 값을 제시한다는 확신이 들었어요. 탈원전 논란 말고도, 이러한 사례는 많았어요. 동계 올림픽의 남북 단일팀, 소득주도성장, 그리고 조국 게이트까지. 이러한 사례들의 공통점은 하나입니다. 꺾여 부러지는 한이 있어도, 정책의 막대를 휠 생각이 없다., 막대를 휘지 못하니 정책을 들쑤시다가 잘 안 파진다 싶으면 처음부터 안한 척을 한다. 아니면 막대가 부러졌는데, 멀쩡하다고 하던가. 하지만 그러한 꼼수를 우리 세대가 모르지 않아요.

오종택   한마디로 추진에서는 비타협적이고, 이론에서는 비합리적이며 실패하면 신비주의적으로 진행한다는 것이네?

장효섭   이런 기괴한 현상은 왜 일어날까요? 나름대로 생각을 해봤습니다. 문 정부의 인사는 상당수가 운동권 출신입니다. 이들은 독재를 막아낸 사람들인 동시에, 그 행동방법으로써 특유의 집단 문화를 가지고 있어요. 대략 "뭉치면 살고 흩어지면 죽는다", 또는 "흔들리면 죽는다"로 함축할 수 있는 극도의 비타협주의입니다.

파업이나 시위에서, 집단의 목표가 타협 가능하다면 사람마다 타협 목표점이 달라지고, 이는 결국 집단 분열로 이어지며, 각각의 집단은 각개격파될 거예요. 이들에게 목표는 반드시 사수해야 하는 목숨과도 같은 것이죠. 이런 방법이 뚜렷한 목적이 있는 투쟁이면 몰라도, 국가를 경영하거나 외교를 하는데 있어서는 문제가 됩니다.

오종택   독재를 몰아내려고 했지만, 결국은 그들을 닮아버린 거네. 니체도 〈선악의 저편〉에서 그랬잖아. "괴물과 싸우는 사람은 그 싸움 속에서 스스로 괴물이 되지 않도록 조심해야 한다"고. "그 심연을 오랫동안 들여다보면, 심연 또한 우리를 들여다보게 될 것"이라고 했어.

장효섭   바로 그겁니다. 그리고 이 문제를 더 심화시키는 요인이 하나 더 있어요. 내부 프락치를 경계해야만 하는 역사적 배경에서 온 것으로, 집단 내의 의견에 반대하거나 미온적인 사람을 배척하는 현상입니다. 즉, 집단은 자정 기능을 잃게 되죠. 80-90년대에는 아예 프락치도 아닌데, 일반학생이나 학내 배회자를 프락치로 몰아 고문 살해하는 일이 이어졌죠. 그런 면모가 계속 되는 것 같습니다. 탈핵 사건에서 전문가들을 "이해 관계자"라는 이유로 배척하고, 조국 게이트에서 터져나오는 뉴스에 대해 "가짜 뉴스"라고 하는 뻔뻔함의 극치를 보여줬죠. 그들은 온 국토의 대학생이나 신세대를 내부 프락치 정도로 생각할 수도 있는 것이죠.

오종택   결국 괴물의 심연을 닮아버린 또 하나의 심연이라는 것이네. 조국 게이트는 그런 세대적 심연이 표출되는 면모일 수 있겠다.

장효섭   네, 그렇습니다. 조국 게이트는 조국 하나의 잘못이 아닌 거대한 '현상'입니다. 하지만 우리 세대가 나고 자란 시대는, IMF 이후의 개인화된 경쟁 사회예요. 그래서 세대 정신이 차이가 나는 것은 당연한 것이며, 이게 결코 잘못된 것이 아니라는 것, 집단에서 자유로울 수 있다는 것을 우리 위의 세대에게 간곡히 부탁드리고 싶어요. 대학에서 이루어지고 있는 조국 사퇴 시위가 "야당에서 조종하는 시위에 참여한다"라는 말로 폄하하지 말기를 부탁드리고 싶어요. 오히려 소수자인 청년 계층이 사회에 목소리를 내기 위한 활동으로 보는 것이 타당하다고 생각이 돼요.

오종택   세상에서 소수자들은 청년이 아니라, 개인이 아니겠어? 네 말을 들으니 개인주의라는 것이 그렇게 다가와. 평생 집단으로 살아온 세대와 한반도 역사상 가장 개인주의적인 세대는 도덕론에서부터 충돌하기 마련이었던 것이네. 나도 기성세대가 알아주었으면 좋겠어. 개인주의란 개인 권리의 완전한 발현일 뿐이라고. 인간이 개인 권리를 위해 투쟁할 수 있고 활동할 수 있으며 수익을 창출할 수 있다는 것은 생산적일 뿐만 아니라 아름다운 일이야.

이 부분은 조국게이트에 대한 수사가 진행 중인 시점에 이 인터뷰가 진행되었다. 따라서 인물마다 전달의 정도와 시점에 대해 차이가 있다. 하지만 똑같은 주제를 다루면서 가장 두드러지는 것은 바로 신세대의 요구다. 공정과 평등이라는 것은 오로지 개인들의 주권을 보장하는 뜻으로만 적용하라는 것을 신세대가 요구한다는 것이다. 신세대들이 분노한다는 사실은 가장 독립적인 세대가 공정과 평등을 가장 독립적인 단위까지 생각하고 판단하고 있다는 것을 의미한다.

조국게이트를 바라보면서 신세대에 의해 개인주의가 조명되는 이유는 한가지이다. 조국의 의혹과 부정을 옹호하려는 것 자체가 공정과 평등과는 전혀 상관없이, 굉장히 집단화된 의식이, 집단에서 벗어나지 못하는 영혼의 모습이라는 것이다. 그것은 가장 큰 세대 차이 중 하나이다.

집단주의와 개인주의를 비교하여 설명하자면, 그 누구도 자신이 다른 사람의 권리를 침범할 도덕적 권리는 없다. 다른 이의 권리를 침범하고자 하는 것은 본인의 권리가 자동으로 박탈당한다는 것을 의미한다. 어느 누구도 모순되는 것에 대해 도덕적인 권리를 주장할 수 없다. 적폐청산을 위해 개혁을 하겠다는 주장과, 조국게이트에서 볼 수 있는 것이 있다. 집단주의에 완전히 함몰되고 매몰되어, 자신이 다른 사람의 권리를 침범할 도덕적 권리가 있다고 주장하는 모순이다. 그런 것들은 신세대에 의해서 완전히 거부당할 수밖에 없다. 그리고 그런 주장을 하는 법무부장관의 비리와 편법과 부정을 보며 그를 지지하는 기성세대의 집단주의적인 도덕관이 완벽하게 몰락하고 있음을 보여준다.

개인주의의 극대화라는 것은 사회가 마냥 복잡해지고, 수없이 많은 사람들이 뭉치지 못한다는 의미가 아니다. 오히려 개인주의가 태동할수록 더욱 복잡하고 많은 공동체가 생겨난다. 공동체가 존재한다는 것이 공동체주의가 아닌 만큼, 기성세대는 인간의 권리와 행동의 단위를 집단이 아닌 개인으로 보는 것이 윤리적으로도 옳고, 그것이 개인주의임을 알 필요가 있다.

한편 인터뷰 기간 동안 북한은 SLBM을 발사했다. 그러나 한정된 방송시간과 지면을 가진 언론은 그것이 우리에게 얼마나 큰 위협인가를 설명하는 대신, 각각의 좌경화된, 아니 밥벌이를 위해 존재하는 패널들이 법무부장관 찬반 집회의 숫자를 가지고 쓸데없는 논쟁을 하는 모습을 보도하였다. 분명한 것은 국가가 안팎으로 가라앉고 있다는 사실이다. 그러나 신세대는 무력하지 않다. 자신이 살고 있는 삶의 터전이 선의로 포장한 지옥이 되는 것을 원하지 않는다. 오히려 국제적 감각을 가지고 기성세대의 잘못된 가치들을 외과의처럼 분석하고 오차없이 도려내고자 각기 노력하고 있다.

정의도 빼앗아가고 플라스틱 빨대도 뺏어간 너희들!

법무부랑 환경부는 서로 하는 일이 다르지만, 그들이 공유하는 가치관과 세대는 같은 것임에 틀림이 없다고 여겨졌다. 그들의 세대를 대변하듯이 기성세대가 요직을 차지한 환경부 또한 조국 법무부장관과 다르게 없다. 바로 정당성을 뒤로하고, (심지어 전혀 옳지 않음에도) 자신이 옳다고 믿는 가치에는 기본 권리와 절차마저 무시하는 독재자가 되었다. 바로 플라스틱을 사용할 자유를 없애버린 것이다.

특히 해양에 버려져 전 지구적인 오염이 되는 쓰레기는 95%가 동남아시아와 아프리카의 제 3세계에서 버려지는 쓰레기이다. 바다로 유출되는 경로는 이들 개도국을 경유하는 나일 강, 갠지스 강 등 10개의 대규모 강을 통해서이다. 즉 제 1세계에서 쓰는 플라스틱 쓰레기는 지구적인 오염과 상관없을 뿐만 아니라, 오히려 세상이 쓰레기로 오염되지 않도록 재활용 시장을 만들어 준다. 후진국에는 그것이 없다. 우리는 있다. 얄궂은 도덕적 운동 따위 때문이 아니라, 지극히 시장주의적인 내용이다. 재활용이 돈이 되기 때문이다.

대한민국만 하더라도 제 1세계에 속하면서, 플라스틱의 재활용에 대해 말은 많지만, 그래도 궁극적으로 집계되는 플라스틱 재활용률은 60%가 넘는다. 일회용 용기 대신 한 두번 쓰고 버릴 용기를 사다 쓰는 것은 재활용 가능한 쓰레기를 만드는 대신, 온실 가스나 만들어 낼 뿐이다. 스스로가 환경 지킴이라는 쓸데없는 자만심과 함께.

　최근 선박에도 탑재 가능한 플라스마 소각로 등이 발명되어 대규모 군함에도 장착되어 있다. 선박에 의한 해양 플라스틱 쓰레기는 오히려 기술과 자본의 발전으로 그 수가 줄어들고 있다. 이것은 자본과 기술이라는 번영이 주는 선물임에 틀림이 없다. 산업적으로 발전할수록 인간과 자연이 공존할 수 있는 가능성이 커진다. 하지만 플라스틱 빨대를 빼앗아가고 종이빨대를 강제시키면서, 그것이 정당하다고 생각하는 이유는 따로 있다. 마음만 따뜻한 것처럼 설득하면 모든 독재가 정당하다고 여기는 것이다. 그것은 586 세대를 관통하는 민주주의의 관념이기도 하다.

　플라스틱 빨대는 우리들의 권리를 빼앗아간 동시에, 환경문제에 신경 쓸 겨를이 없다는 것을 단적으로 보여주는 기성세대의 관념을 상징한다. 전혀 다른 문제 같지만, 개도국의 민주적이고 자유로운 산업성장이야말로 오히려 플라스틱 쓰레기 문제를 해결해 준다. 왜냐하면 먹고 사는 문제가 해결되면, 주변 환경을 살펴볼 수 있는 여유가 생기기 때문이다. 그러면, 시민들은 비로소 거리 아무데나 놓여있는 쓰레기통 속에서 살고 싶지 아니한다. 그래서 환경부는 사라져도 좋다고 여기며, 개도국이 민주적이고 자유국가로 발전하여 우리와 같은 제 1세계 문명을 공유하기 시작한다면, 그들은 우리처럼 깨끗한 자연을 염원할 것이다. 그리고 자신들의 돈을 자신들의 환경을 가꾸는데 기꺼이 지불할 것이고, 자신들의 플라스틱 문제를 스스로 더욱 슬기롭게 해결하려고 할 것이다. 그것이야말로 전지구적인 플라스틱 쓰레기를 해결하는 첫 번째 방법이다. 애꿎은 586의 망상을 위해 나랏돈을 들여서, 신세대들의 플라스틱 빨대를 빼앗아가게 놔둘 필요가 있는지 생각해볼 필요가 있다.

정의는 권력 앞에서 패배하기도 한다

광우병 파동이
신세대를 구분짓는다

광우병 파동이 신세대를 구분짓다

오종택   사빈이 너는 2008년에 몇 살이었니?

강사빈   저는 2008년에 초등학교 1학년이었죠.

오종택   그때도 애기가 태어났구나. 아니 나랑 그렇게 나이 차이가 많이 났어? 나는 그때 중학교 2학년이었는데, 참 광우병으로 완전히 난리가 났던 것이 기억이 나. 너는 어땠어?

  2008년, 한국에서는 광우병으로 큰 혼란이 일어났다. '미국산 소고기 수입 및 검역 조건'에 대한 논란이 계기였는데 여러 차례의 촛불 시위로까지 이어질만큼 국민들의 관심이 뜨거웠다. 현재는 '광우뻥 사태'라는 우스갯소리로 말하기도 하는데, 이는 당시의 논란이 엄청나게 과장된 부분이 많았다는 것을 의미한다.

강사빈　2008년은 제가 초등학교 1학년에 갓 입학했을 때였어요. 그때의 기억을 더듬어보면 텔레비전을 통해 시청했던 뉴스에서는 시작부터 "미국산 소고기…"라는 말이 나왔던 것이 기억에 남아 있어요. 그런 뉴스가 맨날 방송된 덕분에 주변 사람들이 가족들과 친구들이 "소고기 먹는 것을 조심해야 한다"고 말했어요. 덧붙여 짓궂은 친구들은 나에게 "야야, 사빈아, 너 그 미국에서 건너온 소고기 먹으면 뇌에 구멍 뚫린다는 소리 들었냐?"라며 공포심을 극대화시키기도 하였어요.

오종택　그게 나도 그랬어. 나는 또 미국에서 4~5년 정도 살다 왔거든. 그런데 미국에서 살면 당연히 소고기는 미국소를 먹잖아? 나는 미국소를 먹고 컸는데 왜 미국소가 그렇게 위험한거냐고 물어보면 되돌아오는 건 힐난부터 범죄자 취급 등 다양하더라. 뇌에 구멍이 이미 뚫렸다고 놀리는 친구도 있었고. 되돌아보면 참 웃긴 기억이다. 그런데 너는 초등학교 1학년임에도 그런 얘기를 애들끼리 했다는 거지?

강사빈　네! 다시 기억을 되새겨보면 소고기를 많이 먹거나 좋아하는 편은 아니었기에 크게 신경을 쓰지는 않았던 것 같아요. 그것보단 사람들이 왜 저렇게 촛불을 들고 바깥에 나가는지, 어떻게 소고기를 먹으면 뇌에 구멍이 뚫릴 수 있는지 궁금했던 나는 이런 부분에 관심이 많았죠. 너무 무서우니까요! 그래서 중학생 형과 누나들에게 물어보기도 했어요. 그런데 그 형, 누나들은 당시 정부를 극렬하게 비판하면서 "지금 정부가 미국이랑 이상한 약속을 하는 바람에 미국의 소고기가 제대로 기준을 맞추지 않아도 우리나라에 들어오게 되었는데 이걸 먹으면 뇌에 구멍이 뚫리게 되는 거야. 지금 문제는 바로 그거야!"라며 친절히 설명해 주었어요. 어리기도 했고 당시 정보를 받아들일 때 정보의 신뢰도에 대한 판단을 할 수 없을 정도였으니까 그냥 그런가보다 생각했죠.

오종택 나도 애들에게 왜 그게 그렇게 무섭고 잘못된 것이냐고 물어보니까 다들 하는 말이 "미국산 소고기는 광우병에 걸리기도 쉽고 제대로 검역 하지도 않은 채 수입이 돼. '정부의 잘못'으로 우리가 먹게 될지도 모르는 것이 문제"라고 하더라고. 나는 미국에 살았지만 아빠가 IMF 때문에 한국에서 지원을 전혀 못받으셔서 정부로부터 쿠폰을 받아 살 정도로 되게 가난하게 살았거든. 그러면 좋은 소를 먹었겠냐? 거기서부터 직감적으로 사태가 이상하다는 생각이 들더라고. 근데 너는 어려서 더욱 혼란스러웠겠다.

강사빈 그때는 그랬죠. 그렇게 4개월이 넘도록 촛불시위는 계속되었고 걱정스러운 마음에 소고기는 손도 대지 않았어요. 그런데 어느 순간부터 사람들은 다시 소고기를 아무렇지도 않게 먹기 시작하더라고요! 저는 어려서 그런지 더욱 무서워서 소고기를 일관되게 먹지 않았는데, 어른들은 아무렇지도 않게 소고기를 먹고 심지어 싸서 좋다고 미국 소고기를 먹던 거예요. 우리의 공포심을 극대화했던 "뇌에 구멍이 뚫린다", "정부의 잘못된 판단으로 국민들이 죽어간다" 등과 같은 소리들은 점차 자취를 감췄는데, 나이가 들수록 그게 참 이상하더라고요. 더 웃긴 건 사람들은 아무 일 없었다는 듯 다시 일상에 적응하며 살아가기 시작했고, 이 이야기를 자주 언급했던 선생님들도 더 이상 말씀하시지 않았다는 거죠. 사실 이제는 그 선생님들을 만나면 다시 물어보고 싶어요. 대체 그때 당신들의 이야기에 한번이라도 책임졌던 적이 있냐고. 과장되

없고 거짓말이 넘쳐났다는 것은 훗날 다 증명되었죠. 그런데 선생님들이나 어른들이나 심지어 언론의 보도, 인터넷 커뮤니티에서 떠돌던 정보에 대해서 기자들과 유포자들은 책임지거나 사과하지 않았고 그냥 흐지부지 마무리되었죠. 커가면서 그 사람들의 존재에 대해서 생각해본 적이 있어요. 그냥 비슷한 나이대 사람들인데 그게 386부터 586이라고 불리는 것 같네요.

오종택 그러니까. 나는 그때 중학교 친구들에게 상처도 많이 받고 뭐 치사하게 미국소 먹었다고 축구도 안껴주고 그랬어. 아무래도 난 학교 다니는 중학생이었으니까. 그 중에 제일 심했던 것은 우리 학교 선생님들 중 일부이었던 것 같아. 수업 때마다 진도는 나가지 않고 광우병 얘기를 일삼는데, 항상 정부가 잘못된 거라고 애들에게 설파하고 그랬어. 근데 한번 질문한 적이 있어. 그렇게 위험한 소고기라면 미국에서 많이 먹고 자란 나에게 아무 일이 없는 것이냐고. 나는 그때 처음으로 저 나이대의 저 레토릭을 생산하는 사람들에게 반감이 생겼던 것 같아. 그 선생님은 이유를 설명하기보다 애들 앞에서 쥐명박(이명박)에게 세뇌되었거나 광우병에 제일 먼저 걸릴 녀석이고 망신을 주었어.

강사빈 그래도 저는 만났던 선생님이 좀 나은 편인 것 같았어요. 반에서 어떤 친구가 "선생님, 이제 소고기 맘껏 먹어도 되는 건가요?"라고 물어봤을 때 답변도 못하고 쩔쩔매던 선생님의 모습은 아직도 기억에 남아요.

강사빈 군은 그래도 아직 어린 고등학생이다. 고등학생은 자신이 어리다고 생각하지 않겠지만, 그에게는 순수함이 있다. 이 친구들은 거의 하루종일 학교에 있다. 학교에서의 삶이 거의 대부분이다. 학교를 통해서 사회를 배우기도 한다. 그런데 이렇게 자신의 삶을 둘러싼 단일적인 조직이 거짓말을 하고, 학생들을 자기 조직의 이익을 위해서 희생시킬 때 엄청난 충격을 받았다고 한다. 그래서 그는 학생임에도, 더 이상 자신이 배우고 있는 교육을 믿지 못하여 그 교육을 학생의 관점에서 비판하는 시민단체를 설립하였다. 그것은 자신의 성공을 위해서 선택한 길이 아닌, 자신의 생존과 방어를 위해서 선택할 수밖에 없었던 것이다.

오종택   그래도 그 선생님은 양심이 있어서 쩔쩔맨 건가?

강사빈   아마도 그럴 거예요. 오늘도 대한민국은 일본제품에 대한 불매운동을 하고 있지 않나요? 심지어 대한민국은 일본과 전쟁 중이라고 하는 사람도 있더라고요. 길거리마다 "BOYCOTT JAPAN"이라고 쓰여 있는 불매운동 유도 현수막이 붙어있고 일본의 유명 의류 브랜드인 유니클로(UNIQLO)의 오프라인 매장을 방문하면 파격 할인을 하는 중임에도 파리만 날리고 있어요. 지금 한국 사람들의 일본에 대한 불매운동과 2008년 있었던 광우병 사건과 겹쳐 보이는 것은 저뿐일까요?

오종택   아! 사실 내 첫사랑이 엄청난 미인이었거든! 아직도 보면 예쁘긴 하더라. 그런데 보면 안타까운 면이 있어. 자신을 방어할 논리구조가 학습되지 않은 거야. 근데 누가 걔를 그렇게 만들었겠냐? 그녀는 인스타에서 항상 '독립운동은 안했지만 불매운동은 자기가 앞장서야 겠다'라고 그러더라. 그런데 그런 사람들은 광우병 때도 똑같은 레토릭을 따라갔을 거야. 잘 알아 나는. 내가 중학교 때 괴롭힘을 당했는데 같은 학교를 나왔으니. 10년이 지났는데도 똑같은 레토릭에서 벗어나지 못하는 게 너무 아쉬워. 일본과의 경제문제가 대체 왜 생겨났는지 이해하고 있을까? 그리고 한국 내에서의 어떤 불매운동이든 영향도 받는건 한국기업이라는 것을 절대 이해 못할거야. 미국소고기가 어떻게 생산되고 관리되며 유통되는지 전혀 모르는 것처럼. 어쩌면 세상의 몇 퍼센트는 신뢰와 경제가 어떻게 돌아가는건지 전혀 알지 못하고 죽을 때까지도 모를거야.

강사빈　형! 저도 결국 본질은 같다고 생각해요. 몇몇 언론인과 자칭 지식인들의 선동으로 시작되어 많은 사람들이 동요되었고.

오종택　맞아. 그런데 그런 사람들을 지식인이라고 부를 수 있을지 모르겠다. 도덕이 없는 사람들 같은데….

강사빈　그러게요. 그리고 2008년에는 '촛불 시위'로, 2019년에는 '불매운동'으로 이어진 것 같아요. 나중에 그들이 모조리 틀렸다는 사실들이 밝혀지면 가장 앞장서서 외치던 언론인, 지식인들은 마치 자기는 아무 것도 안했던 양 침묵으로 일관할 거예요. 그 시절 정부를 신랄하게 비판했던 학교 선생님들도 침묵으로 일관할 거고.

오종택　그 학교 선생님들은 은퇴하면 명예롭다고 교사 연금도 받을 거 아니야? 세금 아까워 죽겠다 정말. 개그맨 김미화는 내가 중학교 때 광우병이 그렇게 위험하다며 외쳤는데 자기 음식점에서 미국소를 팔고 있다면서? 그 나이대 사람들은 양심이 없는 것 같아. 반성이라는 것을 모르는 가봐.

강사빈　이런 사태들이 한국의 미래인 자라나는 아이들에게 굉장히 큰 영

광우병 파동이 신세대를 구분짓는다

향을 미치는 것 같아요.

오종택　그때 너가 초등학교 1학년이었는데도 생생한 것처럼 말이지?

강사빈　네 당시 8살이었던 저도 희미하게나마 당시의 분위기를 기억하고 있고, 지인들이 사실관계를 바로 잡아주거나 제가 스스로 공부하지 않았다면 아직도 "당시 정부의 과오로 인해서 국민들의 건강이 위협 받았다"라는 생각을 가지고 있었을 거예요. 만일 그때, 그 사람들의 말을 그대로 받아들였다면 오늘날의 불매운동도 저항 없이 받아들였을 것 같아요. 사실 그걸 곧이곧대로 믿은 평범한 사람들은 큰 잘못이 없죠. 덧붙여 말하자면, 사실 많은 학생들이 광우병 사태를 기억하는 데에는 교사들의 역할이 큰 것 같아요. 당시 교사들이 학교에서 그 정도로 열정적으로 언급하지 않았더라면 지금의 많은 학생들이 그 사건을 기억하고 있을 수는 없죠.

오종택　맞아! 나도 광우병에 대한 대부분의 기억이 학교에 있어. 어떤 사람들은 전혀 그렇지 않다고 하는데, 어쩌면 우리는 불행하게도 그런 선생님들을 만났던 것 같다. 나중에 알아보니 대부분 전교조 소속이더라. 대한민국의 공교육은 그저 불법노조가 장악한 정부의 학교일 뿐이야.

강사빈　광우병 사태는 부끄러운 역사로 남게 될 것 같아요. 이 부끄러운 역사를 만든, 그러니까 본인들의 이익을 위해 선동을 해서 많은 사람들을 동요시켰던 소수의 언론인, 지식인 더 넓게 본다면 자라나는 아이들에게까지 영향을 미친 교사들은 처절한 반성을 해야할 것 같아요.

오종택   그런데 반성하는 사람은 한번도 못 본 것 같아. 오히려 새로운 일에 더 열을 올리더라고. 생산하는 쪽이나 소비하는 쪽이나. 마치 도돌이표 같아.

강사빈   저도 그게 걱정이 되어요. SNS나 뉴미디어가 급격하게 발전하는 현실에서, 그런 사람들의 행동은 무서워요.

오종택   공감해.

부모님들은 우리를 가장 사랑한다고 속삭인다. 하지만 부모님들은 신세대의 미래를 침식하는 가장 단순한 문제를 방조하거나 되려 적극적으로 한패가 되어 동조하기도 한다. 이것은 신세대의 미래를 훔치는 가장 쉬운 방법이다. 부모님들은 가정의 역할에 충실했다고 믿겠지만, 결국 그 가정의 미래를 훔치는 거짓말쟁이들에게 부역하는 모순이다.

강사빈 군은 호르스트 부르거의 〈아버지의 네 가지 비밀〉을 추천받아서 감명 깊게 읽었다고 했다. 그러나 광우병 사태를 계기로 가족과 학교 등 어른들의 모습에서 그 책의 내용이 전혀 멀리 있는 것들이 아니라는 것을 깨달았다고 한다. 이 책은 과거의 아들이 나치에 동조했던 아버지에게 질문을 던지는 내용이다. 물론 그 아버지는 가정에서 아들을 끔찍이 사랑하였다.

책에서 아버지는 이렇게 말하였다.

"우리는 그게 대한민국을 구하는 길인 줄 알았어…(중략)…우리는 꼭두각시처럼 조종을 당했을 뿐이야. 세계 도처에는 우리의 적이 있고, 단결하지 않으면 우리는 살아남을 수 없다는 교육을 받았기에 한 사람 한 사람 톱니바퀴의 톱니가 되는 것을 망설이지 않았어. 그러나 진실을 말하는 사람은 거의 없었어. 수많은 사람들이 한 목소리로 떠들어대는 바람에 마침내 그렇게 믿어버리게 되었어…(중략)…그리고 빨리 나의 애국심을 발휘하고 싶었어"

한 아이에게 너무나 큰 충격과 비겁함을 보여준 모든 어른들은 가정에서는 누군가의 부모였고 어른들이었다.

조주영 군은 강사빈 군과는 한 살 차이가 난다. 강사빈 군이 1학년이었을 때는 조주영 군이 2학년이었다. 그들은 면식이 있는 사이도 아니었을 뿐더러 태어나 자라난 곳도 다르다. 이런 차이점 속에서도 그들이 경험한 것은 꽤나 비슷하였다. 혼란과 무책임함, 조주영 군은 어렸지만 굉장히 비정한 광경을 많이 보았다고 떠올렸다.

오종택 올해가 2020년이니 광우병 사태가 터진지 벌써 10년이 지났네. 그치? 무척 어릴 때였지만, 지금의 나의 가치관을 거의 완성해 준 것이 광우병 사태인 것 같아. 사람들이, 특히 대중의 이름으로 하는 말을 처음으로 불신하였거든.

조주영 정말 광우병 사태가 터진 지 벌써 10여년이 넘는 세월이 흘렀네요. 아마 민주화 이래, 대한민국에서 일어난 사건 중에서 이것만큼 사회에 분열과 대립, 그리고 혼돈과 무질서를 가져온 일도 없을 것 같아요. 저는 광우병 사태가 터졌을 당시 겨우 초등학교 2학년이었는데 워낙 오래전이라 기억이 희미하네요.

오종택 나는 중학생이어서 기억하지만 확실하게 너는 초등학생이어서 기억도 나지 않겠다.

조주영　하지만, 그 어린 나이에도 TV와 신문, 인터넷 기사, 사람들이 하는 얘기를 들으며 '무언가 잘못되었다'라는 생각은 본능적으로 들었던 기억은 있어요. 너무 충격적이었던 것은 유모차 부대였어요. 이것을 그때 봐서 기억하는 건지, 최근에 보고서 기억하는 건지 확실하지 않아요. 하지만 시위를 막는 경찰을 무력화시킬 작정으로 16개월에 불과한 아기를 유모차에 태우고 시위현장으로 나온 비정한 부모들이라는 것은 생생해요.

오종택　아, 정말 끔찍한 기억이네. 나도 기억이 난다. 그 유모차 부대의 정체가 무엇이고 누가 만든 것이었을까? 지금이라면 영락없는 아동학대인데. 아이들이 성장해서 자신이 유모차 부대의 일원이었다는 것을 알면 정말 원망할거야.

조주영　맞아요. 저도 어렸을 때 신문을 같이 보던 어머니에게 '저 아기들이 다치면 어떡해! 아줌마들이 밉다'며 운 기억이 지금도 나요.

오종택　나도 어리긴 했지만 매정한 부모의 모습이 생생히 기억에 남아. 그때 그 아줌마들 지금은 뭘 하고 있을까?

조주영　그러게요. 저도 어리긴 했지만 집에서 엄마 모르게 네이버로 이것저것 많이 보고 충격 받았어요. '쥐가 대통령이면 나는 전지현이다'라는 피켓이 인터넷 상에 떠돌아다녔는데 단어가 너무 강렬해서 기억이 나요. 그리고 어떤 배우는 '미국산 소고기를 먹느니 차라리 청산가리를 입에 털어넣겠다'고도 했던 것 같아요. 그러면서 '쥐박이'라는 강렬한 단어 탓인지 그 단어와 함께 웹의 분위기가 어렴풋이 떠올라요.

오종택   그때는 장난이 아니었던 것 같아. 유언비어도 난무했어. 돌이켜보면 시위대의 거짓선동도 엄청났지. 경찰이 쓰러진 여자 시위대를 성폭행했다는 유언비어도 퍼졌던 것 같아.

조주영   저도 '진압경찰이 쓰러진 여자 시위대를 성폭행했다'는 글을 보았고, 며칠 후 그 글이 루머였다는 보도가 나왔죠. 이처럼 당시 신문을 펼쳐보기만 하면 매일같이 폭력적인 시위 관련 소식만 가득했기에, 이 시위가 대체 언제쯤 끝날지 두려워하며 시간을 보냈어요.

오종택   2학년 때 신문을 읽다니. 관악친구는 역시 다르구나. 그렇게 사회가 혼란스러웠던 것이 진짜 공포였던 것 같아. 나도 두려웠는데. 근데 필진에 참여한 장주영 형님은 그런 분위기가 채 가시기 전에 의경에 복무했던 터라 엄청 치열하게 근무했을 것 같아. 그 형도 그런 유언비어를 퍼트리는 사람들 때문에 치를 떨었을 듯해.

조주영   부끄러운 일이지만, 저도 그러면서도 시위대의 주장 자체가 잘못되었을 것이라곤 생각조차 해보지 못했어요. 너무 어려서 그랬을까요? 미국산 소고기는 위험하다고만 믿었어요.

오종택   응. 나도 미국에서 미국산 소고기를 먹고 큰 게 아니었으면 정말 그렇게 믿었을 것 같아.

조주영   어렸을 적 부모님과 외식하러 자주 들렀던 식당에서 '저희 가게는 광우병 위험이 있는 미국산 소고기를 쓰지 않고 한우와 청정호주산 소고기를 씁니다'라는 공지가 붙은 걸 본 기억이 있는데, 책 쓰면서 부모님에게 그것을 물어보니깐 내가 그 공지를 가리키며 다행이라는 식으로 말했다고 해요.

오종택: 나는 중학교 때 받았던 날선 충격이 그렇게 컸는데, 나이를 한살 한살 먹어가면서, 그런 현상의 본질에 대해서 생각해보았던 것 같아. 나는 미국에서 살다가 한국에 온 터라 한국어를 중학교 2학년 때까지도 제대로 못했어! 그래서 신문을 소리내어 읽으면서 스스로 훈련을 했어. 애들이 놀리니깐. 그런데 소리만 내어 읽는데도 공부가 되었던 것 같아. 훗날 다른 매체에서 광우병처럼 비슷한 패턴들을 찾아보면서 그들의 실체에 대해서 생각해보았던 것 같아. 본질과는 다른 선동이 엄청 많기도 했고. 이 사람이 그 사람일 정도로, 선동을 했던 사람들이 똑같기도 하고.

조주영: 저도 커가면서는 신문을 단순히 기계적으로 읽는 것을 넘어 나름 이런저런 정보를 스스로 찾아보기 시작했어요. 그러면서 점차 당시 시위를 주도했던 사람들에 대해 의문을 품기 시작했거든요. 시위대가 '민영화 반대'라는, 소고기와는 전혀 관련이 없는 구호를 외쳤다는 것을 알게 되었고, 집회 당시 6.25 사진전에 전시되었던 작품들이 훼손당하고 방화 테러를 당했다는 사실도 알았어요. 민영화 반대나 6.25 사진전이 광우병과 무슨 관계가 있었을까요? 광우병이 공기만으로도 전염된다던 사실도 루머인 것을 알았어요. 그때부터 말도 안되는 사실이 통념에 가깝게 유통될 수도 있다는 것을 깨달았어요. 이런 '가짜사실'들이 대통령을 공격하고, 특히 반미로 표출되어 폭력행위로 일삼았던 것을 보며 본능적으로 반감을 가지게 되었어요. 공포감에 반감을 가진 것일 수도 있고요.

오종택 근데 미국산 소고기는 여전히 맛있는 것 같아. 솔직히 나는 티본 스테이크에 감자샐러드를 더한 음식을 정말 좋아해. 나라마다 소고기 맛이 다른지는 잘 모르겠지만 그 정도의 미식가는 아니어서. 그런데 미국 소고기는 괜찮은 품질에 정말 괜찮은 가격인 것 같아. 나같은 서민에겐 딱이지.

조주영 그러게요. 궁금한 것이 또 있어요. 그때 그런 새빨간 거짓말로 국민들을 선동했거나, 이에 동참한 이들은 지금 어디서 무엇을 하고 있을까요? 찾아보니까 미국산 소고기가 수입 소고기 시장에서 2017년부터 다시금 1위를 차지했네요.

오종택 그때 그 중 한명은 지금 군인권센터의 소장을 하고 있네.

(같이 어이 없어서 웃음)

조주영 10년이 지났지만 그들이 과거 자신의 행동이 잘못되었다고 하거나, 아니면 최소한 반정부 투쟁을 기획하다 보니 오버했다는 것을 인정한 적이 있을까요? 유감스럽게도, 아무도 이런 사태에 대해 반성하지 않는 것 같아요. 광우병 잠복기는 25~30년이므로 아직 지켜봐야 한다는 사람들이 아직 존재한다고 들었어요. '그때 그렇게 과격시위라도 했기 때문에 소고기 재협상을 통해 지금 우리가 안전한 미국 고기를 먹을 수 있다는 뻔뻔한 태도를 보이는 사람들이 아직도 넘쳐난다면서요?

오종택 그건 정말 헛소리지. 과격시위가 있어서 소고기 통관이 안전해졌다고 믿으면 사회생활이 과연 가능할까? 둘 사이의 연계를 주장하는 건 정말 양심이 없어. 또 자기들이 만들어낸 거짓말 때문에 나나 어린 친구들이 얼마나 공포에 떨고 학교에서 선생님에게 괴롭힘받고 그랬는데. 그게 안전한 미국 고기를 먹을 수 있는 이유라고 하면 정말 어처구니가 없지. 근데 그런 사람들의 블랙리스트는 안 만드나?

조주영   아! 그 말이 나와서 그런데, 공인으로서 가지는 사회적 파급력을 망각하고 과격발언을 일삼은 이들은 자신의 발언에 대해 책임을 지려고 하는 것 같지 않아요. 되려 소위 '문화계 블랙리스트'에 명단이 올라갔다는 점을 들어 자기들은 정권으로부터 탄압받은 피해자라는 주장만 되풀이하는 것 같아요. 그 "문화계 블랙리스트"를 보니까 거의 대다수가 광우병 파동 때 거짓정보를 말했던 사람들이더래요.

오종택   아! 정말 그럴 수도 있겠구나.

조주영   광우병 사태는 거짓에 기반한 분노가 어디까지 커질 수 있는지, 그리고 여론을 등에 업은 선동가들이 어떤 일을 할 수 있는지를 명확히 보여준 비극적 사건인 것 같아요.

오종택   그것도 그렇지만 우리 같이 많은 사람들이 속한 작은 사회에서 생각이 다르다거나 합리적으로 반문했다고 불이익이나 린치를 당했던 시기 같기도 해. 그게 제일 무서워. 우리가 어린 학생인데도 선생님한테 그렇게 당할 정도면, 대체 그 시기 어른들은 얼마나 시달렸을까? 상상할 수가 없어.

조주영   그러게요. 그런데 10년이 지나도 우리 사회가 지금, 광우병의 망령으로부터 자유롭다고 말할 수 있을지 모르겠어요. 아직은 그 정도로 사회를 뒤흔들 정도의 집회로 나타나고 있지는 않지만, 거짓에 기반한 분노의 잔재는 여전히 남아있는 것 같아요.

오종택   대한민국이 OECD에서도 사기 범죄율 1위라면서? 내 생각엔 이 정도로 사회가 고도화되고 발전되었는데, 그런 거짓의 잔재가 있다는 것은 무언가 구조적으로 오류가 있거나, 세대 정신이 아예 잘못된 것 같아. 그런데 광우병 같은 괴담이 참 많은 것 같아. 그치?

조주영   저는 워낙 그런 분야에 관심이 많으니깐 좀 떠올려보자면, 철도 경쟁체제를 도입하거나, 의료법인에게 수익사업을 허용하고 원격의료를 도입하겠다고 하면 끊임없이 '민영화 괴담'이 이어져 온 것과 궤가 같은 것 같아요. 세월호 희생자들이 인신공양을 위한 제물로 바쳐진 것이라는 음모론이 한때 퍼지기도 했는데, 전 그때 어렸을 때 느꼈던 공포가 다시 떠올라졌어요.

오종택   결국, 그런 공포나 괴담은 궁극적으로 자유사회로 가는 길을 20년씩 늦추는 것 같아. 많은 사람들의 생각하는 힘을 발목잡는 꼴이니. 참 두려운 모습이야. 우리 다음 세대에게는 이런 일이 없으면 좋겠다.

조주영   제 생각엔 오늘날 주권자인 국민이, 이성을 발휘하는 것이 굉장히 중요할 것 같아요.

오종택   나도. 이성과 감성은 이분법으로 분리가 되는 것이 아니라 감성은 이성이 생각한 범위의 연장이라는 생각이 들어. 나는 광우병 때 마주친 수많은 모습을 보면서 그들이 보여준 이성과 감성의 분리는 양심의 분리일 뿐이라는 확신이 들더라.

조주영　누군가는 그러더라고요. 어떤 정치적 사건이 일어났을 때 내 주위 사람이, 내가 속한 사회가 분노한다고 무작정 따라서 분노하는 것은 주체적인 결단을 내려야 할 유권자들의 덕목이 아니며, 결국 누군가의 이익을 위한 수단으로 전락하게 될 뿐이라고요.

오종택　맞아. 가장 천박하게 나타난 정치인에게 먹이가 되는 것뿐인 것 같아.

조주영　직접 행동에 나서는 것은 자신이 왜 분노하는지 똑바로 인식하고, 사건에 대한 충분한 정보를 습득한 이후에 해도 늦지는 않을 것 같아요.

오종택　그런 사회에서는 유모차 부대 같은 괴물이 나타나진 않겠지? 적어도 자기가 분노하는 것에 책임질 줄 아는 사람의 모습일 테니. 아이를 방패로 무책임하게 두는 것에 가책을 느낄테니 말이야.

조주영　광우병 사태 때처럼 거짓된 분노가 사회를 지배하고, 파괴하는 일은 더 이상 일어나지 않으면 좋겠어요.

오종택　그런데 참 요원하다. 정말 요원해. 거의 오늘날 기성세대가 만든 유산이니. 자기네들이 만든 모습이 그 당시 너무 많은 사람들에게 고통을 주었다는 것을 전혀 모를거야. 세대교체는 그런 곳에서 필요하지 않을까?

불필요하고 거짓과 선동으로 점철된 정치적 모험에 희생되는 가장 큰 피해자는 바로 신세대 청년이다. 20세기 초반에 일본은 거대한 생산력과 군사력을 가진 강력한 나라로 성장하였다. 하지만 그 힘을 견제할 자유의식이 없는 기성세대들은 통제능력이 부재한 상태에서 자신의 다음 세대들을 태평양 전쟁이라는 지옥으로 몰아갔다.

도조 히데키가 중일전쟁을 확대할 때의 나이가 52살, 태평양 전쟁을 게시할 때의 나이는 57살이었다. 현재 한국사회의 기성세대들이 사회를 이끌고 있는 그 나이와 완전히 같다. 그들은 절대 전쟁터로 직접 나가지 않는다. 자신의 사무실의 책상만이 그들이 마주하는 전쟁이다. 그 전쟁의 대가는 히데키 세대가 책임지지 않는다. 대신 히데키 다음 세대의 360만명이 8년도 채 안되어 끔찍한 죽음을 맞이하는 경험을 가져왔다. 결국 자성을 가져올 기회조차 없이 하나의 신세대가 뿌리째 뽑혀 이름도 모르는 동남아시아 어딘가 흙바닥의 거름이 되고 말았다.

조주영 군은 그래서 혐오감을 느꼈다. 민주주의가 곡해되어도, 기성세대는 그에 대한 위화감을 느끼지 못한다는 것이다. 결과는 자기 파멸이지만, 그 과정은 멈추질 않는다. 그래서 어떤 신세대들은, 남들보다 일찍 어른이 되기로 마음을 먹었다. 이것은 주영 군만의 이야기가 아니다.

장주영 군은 당시 고등학교 1학년이었다.

오종택　　형님은 의경으로 군복무를 하셨잖아요? 그때가 한창 치열한 광우병 사태 때는 아니지요?

장주영　　나는 광우병 때 고등학교 1학년이었어. 의경은 나중에 갔지. 아직도 기억에 남는게 있어. 나는 전교조였던 사회 선생님이 518영상이나 광우병 시위장면들을 수업과 상관없이 보여주었거든. 사실 그 선생님이 전교조라는 건 나중에 알았어. 전교조가 무엇인지 몰랐을 때는 선생님이 말씀하시는게 옳은 것이라는 생각에서 벗어나지 못했거든.

오종택　형님도 광우병 사태를 학교라는 공간을 통해서 엄청나게 영향을 받으셨겠어요. 저나 다른 친구들도 학교에서 선생님을 통해 입은 인신공격이나, 그때의 반발때문에 새로운 사회관이 많이 생겼던 것 같아요.

장주영　나는 나이가 조금 더 들어서 그런지 받아들였던 것에 다른 점이 많았어. 그때는 별로 잘못된 것을 생각하지 못했어. 어렸을 땐데 그런 생각이 난다. 매형이 일본에서 복무하는 미군이었거든. 어린 마음에 매형이랑 같이 고기를 먹다가 학교에서 선생님으로부터 배운대로 이명박 대통령 욕을 했었어. 매형은 외국인이거든. 그러자 매형이 영어로 너희 나라는 삼성이라는 글로벌 기업도 있고, 잘 사는 나라인데 왜 별다른 논리 없이 무작정 대통령 욕을 하는지 모르겠다고 반문을 했어.

오종택　아! 고등학교 때 선생님이 말한 곧이곧대로 매형 앞에서 말씀하셨던거군요?

장주영　그치, 그 대답에 부끄러워서 낯을 들지 못했던 기억이 나. 그때 처음으로 무비판적으로 받아들였던 전교조 선생님의 말에 대해서 생각해보았던 것 같아. 굉장히 감성적이었거든. 주말에 시위를 나가라며 부추겼어.

오종택　와! 저나 다른 친구들은 시위를 나가라고 부추기진 않았는데, 너무 어려서 그런거였나봐요. 또 워낙 조용한 동네 살아서 그랬는데, 형님에겐 시위에 나가라며 부추기기까지 했던 것이군요?

장주영 응. 사실 웃긴게, 지금 생각해보니 구체적으로 사회의식이라던가 학습을 위해서가 아닌 단순한 반정부 활동이 목표였던 것 같아. 어느 날은 이명박 대통령이 하이브리드 자전거를 타는 모습이 언론에 나왔나봐. 사실 나는 지금도 그 날 대통령이 탄 하이브리드 자전거가 무엇인지 자세히 몰라. 근데 선생님도 그 하이브리드 자전거가 뭔지 정확히 설명하지 않았거든. 그런데 같은 반 친구들에게는 지속적으로 수업시간에 "자전거가 자동차도 아닌데 하이브리드가 뭐냐"며 희화화시켰었지. 다들 웃으면서 들었는데, 이제 와서 생각해보면 참 소름끼치는 일이야. 그 선생님에게는 하이브리드 자전거가 중요하지 않았어. 그냥 반정부 의식을 침투시키는 것이 목적이었던 것 같아.

오종택 정말 가랑비에 옷이 젖듯이 의식이 자연스럽게 바뀌겠네요. 광우병 때는 제가 중학생이었지만, 저도 고등학교 때 굉장히 충격적인 모습을 많이 보았어요. 그때 도덕선생님이라는 분이 전교조는 아니었지만, 전교조에 어울리던 분이었는데 선생님이 똑같이 희화화하는 것에 논리적인 질문을 던졌다고 그 학생을 향해 압정상자를 던졌거든요. 형님은 부산에서 나고 자라셨는데, 저는 수원에서 학창생활을 보냈어요. 그런데 이게 그 정도면 수년간에 걸쳐 이런 일이 온 나라에서 일어난 것이겠어요.

 많은 학생들이 학교교사의 말을 처음에는 의심하였다. 그는 자신만의 책임 있는 의식을 갖고 의경으로 입대하였다. 하지만 진실을 탐구하기 위해서 그런 길을 걸은 사람은 그만이 아니었다.

장주영   그렇지. 우리가 이렇게 서로 다른 지역에서 살던 사람들끼리 얘기해보니까 그게 참 무서운 것 같다. 나는 그때 처음 스스로에게 물음표를 던져보았어. 어쩌면 매형 덕분이지.

오종택   그런데 형님은 어떻게 생각이 전개되었나요?

장주영   그 사회 선생님이나, 그 사회 선생님 아래에서 같이 배운 친구들이나 그것이 전부 정의이고 진실인 줄 알았는데, 나는 그것에서 모순을 보기 시작했어. 그러다가 완전히 환상이 깨진 적이 있었지. 뉴스를 보다가, 나는 촛불시위가 굉장히 평화시위인 줄 알았거든. 그런데 의무전투경찰 기동대원들의 장비를 빼앗고, 단체로 기동대원을 폭행하는 장면을 보게 되었어. 그때가 학교에서 배운 정의와 진실이 깨지는 순간이었어. 전교조 선생님은 줄곧 우리더러 시위에 나가라고 했었거든.

오종택   그러면 그때 시위에 나간 사람도 있었겠네요. 저는 그 당시 중학교 2학년이라 그저 접하는 것이 네이버 뉴스 댓글이나 "네이버 붐"이었어요. 요즘으로 치면 디씨 같은 코미디 커뮤니티였어요. 농담이나 만화를 공유하던 곳이었는데 갑자기 광우병 얘기만 하면서 오히려 사이트 주제에 맞는 걸 공유하면 댓글로 온갖 욕을 먹는 거예요. 댓글은 항상 시위로 나가자고 독려하는 것이었는데, 저는 댓글보고 시위에 나갈 생각은 당연히 안했어요. 그런데 그게 학교라면…

장주영   누군가는 서울까지 갔을 수도 있겠지. 아니면 그 가르침에서 지금도 못 헤어났을 수도 있고. 나는 뉴스에서 시위대의 폭력행위를 보면서 무엇이 옳은 건지 스스로 강력한 물음표를 던졌어. 그때가 고등학생이었는데, 나중에 의무전투경찰에 자원을 해야겠다고 결심했어. 어차피 의무전투경찰을 하면 집회관리만 줄곧 할 테니 말이야. 그리고 11년에 의무전투경찰로 자원했어. 지금은 전투경찰이 사라졌지?

오종택   지금은 전투경찰이 사라졌지요. 형님은 정말 치열한 집회와, 집회하는 사람들의 본질을 실제 눈으로 많이 보셨겠어요.

장주영   어찌되었던 자기들이 주장하던 잠복기로부터 10년이 더 넘었는데 왜 미국소고기로 죽은 사람이 없는지 모르겠다. 김제동 씨는 이름 좀 떨친 것으로 아는데 책임을 진 적이 있나? 왜 침묵하고 아무도 말도 안하는지 모르겠어. 사필귀정이라고 항상 모든 것은 제자리로 돌아간다고 믿고 있어. 그게 의무전투경찰을 하면서 느꼈던 점이야. 나는 그들의 실체를 수년간 의무경찰을 하면서 확인한 것 같아. 정의와 진실을 말하는 사람들이 그것과는 전혀 먼 사람들이었다는 것을.

파시즘은 사라지지 않는다.

  '아버지에게 던지는 열 가지 질문'이라는 책에 나치 치하에서 멀쩡히 살았던 아버지 세대에게 아들 세대가 묻고 답하는 통렬한 반성이 전해주는 말이 있다. 오히려 담장에 숨고선 가까이서 새로운 기회만을 엿본다는 것이다. 그래도 파시즘이 돌아오려는 시도는 번번히 자기 삶과 자기 판단에 책임있는 사람들에 의해서 저지된다.

치열한 집회를 온몸으로 뚫고 나온 장주영 군은 그런 사람들 중 하나이다. 그는 지금의 기성세대인 아버지 뻘 사람들이 휘두르는 쇠파이프와 화염병을 온몸으로 받아냈다. 하지만 그들은 바로 자신들이 민주화를 이룩했다고 주장하는 기성세대인 것이다. 그럼에도 그 자식 세대에게 쇠파이프를 휘두른 것은 어떻게 된 일일까? 장주영 군은 그 모순을 방패로 받아냈다. 하지만 방패로는 사회를 바꿀 수가 없다. 방패를 열고 이판사판 가리지 않는 모리배들을 아버지뻘이라고 해도, 열린 사회에 절대 발을 들일 수 없도록 날카로운 칼로 도려내야 한다. 그러나 자기 의식에 책임 있는 사람들 덕분에 그렇게 몸으로 자원한 양심이 있어 자유국가와 열린 사회는 시간을 벌 수 있다.

이승만 대통령의 저서 <JAPAN INSIDE OUT>은 이 부분을 잘 짚고 있다.

"자유를 누리고 싶은 사람은 많으나, (전체주의 국가에 맞서) 그 자유를 위해 투쟁하는 이들은 드물다".

신세대에게는 통하지 않는 '가짜사실'이 있다. 어떤 정보이던 정보를 접하는 데에 있어서, 신세대가 기성세대보다 확실한 정보적 우위에 있기 때문이다.

오종택   효섭이 너는 인터넷에 되게 능하잖아. 코딩도 잘하고. 그때도 컴퓨터로 야동을 봤냐고는 물어보지 않을게.

장효섭   (그는 뒷말을 무시했다.) 인터넷은 정보의 바다라는 말이 맞는 것 같아요. 어떤 놈이 만든 말인지는 모르겠는데, 참 잘 지은 말이에요. 정보가 바다만큼 많은 것을 표현하려 했겠지만, 실은 바다와 비슷하게 표층의 얕은 정보에는 누구나 쉽게 접근하겠지만 심해의 깊은 내용은 접근하기 힘들어요.

오종택　정말 좋은 비유인거 같아. 가십이나 포르노는 인터넷으로 누구나 쉽게 찾지만 인터넷으로 학문을 공부하거나, 그것을 찾아서 스스로 연구하는 사람은 정말 소수이지. 정말 아무나 할 수 있지만 모두가 하고 있지는 않고. 나는 인터넷에서 키배(키보드 배틀)를 하다보면 가장 어이 없는 것이 네이버지식인에서 참고자료를 가져오는 사람이었어. 대부분 50대이상의 어른들이 그렇게 하더라고.

장효섭　그죠. 그런데 보통 좋은 자료라고 불리는건 전공서적 안이나 학술저널 안에 있어요. 저널은 인터넷으로 보기는 힘들지만 학적을 안 둔 사람이라도 논문을 사거나, 편법으로(논문 공유 사이트) 볼 수 있거든요. 문제는 이게 생각만큼 쉽지 않다는 겁니다. 사전 지식이 있어야 이해할 수 있는 것들도 많고, 이 저널이 신뢰할 수 있는 것이지요. 언론은 중요하다 싶은 사건들을 일반인의 시각에 풀어서 설명해 주잖아요. 저는 그게 바다에서 제일 얕은 표층처럼 설명해주는 것 같아요. 어쩌면 언론은 과학계의 적이라는 것이죠.

오종택　난 너가 학과에서도 거의 1등이고 굉장히 많은 정보를 인터넷을 통해서 공부한다고 생각해. 사실 나는 그렇게 공부를 잘하는 편은 아니어서. 수박 겉핥기 마냥 설명하는게 왜 과학계의 적이 된다고 생각한거야? 그렇게 생각한 계기가 있어?

장효섭　치매를 치료할 수 있는 치료제가 개발되었다고 하지만, 정작 치매가 치료된 사람은 없고 소문만 무성하잖아요? 황우석도 그랬고, 송유근도 비슷하고. 그래서 언론이나 사람들이 시끄럽게 떠드는 사건이 생겼다고 하면은 나름대로 "사실 관계"를 체크해보는 습관이 생겼어요. "사실"말고 "사실 관계"를 알아봐요. 빈 수레가

시끄럽다고, 시끄러운 건 그 이유가 있습니다.

오종택   되게 흥미로운 단어인데, "사실 관계"와 "사실"은 어떻게 다른 것이야?

장효섭   아니, 뭐 말은 거창하지만, 보통 언론이 하는 일은 논문이나 발언의 문장 하나를 꼬투리 잡거나, 케이스 하나를 과장하는 경우가 대부분이에요. 대표적인 것이 광우병이고, 최근에는 일본 방사능 괴담이죠. 그렇다면 원래 "사실"을 아는 사람은 분명히 있을 텐데 왜 거짓말이 정설로 퍼지는 걸까 라는 생각을 해보았어요. 제 결론은 "사실관계"의 부재였어요.

오종택   이건 좀 어려운 접근이네. 근데 특히 광우병에서는 엄청난 결실을 보였던 것 같아. 사람들은 책임감없이 행동하기 시작했는데, 그게 대중들이 호응하니까 정말 무서웠단 말이지. 학교에서 어린 애들이 교사에게 린치받거나 지탄받는데 선생님의 말들은 대다수 거짓말이었단 말이야.

조주영 군이 거들었다.

조주영   집단 극화(Group polarization)라는 현상이 있어요. 이를 쉽게 설명하자면, 수십 명의 사람에게 "소는 몸무게가 얼마나 나갈까요?" 라는 질문을 던진 뒤 답을 받는 상황을 가정해 보면, 그 수십 명의 사람들이 따로 생각내서 평균을 낸 값은 꽤 진짜 값에 근접하는데 비해, 토론을 통해 답을 도출하라고 하면 더 정확하기는

커녕 실제와 동떨어진 값이 도출되는 현상을 말합니다. 이 현상은 어쩌면 당연한 것인데, 집단 안에서는 목소리가 큰 사람이 큰 호응을 얻으며, 책임감도 분산되기 때문이에요. 집단이 잘못한다고 해서 개인이 처벌받거나 지탄을 받는 경우는 극히 드물기 때문이죠.

오종택 니체도 "군중에 대한 욕망이 자아에 대한 욕망보다 더 오래되어"서, "그 거리낌 없는 군중의 양심일수록 자아는 가책의 덩어리일 뿐"이라고 했더라고. 비슷한 말이네.

조주영 그래서 군중이나 대중 집단들의 수준도 심각하죠. 물질적이던 무형이던 책임이 있는 언론과 달리 인터넷에 있는 실체 없는 단체들에게 책임을 묻는 것이 거의 불가능할 테니 말이죠. 그랬더니 누군가는 군중 속에서 더 대담하게 거짓말을 쳤을 거예요. "미국산 소가 수입되면, 알약, 조미료를 먹어도 광우병에 전염되어 죽는다", "심지어 미국산 소가죽을 만져도 전염된다" 등, 지금 생각하면 참 재미있는 말들이 많았네요.

오종택 뇌송송 구멍탁도 꽤 유행했던 말이었어!

조주영 그런 말들을 하도 많이 돌아다니니, 개인까지 말도 안되는 소문을 믿게 되는 건 당연한 수순 같아요. 만일 그렇게 위험했다면 미국인들은 이미 반 이상이 죽어 있어야 할 터이지만요.

오종택 그래. 2020년 오늘에도 대부분의 미국인은 광우병은커녕 사망자의 절반은 암으로 죽지. 미국에서 침대에서 떨어져 죽는 사람은 매년 300여명에 달하는데 광우병으로 죽는 사람이 한 명이라도 있는지 모르겠다. 떨어진 코코넛에 맞아죽는 사람은 1년에 150명 정도 된대. 아직은 코코넛이 광우병보다 더 위험한가봐.

조주영   제가 기억하는 당시 사회 분위기는 그런 건 아무래도 상관없어 보였어요. 그 당시 부끄러움의 파편들은 아직까지 정보의 바다의 심층에 잠자고 있겠죠. 구글에 "광우병 릴레이 웹툰"을 검색해 보면 지친 마음에 도움이 될 정도의 것들이 아직 남아있어요.

오종택   안돼! 난 괴롭힘 너무 당해서 그런거 보면 속이 뒤틀려. 그래도 우리는 심층을 알아챈 행운아인지 선구자인지, 아니면 심층을 발견한 수많은 사람이 있는데 침묵하는 건지 알 수가 없네. 나는 침묵하는 사람들이 있다면 목소리를 내었으면 좋겠어. 앞서 효섭이가 말한대로 정보의 바다에서 중요한 건 표층의 해류가 아니라, 심층의 진실일 테니. 난 그래도 심층까지 들어가는 능력은 신세대들이 굉장하다고 생각해. 태어났을 때부터 인터넷이 있었으니 말이야. 그들로부터 진실을 숨길 순 없지.

    북한에서 온 신세대도 같은 걸 느꼈다. 신세대란 결국 국경과는 상관없다는 것이다. 한 사회를 살아가는 모든 비슷한 연령대가 특별한 기술적 발전을 맞이한 상태에서 사회적인 요소들을 구별되게 받아들이는 모습이 바로 신세대인 것이다.

최승혁   이곳에서 오래 생활하다가 어느 순간에 느낀 적이 있었어요. 그게 내가 중학교 3학년이었을 무렵의 일입니다. 그때도 저는 평소에도 정치적인 성향을 가질 정도는 아니었지만 시사문제에 관심을 가지고 신문을 잘 챙겨보는 편이었거든요.

오종택   아니, 어떻게 요즘 애들은 신문을 안읽어서 교육부가 걱정이라고 하는데 여기 집필진들은 전부 어렸을 때부터 신문이며 책이며 많이 읽은 걸까? 너무 좋다.

최승혁   저도 그 당시에는 학교 선생님께서 말씀하는 것은 무엇이든 옳은 줄 알고 있었어요. 실제로 선생님을 따르지 않는 학생은 불량한 학생일 거라고 생각하였어요. 그건 되게 케케묵은 생각이긴한데, 사실 선생님을 따라야 한다는 게 상식이니까 말이죠.

오종택   광우병 사태 때는 다들 학생은 선생님을 따라야 한다고 생각하다가 무언가 얻어맞은 듯이 알아갔던 것 같아.

최승혁   네. 저도 그때였어요. 무언가가 잘못되었다고 처음 느꼈을 때가. 제 친구 중 한명이 자신의 부모님께서 집에 가져온 것을 학교에 들고와서 그냥 꺼냈거든요. 그것은 사각의 손수건이었는데 아직도 기억이 나요, 너무 놀랐던 기억이라서. 그냥 자수글로 '박근혜 대통령을 사랑하는 사람들' 이라는 빨간 문구가 쓰여져 있었어요. 그것을 그냥 아무 생각없이 부모님께서 챙겨주신 거니까 수업시간에 책상 위에 꺼내놓았던 것 같은데, 그 순간 수업을 진행하려던 선생이 그 친구의 귀싸대기를 사정없이 내려쳤어요. 그 친구는 수업 준비를 하다가 갑작스럽게 맞아서 책상 아래로 넘어졌고요. 우리는 모두 소스라치게 놀랐고 교실은 적막이 흘렀어요. 나는 이게 도대체 무슨 상황인가 싶었는데 다른 친구들도 똑같았을 거예요. 긴 정적의 시간이 지나고 선생님이 입을 뗐는데, "독재자의 딸년을 좋아하다니, 미친새끼"라고 내뱉더라고요. 이 말을 듣는 순간 나는 순간적으로 멍해졌어요.

부모님이 챙겨준 손수건 탓에 전교조 교사에게 폭행을 당한 같은 반 친구를 보고 평생의 기억으로 남게 된 사람은 최승혁 군만이 아니었을 것이다. 그 반에서 많은 이들이 경험한 그 기억은 수 년 뒤에 그 전교조에게 바로 돌아오기 마련이다.

최승혁   그 친구는 아무말도 못하고 하얗게 질린 듯이 손수건을 가방에 넣었죠.

오종택   세상에. 너무 충격적이다. 그 친구는 그때 충격이 얼마나 컸을까?

최승혁   저도 선생님의 그 말 한마디가 한동안 매 순간마다 머릿속에서 울리는 듯하였어요. 점차 시간이 지나며 기억이 날 때마다 헛구역질이 나올만큼 역겹더라고요.

오종택   아무리 독재에 대한 교육을 하려고 해도 그런 방법으로는 절대 할 수 없어. 너무 충격적인 사건이구나. 그 선생님은 나중에 인권조례한다고 아이들을 체벌할 수 없다며 또 호응 했을게 아니야.

최승혁   그건 모를 일이지만 그 친구가 지금은 무엇을 하는지, 그때 반 아이들 앞에서 그런 충격을 받아도 괜찮았는지 정말 충격적이고 역겨운 일이었던 것 같아요.

오종택　그리고 그런 순간적인 일들은 보도도 되기 쉽지 않지. 또 피해자가 아이들이기도 하고. 왜 우리들의 학창시절은 모두 엇비슷한 기억들이 있을까? 그래도 한가지 엇비슷한 기억이 아닌 것이 있다면 세월호 사건을 꼽을 수 있겠다. 나는 신종플루 때문에 수학여행을 못갔거든. 근데 그 사건이 학생 정서에 준 영향은 어마어마했을 거야.

최승혁　네. 제가 중학교 시절 마지막 수학여행을 불과 일주일 남겨놓았던 것 같아요. 나라가 발칵 뒤집어졌죠. 너무나 가슴아픈 일이었어요. 안타까운 세월호 사고 이후 수학여행은 당연히 취소되었어요. 근데 문제는 강제적으로 애도기간에 들어가야 했어요. 물론 사고가 안타깝고 추모를 하는 마음을 가지는 것도 필요해요. 솔직히 처음 이 애도기간에 들어갔을 때는 진심으로 아픔을 기억하기 위해 애썼고 내 나름대로 기도도 많이 했어요.

　　최승혁 군은 북한에서 유년 생활을 보냈다. 그는 북한의 평양에서 일평생을 살았기에, 대다수의 북한 주민들보다는 유복했다고 할 순 있다. 그러나 그가 한국에 와서, 자유의 땅으로 왔다고 느꼈지만, 그는 학교에서 되려 강제적인 애도기간을 경험해야 했다. 김정일의 사후에 있었던 애도기간과 비슷했다.

　　애도가 양심의 자유에 있지 않고, 강제로 시켰다는 것에 승혁 군이 받는 스트레스는 매우 컸을 것이다. 그는 대화 중에 점점 불안해하는 모습을 보였다. 생활총화나 강제애도와 같은 강제적인 압제를 대한민국에서 경험했기에 충격이 특별히 큰 듯하다. 그는 대화를 이어가다가, 중단을 요청했다. 그래서 학교에서 선생님이 위압적으로 시도한 강제적인 애도기간에 대한 설명을 들을 수가 없었다. 몇 년이 지난 일임에도 불구하고 그가 받은 스트레스를 고려하여 더 이상 묻지 않고 화제를 전환하였으니 독자들의 양해를 바란다.

최승혁   그때 우리반 담임선생님이 교실에 들어와 나와 친구들의 이야기를 엿들었던 적이 있었어요. 내용은 기억이 안나는데, 대략 신문에서 봤던 얘기였을 거에요. 다음 수업시간에 정말 혐오스러운 정치적인 영상을 수업 내용과 상관없이 강제적으로 시청하게 하더니 당시 집권 중이던 박근혜 대통령에 대한 온갖 허위사실과 유언비어들을 소개하는 것이었어요.

오종택   지금 이 책을 만드는 사람들 중 한 명 빼고 모두가 18대 대선은 물론 19대 대선(2017)에도 투표권이 없었지. 우리가 가치판단조차 할 수 있었을까? 그건 정말 너무한 일이다. 수업에 정치논리를 가져오는게 너무 무섭고 또 그것도 토론 주제가 아니라 일방적으로 영상을 보게 했다면.

최승혁   저도 어린 마음에 너무나도 혐오스러워 수업 도중에 귀를 막기도 하였어요. 그 내용은 기억나지 않는데, 영상자료가 너무 말도 안 되는 내용이었어요. 생각해보면 '아침에 학교 갈 때 내가 학교에 가면 혐오스러운 영상들을 볼 테니 마음을 굳게 먹어야지!'라며 등교하지는 않잖아요. 또 선생님이 하는 말이 다 옳다는 막연한 믿음이 있던 차에 그 영상물이 영상적으로 너무 혐오스러워서 내가 도저히 볼 수 없었기에 고개를 책상에 숙였어요. 그럭저럭 수업이 끝나고 선생님이 교무실로 나를 불렀어요.

이것은 수업 중에 수업 외의 정치적인 영상물을 거부하자 일베로 몰아간 전교조 교사의 이야기이다.

최승혁   그러고는 대뜸 나에게 말했어요. "너 일베하니?" 그 말을 들은 순간 너무 어이가 없고 기가막혀 두렵기까지 하였어요. 분명 이 선생님에게 낙인이 찍혔다고 생각했어요.

오종택   나도 심지어 고3때 도덕선생님이 같은 낙인을 찍으려고 그러길래. 대놓고 선생님 수업을 매번 녹음할 테니 계속 낙인 찍어보시라고 했거든. 그 선생님은 그제서야 더 이상 하지 않았는데, 그 선생님은 다른 학생에게는 압정 상자를 던졌어. 우리 모두 비슷한 기억이 있지만, 북한에서 온 너는 좀 충격이 더 컸겠구나.

최승혁   저는 아니라고 대답하였는데 거기서 선생이 계속 나에게 질문하는 거예요. "네가 북한에서 온건 아는데 네가 알고 있는 정보들은 국정원에 의해 조작되었다는 것은 아니?" 그 말을 듣는 순간 올게 오고야 말았구나 생각이 들더라고요.

오종택   그 담임선생님에게 너는 북한에서 왔다는 이유만으로도 수업의 눈엣가시 같은 존재였구나.

최승혁   그럴 수도 있겠어요. 저는 너무 어이가 없었기에 대답을 하지 못하고 그저 웃음이 나왔죠. 하고 싶은 말을 꾹 참으며 대답을 하지 않았죠. 갑자기 선생님이 나를 자리에 앉히더니, 다음포털에서 "세월호가 국정원 소유이며 너는 박근혜에게 속고 있다" 라는 황당한 소리부터 시작하여 일장연설을 하더니 "부자들에게 더 많은 세금을 물려야 한다"는 둥 궤변을 준비한 듯이 늘어놓았어요. 처음부터 학생을 존중할 생각도 없는 것 같은 차에 가당치도 않는 소리에 그저 웃음밖에 나오지 않았고 수긍하지 않았어요.

천안함은 이명박이 조작한 자폭사건이라고 학생을 몰아쳤던 경험도 있었다.

오종택   감정적으로는 동요하고도 남았을 것 같은데.. 그걸 버텼다니 대단하구나.

최승혁   그런데 사실 이내 울음을 터트렸어요. 사실 그것은 울음이 아닌 울분이죠. 그 선생님은 건들여서는 안되는 영역을 건드린 것인데 뭐라고 했냐하면, 일장 순서대로 온갖 얘기를 하다가 "천안함 사건은 이명박이 조작한 자폭사건이다"라고 하는 거예요.

오종택   엥? 일베하냐고 물어보곤 가만히 있는 학생에게 "천안함사건은 이명박이 조작한 자폭사건이라고?" 사실 우리도 그런 선생님이 엄청 많았어. 개량한복 입고, 수업마다 이상한 영상 트는 선생님들. 하지만 우리 나이대에는 그게 쉽지 않았어. 왜냐하면 연평도 포격사건이 터져 모의고사 시험 끝나자마자 집으로 대피한 적이 1학년 때 있었거든. 근데 공교육 선생님들을 해고하지도 못한다면서?

최승혁   그러게요. 공교육 교사들은 해고도 못한다면서요. 저는 그게 왜 그리 충격적이었냐면, 생각해보니 제가 그때 친구랑 하던 얘기가 "천안함을 북한이 저질러서 우리는 앞으로 어떻게 북한을 생각해야 할까?" 라는 정도였거든요. 그 생각이 그때야 다시 들었죠. 평소에 해도 이상하거나 특별한 말은 아니었으니까요. 그런데 선생님이 그걸 엿듣고 혐오스러운 정치적인 영상을 틀어놓고 제가 거부하는 것이 보이니까 불러다가 정치적인 훈계를 했던 것이었죠.

오종택 정말 소련군에 있던 정치장교 같다.

최승혁 이해가 되지 않아요. 제가 잘못한 것도 없는데. 그러면서 따귀를 맞은 친구도 떠오르고, 내가 그 친구와 같은 대우를 받는다는 것을 깨달았죠. 그저 너무나 화가 나서 그 선생님에게 대들었어요. "선생님! 어떻게 그런 소리가 사람 입에서 나올 수 있습니까? 도저히 이해가 안돼요."

최승혁 군은 곧이어 여러 설명을 하였다. 그 선생님은 부르조아라는 표현을 부자를 경멸하는데 거리낌없이 사용하였다고 한다. 비싼 것을 쓰는 학생을 무조건 부르조아라고 힐난하기도 하였다. 그런데 정작 부자들을 부르조아로 표현하던 그 선생이 타던 자동차는 벤츠의 고급승용차와 폭스바겐의 SUV였다고 한다. 이들이 비싼 차를 탄다는 사실에 회의감을 느낀 것이 아니고, 자신은 부의 풍요로움을 마음껏 누리면서 그들을 계급적으로 비난하는 코스프레를 하는 것이 너무나 역겨웠다고 했다.

한편으로는 그가 굳이 선생님이 말한 계급적인 단어– 부르조아가 아니었다면 그런 고급승용차를 살만한 사정이 되는지 의문스러웠다고 한다. 그 선생 본인과 더불어 남편도 중학교 교사여서 더욱 의문이었다고 했다.

오종택	우리 도덕선생님은 벤츠를 타고 다니더라. 벤츠를 타는 것은 문제가 아닌데, 부자를 경멸하면서 부와 자본이 가져다주는 모든 혜택은 누리지만 그걸 부정하는 것은 이해할 수가 없었어. 정작 그 도덕 선생님은 기부라는 것을 전혀 하지 않았어. 도대체 뇌가 어떻게 되어 있는지 모르겠다.

최승혁	저는 그 이후에 한동안 우울증을 앓았어요.

오종택	학교에서 선생님 때문에 우울증에 걸렸다는 것이 사회에 한번이라도 조명된 적이 있을까? 더 무서운 것은 어떤 친구들이라도 그런 상황에서 방어할 수 있는 능력이 없는 것 같아.

최승혁	맞아요. 그리고 그 상황에서 아무도 말리는 이가 없었어요. 게다가 그 선생님을 교육자라고만 생각했지, 그것이 전교조라는 공통분모를 공유한다는 것은 나중에 가서야 알게 되었어요. 사실 이때까지만 해도 이들이 전교조이기 때문에 그랬다는 생각은 미처 못했었거든요. 그런데 다른 학교 학생들을 만나보니 서로 비슷한 경험들이 있더라고요. 그때 전교조라는 공통분모를 깨달았어요.

최승혁 군은 대한민국에 정착하게 된 계기가 매우 극적이고 특별하다. 그런데 다른 충격적인 전교조 교사들의 학대는 그의 고등학교 때에도 이어졌다고 한다.

최승혁	나는 아코디언연주를 잘 해요. 학교 운동장에서 점심시간에는 꼭 연주를 하곤 했어요. 그런데 어느날 개량한복을 입은 선생님이 나를 찾으며 악보를 한장 가져왔어요. 악보엔 제목도 없었고 숫자표로 된 악보에 가사만 적혀 있었어요.

오종택   나도 중학교 3학년 때까지 피아노를 공부했었거든. 그런데 숫자로 된 악보는 처음 들어보는데?

최승혁   저는 숫자악보를 읽을 줄 알아요. 그건 제 배경 덕분에 아는 것이에요. 선생님의 요구대로 연주를 하였는데 무언가 익숙하고 낯익은 멜로디가 나의 손가락 끝에서 나오는 것이에요. "하얀 박꽃이 피던 내 집은 어데 있나. 엄마 손 잡고 노래 부르던 고향은 어데 있나. 높은 산 올라서서 눈을 비벼 살펴 보아도. 보이지 않아 보이지 않아. 내 살던 초가집이 깊은 산 두메에서 깃을 쳐 나는 새도 비를 가려 줄 둥지가 있어 설음을 모르건만 꿈에도 사무치게 그려 보는 나의 요람은 어데 있을까 어데 있을까 이 세상 어느 끝에…(후략)" 그 노래는 북한의 체제선전영화 '어머니는 포수였다'의 주제곡 '조국이 없어보라'였어요. 이 노래는 북한에서도 자주 접해본 적이 없는 노래였어요. 하지만 이 노래는 북한에서 공산주의 체제를 선전하는 노래로 유명해요.

북한은 80년대까지 조선노동당의 이념을 마르크스-레닌주의로 규정하였으나, 김정일 집권 이후에 이 조항을 삭제하고 주체사상을 지도이념으로 삼았다. 공산주의를 전파하는 곡들은 주체사상적인 내용을 담지 않는다고 해서 자취를 감추었다. 그가 말하는 유명하다는 뜻은 당에서 크게 선전하지 않았으나 서정적이라서 인민들 사이에 유명하다는 뜻이다.

최승혁   선생님은 나와 북한이야기를 나누는 것을 좋아했어요. 그런데 그는 항상 한국의 80년대와 북한을 비교하며 북한이 더 잘산다는 등 엉뚱한 소리를 종종 늘어놓았어요.

오종택   그 선생님은 적어도 불러다 훈계를 하지 않았지만, 내뱉은 말은 굉장히 황당하구나.

최승혁   내가 한국대학생포럼이라는 단체의 행사에 참가하기 위해 체험학습신청을 하였을 때였어요. 그런데 허가해준 것과 별개로 선생님이 직접 단체에 대해 조사를 하더니 저에게 새누리당 의원이냐며 일본 좋아하는것도 똑같다는 식으로 친구들 앞에서 비꼬더라고요(옮긴 이 : 알려진 한에서 한국대학생포럼과 현 자유한국당과의 연관성은 선출직 광역의원 한명일 뿐이다). 나는 그 이후로 학교에서 일베라는 별명을 달고 살았어요.

오종택   나도 그런 이야기를 많이 들었어. 대학에 와서도 이어졌던 것 같아. 자유한국당과의 연계가 있냐느니, 전경련으로부터 돈을 받았냐느니 등등으로. 나는 고소를 하여 승소하는 것으로 명예를 일부분 회복했지만 너는 그렇지도 못했으니 힘들었겠구나. 탄핵도 학교에서 보았겠네?

최승혁   네, 박근혜 대통령 탄핵 헌재결정순간을 학교에서 실시간으로 보여줬어요. 이윽고 탄핵이 선고되자 온 교실이 만세로 떠들썩할 때 나는 반응을 하지 않았어요.

오종택   아이들은 왜 만세로 떠들썩하였니? 자신이 기쁜 이유를 논리적으로 명확히 표현할 수 있었니?

최승혁　그건 잘모르겠는데, 저는 그냥 무반응이었어요. 사실 군중심리에 대한 거부감이 제일 컸던 것이었거든요. 그런데 반응하지 않은 제 행동이 교무실에 전달되고 "걔는 박근혜 빠돌이라서 그럴만해. 쌤통이다"라는 말을 도덕선생님으로부터 들었어요. 무려 도덕선생님으로부터!! 이후 사과를 하긴 했지만 저는 이런 편향적인 수업을 할 때 이 내용들을 녹음하여 교육부에 신고하는 등 할 수 있는 한에서 저를 방어하여야만 했어요. 당연히 수업 내용에 집중할 수 없었고. 매년 4월이 되면 한달간 강제적으로 노란리본을 달아야 하는 학교룰이 생기기도 하였거든요. 나는 물론 달지 않았어요. 추모하지 않는다는 것이 아니라 제 추모의 방법은 제 나름대로 있고, 강제라는 것이 싫어서였는데.

오종택　그런데 나는 그렇게 자기 방어를 위한 행동마저 크게 몰리는 것을 알고 있어. 그런 선생님이 반의 분위기를 호도할 때 가장 열정적으로 나서는 친구들이 있잖니? 그런 친구들은 따돌림의 선봉이 되기도 하거든. 선생님이 없어도 그 무서운 분위기가 이어지는 것이더라고.

최승혁　저는 그런 분위기에 휘말리지 않으려 했어요. 학교는 그런 공간이 아니었거든요. 하지만 여러 선생들이 모범적으로 나를 극우친일파 일베로 몰아가니 학교생활이 원만히 될 리가 없었어요.

오종택　북한에서 겪은 너의 경험에도 불구하고?

최승혁　지금 돌이켜보면 전교조가 해 왔던 행동들이 너무나 무섭게 느껴져요. 저는 더욱 무서운 것이 지금과 같은 남북관계시기에 그때 그런 교육을 받은 친구들은 무엇을 배울까? 라는 생각이 들어요. 특히 여자애들은 군대에 가지도 않거든요. 군대에 가지 않기 때문에 왜 사람들이 부당하지만 징병에 응하고 있는지 그 원흉을 알 수도 없을 거예요. 전교조 선생님들이 단체로 우리에게 학습한 통일교육의 내용을 저는 그 누구보다 잘 알고있기에 정말 두려워요. 이대로 학생들이 북한에 대한 경계를 풀어버릴까봐.

최승혁 군은 많은 피로감을 느꼈다. 그가 피곤해 하는 모습은 표정에서 느껴졌다. 대화를 충분히 이어가기 힘들다는 것이 보였다. 그래서 우리는 아코디언 얘기로 오늘의 대화를 마무리 지었다. 교육자의 선동은 그 누구의 말보다 효과가 강하다는 것이 그의 말이었다. 애초에 교사가 정당한 경쟁과 평가를 받을 수도 없고, 교사를 존경해서 따르는 것이 아니라, 무조건 따라야 하는 이 나라 교육시스템의 문제라고도 할 수 있겠고, 또 그러한 교육시스템을 만든 대상들에 대한 원망으로 대화를 마칠 수밖에 없었다.

오종택　　종원이 너는 광우병 사태 때 몇 살이었니? 나는 그때 중학교 2학년이었어.

최종원　　2008년이니까, 제가 중학교를 입학하던 해였네요. 그보다 1년 전인 2007년에 기억나는 일이 더 많은 것 같아요. 2007년에 숭례문이 화재로 불탄 것과 원더걸스의 tell me, 소녀시대의 다시 만난 세계라는 곡이 1,2위를 다투던 것이 기억나요. 정말 박빙이었죠. 물론 숭례문 방화라는 초유의 사태와 음악순위싸움이 결코 동급은 아니지만, 07년은 초등학교 시절이라 제가 그만큼 정치에 대해 아무것도 몰랐다는 반증이기도 합니다.

오종택   와! 2008년은 기억나지 않지만, 2007-08년은 UEFA 챔피언스리그가 기억이 나. 존 테리가 페널티킥에서 실축해서 맨유가 이겼거든. 그래서 우리 중학교에서 누구든 페널티킥을 실축하면 애들이 존 테리라고 놀렸어. 그때를 기억해보면 나도 정치나 사회를 알만한 나이가 아니였던 것이 확실해.

최종원   네, 그렇죠. 그런데 제가 정치나 사회라는 것을 알 턱이 없었는데 '광우병 사태'라는 엄청난 정치 파동이 있었기에 조금씩 관심을 가지기 시작했어요. 저희 부모님은 TV뉴스를 보며 때로는 욕도 섞어가며 이명박 정부를 비난했습니다. 이성이 제대로 갖춰지지 않은 저도 그러한 비난에 가세했거든요. 그 당시 저는 어리지만 네이버 지식in의 태양신이 되고자 하는 포부를 가지고 있었어요. 그걸 달아놓으면 반 친구들에게 자랑을 좀 할 수 있었거든요. 그래서 아는 지식을 총동원해 지식식in에서 광우병 사태를 비난했어요. 물어본 사람도 제 답변을 채택해주고 한마디로 누군가 인터넷에서 광우병에 대해 물어보면 어른에게 물든 초등학생, 중학생이 답변해주고 그게 채택되어서 수천 명이 보는 그런 것이었죠.

오종택   맞아. 그때는 포털 사이트에 광기가 넘쳤어. 포털사이트에 연결된 만화나 뉴스나 코미디 사이트도 광우병을 비난하지 않으면 린치를 얻어맞는 시절이었잖아. 그런데 정말 그 중에 어른들말만 따라하는 초등학생, 중학생도 엄청 많았을 것 같아.

최종원   그때 지식in 답변에 다음 웹툰의 유명 만화가 강모씨가 사실 관계도 파악하지 않고 그린 만화를 퍼뜨렸었죠. 애들이 수 십만 명은 봤을 거예요. 거기에 이명박 대통령이 소고기를 먹는 사진을 첨부

했습니다. 내용이 뭐냐면 "30개월 이상의 광우병 미국산 소고기를 수입해 놓고, 대통령은 한우만 먹겠지" "미국산 소고기를 먹으면 뇌에 구멍이 뚫린다. 소고기를 직접 먹지 않아도 라면 등 각종 식품에 소고기 성분이 있어 이러한 병이 전염된다. 결국 우리 모두는 광우병으로 고통 받을 것이다" 라는 의도의 만화였습니다. 굉장히 많은 충격을 받았어요. 집에 와서 맨날 라면을 먹는데, 특히 조미료에도 소고기 성분이 있고, 소고기를 원재료로 하는 음식이 정말 많아 안심할 수 없다는 내용의 만화에 어렸지만 적잖은 충격을 받을 수밖에 없었거든요.

오종택　대한민국은 집단광기가 주기적으로 발현되는 나라인 것 같아. 그게 온라인이나 오프라인을 가리지 않아. 온라인과 오프라인이 긴밀히 연결되어 있는데, 그 사이에 특정 세대가 있는 것 같아. 너는 왜 그런 일이 일어난다고 생각하니?

최종원　지금 생각해보면 저는 이 시기부터 대한민국에 주기적으로 '탈진실'과 '집단 광기'가 몰아치기 시작한 것 같아요. 탈진실(post truth)은 객관적 사실보다 감정에 호소하는 것이 대중들에게 더 효과적으로 전달되는 현상이라고 하더라고요. 쉽게 말하면 '자기가 믿고 싶은 대로 믿는' 현상이죠. 특히 정치 현상의 경우 각자의 가치관이 너무나도 뚜렷하여 객관적 사실이 있어도 애써 그것을 외면하려고 하는 경우가 있어요. 가령 자신이 지지하는 후보자에 대한 부정적인 기사를 '가짜뉴스'라고 치부하거나 억지스러운 '물타기'방식으로 상대를 비난하는 것이지요.

오종택　그치. 그때는 광우병은 공기로 전염된다고 생각하는 사람이, 미국

소고기가 특별히 위험하지 않다는 사람을 몰아세우고 인간 쓰레기로 만드는 사회였지.

최종원   저는 이게 바람직한 현상이 아니라고 보아요. 집단 지성이 더욱 중요해지는 현대 사회에 잘못된 광기가 휩쓴다면 대중들의 분노는 걷잡을 수 없이 커지게 될 거예요. 이러한 시기가 오면 혐오 감정으로 인해 서로간의 건설적인 토론이 아닌 소모적인 대결에 빠지게 될 것 같아요.

오종택   난 집단 지성이라는 단어가 존재한다고 생각하지 않아. 책임의 분산은 지성이 될 수 없을 테니까. 집단 지성이라고 불리는 현상을 보면 소수 몇 사람들의 지적 주도에 지나지 않아. 어차피 집단이 지성을 주장하는 현상 자체가 소모적인 대결을 원할 뿐야.

'아고라(Agora)'는 '모이다'라는 뜻으로 고대 그리스 도시국가(폴리스)의 광장을 뜻하는 말이었다. 아고라에서는 재판, 매매, 사교 등의 다양한 활동이 이어졌다. 오늘날에는 직접민주주의를 뜻하는 말로 사용되는데, 다음의 '아고라'가 이러한 의미에서 만들어졌다.

최종원   광우병 파동 시기 때 한가지 유행했던 것은 '아고라'였던 것으로 기억해요. 광우병 파동 시기에 '아고라'는 진짜 '아고라'였을까요? 광우병 논란에 대한 논리적인 의문 제기를 하면 누군가가 '한나라당 알바'라고 몰아가고 다수의 사람들이 공감을 표시했어요. 민주주의의 기본은 '열린 토론'이잖아요? 열린 토론 자체가 애초부터 성립되지 않았다고 생각해요. 그렇기에 다음의 '아고라'는 가짜 아고라였던 것이죠.

오종택   덕분에 2008년의 봄과 여름을 탈진실의 광기로 뜨겁게 불태웠던 것이지. 얼마나 많은 피해자가 있었고, 얼마나 많은 사람들이 상처받았는지 신경쓰지 않아. 그런데 생각해보니 어느 순간 잊혀졌어. 조미료만 먹어도 뇌가 송송 뚫린다는 괴담이 사라졌고, 촛불시위에 앞장섰던 시민들도 어느 순간 사라졌어. 그 당시에 "미국산 소고기 대신 차라리 청산가리를 털어 넣겠다"고 발언한 연예인도 아무렇지도 않게 블랙리스트 행세를 하며 활발한 활동을 하고 있어.

최종원   김제동 씨는 헌법 전문가도 아니면서 헌법 조항을 운운하며 국민들을 호도하기도 했죠. 광우병 문제가 아직 완전히 해결된 것은 아니예요. 일부 네티즌들은 "잠복기가 10년 이상이라 아직 나타나지 않았을 뿐"이라고 하거나 "이명박 정부는 30개월 이상의 미국산 소를 수입하며 친미를 넘어 종미 성향을 보였다. 국민들은 안중에도 없었다"고 주장해요. 이들의 주장은 언뜻 보면 타당해 보이지만 결국 자신들의 행위를 합리화하려는 의도라고 생각해요. "이명박 정부가 미국에 yes만 외치며 국민을 저버렸다. 그래서 우리가 밖으로 나왔다" 하지만 목적을 위해 수단과 방법을 가리지 않는다면 인간은 괴물로 변할 수 있습니다. 니체는 "괴물과 싸우는 사람은 그 싸움 중 괴물이 되지 않도록 조심해야 한다. 네가 심연을 오랫동안 들여다본다면, 그 심연 또한 너를 들여다볼 수 있다"고 책에 쓴 적이 있죠. 결국 대중들은 괴물로 변했습니다. 마녀사냥이 성행했고, 경찰차가 뒤집어졌습니다.

최종원 군은 [열린사회와 그 적들]이라는 책을 소개하였다. 이 책을 저술한 칼 포퍼는 "권력을 지향하는 집단이 그 권위를 유지하기 위해 수단과 방법을 가리지 않는 것"을 일컬어 닫힌 사회라고 했다며 지금 대한민국이 과연 열린 사회인지 반증을 하였다. 객관적이고 과학적인 데이터보다 비이성적이고 감성에 호소하는 전략이 효과가 더 좋다면 이것이 '닫힌 사회'임을 반증하는 증거가 될 것이라고 하였다.

오종택 대한민국이 닫힌 사회로 굳혀 가는데, 우리가 할 수 있는 일은 무엇이 있을까? 선거는 가장 불확실하고 효과가 없는 것일 수도 있어. 우리가 상종할 수 없는 사람들을 우리 사회에서 쫓아내고, 상종할 수 없는 닫힌 사회를 추종하는 자들을 어떻게 다뤄야할지. 정말 어려운 과제다.

최종원 우리는 빠르게 '탈진실'이 지배하는 사회에서 벗어나야 하지만, 어쩌면 세대교체만이 유일한 해답일 수도 있을 것 같아요. 탈진실이 지배하는 사회에서는 권력을 지향하는 집단들이 한번 그 맛을 본 이상, 대중들에게 감정을 호소하며 현혹시킬 것입니다. 아마 자신들만의 구호를 외치고 프로파간다(선전·선동)를 뿌리겠죠. 양쪽 진영 모두 '가짜뉴스'가 판친다고 주장하는 요즘, 이만큼 닫힌 사회가 또 있을까요? 개인이 객관적 진실에 다가가는 것은 무엇보다 중요해졌습니다. '제 2의 광우병 사태'가 다시 일어나지 않기를 바라지만, 이미 제 3, 4의 광우병 사태가 계속 일어나고 있는 것이….

시오노 나나미는 지성에 관해 꽤나 괜찮은 말을 냈다.

"지성이란 보고 싶은 현실밖에 보지 않는 사람이 많은 가운데 보고 싶지 않은 현실까지 꿰뚫어보는 재능이라고 생각하지만, 꿰뚫어보는 것만으로는 충분치 않다.

상황을 통찰한 뒤에 그것이 어느 방향으로 나아가는게 최선인지도 이해해야만 비로소 진정한 지성이라고 말할 수 있을 것이다."

지성이란 집단에게 미룰 수 없는 철저한 개인의 영역이다. 하지만 지성을 발견하고자 하면, 매우 중요한 요소를 가지고 있어야 한다. 자기만의 내면적 가치를 확립, 타인과 구별되는 자아의 독립 그곳에서 자신이 찾고자 하는 탐구가 시작된다.

광우병 파동에 가장 손쉽게 휘둘리는 사람들은 자존감을 남에게 찾고, 다른 사람과 똑같은 길을 쫓는 이들이 주(主)였을 것이다. 내면적 가치의 확립, 타인과 구별되는 자아의 독립, 자존감과 같은 것들로 말하자면 인류 역사에서 당연한 것들이 아니었다. 오히려 핍박받게 한 요소들이었을 테다. 그래서 지성이란 철저히 자유로워진 개인만이 누릴 수 있는 특권일지도 모른다.

광우병의 광기는 자라나는 학생들에게 너무 많은 정서적 피해를 주었다. 이 책을 구성하는 사람들은 그 피해자들 중에서 극히 일부에 지나지 않는다. 하지만 적어도 이들은 그것을 계기로 타인과 구별되는 자아의 독립을 획득했다. 그렇지 않으면 광기에 물들어가는 자기 자신을 지킬 수가 없기 때문이다.

민주주의는 단지 다수의 견해를 채택하자는 약속에 불과하다. 민(民)이 주인이 된다는 의미로 이해하더라도, 자유의 부재는 그런 세상을 결코 만들 수 없다. 더욱이 지성을 집단에 맡겨버리고, 지성을 가진 자들을 린치하면서 광장을 가득 채운다고 국가의 주인이 되지는 않는다.

결국 '개인'이라는 자신의 존재를 인식하는 것이 민주주의의 시작이다. 스스

"세월호"라는 현상은
왜 일어났을까?

"세월호"라는 현상은 왜 일어났을까?

　사람들은 끔찍한 사고를 목격하면 안전에 더욱 많은 투자가 이루어지길 바라면서, 정작 자기 돈을 내기는 주저한다. 그 부도덕한 간극은 정치인이 채워간다. 운영 자체가 비윤리적이었던 세모그룹의 파산관제를 문재인 대통령이 이전에 부실하게 하여 회생했음에도 훗날 일어난 대형 사고의 책임을 되려 다른 이에게 덮어씌우는 것(이것은 정치적인 성향의 발산이 아니라 아무도 벗어날 수 없는 굉장한 도덕적 치부이다)처럼 말이다. 게다가 그런 세모그룹마저 정부의 가격통제를 받는다는 것을 보아 절대로 그런 사고를 피할 수 없었다는 것은 예견되어 있었다.

　정부가 시장에 개입해야 한다는 믿음에서 세월호라는 재앙이 태어났다. 그런 믿음은 시장이 실패한다고 가르치는 교과서에서 강제되었다.

　정부가 관제하는 사업은, 시민이 직접 돈을 내거나 기업이 가격을 공급에 따라 조정할 수 없다. 가격과 가치가 왜곡된다는 의미이다. 그 부도덕한 간극은 세월호와 같은 재앙이 찾아오거나, 그 재앙마저 간사한 정치인들의 먹잇감이 되고

만다.

세월호의 운임은 국토부에 의해 결정되고 인상이 제한되었다. 이는 해운법시행규칙 10조에 따른 것인데, 여객선운임은 신고제임에도(93년 이전에는 인가제였다) 이후에 지자체 중심으로 공공요금이라는 이유에 의해 정부가 물가관리 차원에서 인상을 규제하였다.

물가는 가격과는 개념이 달라서 정부가 인플레이션을 통해 일으키는 것이므로, 물가관리라는 것 자체가 어폐가 있긴 하다. 아래는 '세월호 사고와 규제 실패의 성격규제연구 제25권 제1호'의 일부 발췌이다.

"정부는 다시 운임을 심사하기 시작했다. 이후 원가계산서 등을 토대로 심사 후 승인하는 방식으로 운영하였고, 이때부터 수년에 1회씩 운임 인상을 허용하였다. 지방자치의 실시로 지역 자치단체들과 지역의 시민단체가 운임문제에 관여하기 시작하면서 인상 억제 중심의 결정이 이루어졌다…(중략)…법령상 운임은 신고제다(해운법시행규칙 제10조). 그런데 정부는 원가계산서 등 운임과 요금의 산출근거를 기재한…"

이런 규제는 회사들이 손해를 보지 않기 위해 비정상적인 운행을 하는 것을 부추겼다. 유류비 등으로 지출이 오락가락하는 해운업 상, 몇 년째 동결된 운임은 그들에게 사업을 포기하라는 압박과도 같았기 때문이다. 그 중에는 세모그룹도 있었다. 그들은 운수운임이 수익의 70%를 넘기에, 과적의 유혹을 포기하지 않았다. 악마가 우리 곁에 자라나는 데에는 그 이유가 있다. 한마디로 규제 속에서 우리의 아이들과 후배들의 목숨을 앗아가는 괴물이 태어나고 있었던 것이다.

결국 정부가 가격을 통제시키는 제도는 소비자에게 재앙과 슬픔으로 돌아온다. 미국에서도 "벨리 포지의 교훈"과 같이 상인들이 나라를 팔아먹고 적(영국군)에게 물자를 판매하는 일까지 일어났다. 어느 곳을 막론하고 정부에게 맡긴 가격통제의 비극과 악마의 탄생은 낯선 일이 아니다. 1차 원인을 들어 유병언의 세모그룹에게 책임을 물을 수 있다. 나아가 특정 정치인 등에게 책임을 묻는 것도 이러한 본질과는 멀리 떨어져 있다.

공교육도 마찬가지다. 공교육에 누구나 많은 기대를 품지만, 정작 자기가 값을 낼 수 있는 방법이 없다. 그 바보 같은 시스템에서 불법노조교사는 모든 공교육 현장을 지배해버렸다. 이제는 너무 익숙해져, 더 이상 책임을 묻지도 않는 것이다. 바로 이전 세대가 용인해버린 것이다. 바로 그러한 공간에서 교사들이 광우병이나 세월호에 관해서 학생들에게 설파하고 주입하는 수준은 모두가 보고 들었으므로 누구나 매우 잘 알고 있다. 하지만 우리의 교과서 또한 이러한 문제에서 자유롭지 않다. 결국 세상의 대형 사고들이 결국은 공교육에서 비롯된 교과서나 교단에서의 작고 큰 오류에서 비롯되고, 경직되며, 경도되었던 결과에서 비롯되는 경우들이 많다.

세월호 참사의 교훈은 안전이나 가격은 정부가 독점해서는 안 되고, 어떠한 것도 정부가 독점해서는 안 되는 이유를 보여준다. 공교육도 마찬가지이다. 학생들이 학교에서 불법노조에게 고통받은 이유는 정부가 교육을 독점하도록 시민들이 용인했기 때문이다.

"세월호"라는 현상은 왜 일어났을까?

홍콩에서 온 편지

홍콩에서 온 편지

　홍콩은 빈부격차가 매우 크다. 모두가 아는 양극화지수는 둘째치더라도, 세수에서 그 격차가 엄청나다. 대한민국은 5500만명 중에 상위 10%가 90%의 세금을 부담하고 있으나, 홍콩은 700만명 중에 상위 0.7%인 5만 5천명이 90%의 세금을 부담하고 있다. 경제체제는 완전경쟁 신자유주의 경제체제를 채택하고 있다.

　기성세대의 언론은 홍콩민주화운동이 양극화 때문에 일어난 분노의 투쟁이라고 주장한다. 하지만 그들은 어째서 홍콩의 젊은이들이 그런 심각한 양극화를 가져다 준 체제를 지키기 위해 투쟁하는지 설명을 못한다. 길을 가다가 386에서 586에 이르는 사람 아무에게나 홍콩 사태가 왜 일어났는지 물어보면, 자신감이 넘치는 모습으로 양극화라는 단어를 꼭 언급할 것이다. 하지만 그들 기성세대에게 왜 그런 양극화를 가져온 자기 체제를 중국으로부터 지키기 위해 투쟁하는지 물어보면 단언컨데 대답을 못할 것이다. 그러나 신세대는 모범답안을 알고 있다. 자신의 미래이기 때문이다.

2019년 10월 1일부터도 홍콩에서는 매일 같이 대규모 충돌이 각지에서 일어나고 있다. 이전의 시위와 차이점이 있다면 시위대들이 스프레이로 공공시설에 많은 메시지를 남기기 시작했다는 것이다.

"공산당은 엿먹어라(Fuck CCP)"
"나는 자유를 위해서 죽겠다(I will DIE for freedom)"
"홍콩 경찰은 10월 1일에 우리를 총으로 쏘았다(HK POLICE SHOOT US ON 1/10/2019)"
"너희들은 법을 통과시켰고, 우리는 전쟁을 시작했다(You pass the law, We start the War)"

하지만 동세대들이 남긴 메시지 중에서 가장 마음 아픈 부분은 따로 있었다.

"노예가 되느니, 반란군이 되겠다(I'd rather be a Rebel, than to be a SLAVE)"

싸운다는 것은 대규모 시위대가 막연히 경찰과 충돌하고, 거리에서 집회를 벌인다는 뜻이 아니다. 부당한 질서와 부당한 생각, 부당한 교육에 대항하여 엄청나게 많은 사람들이 익숙한 삶에서 이미 싸워왔다는 것도 의미한다.

교육의 경우, 정권주도적인 부당한 교육에 저항을 못할수록 다음 세대는 잠식되어간다. 이것은 홍콩 반환 이후에 학교에서 중국을 선전하거나 북경어만 쓰게 하는 당국의 모습과 같다. 그러면 부당한 교육이 다음 세대를 잠식하기 전에 자신의 세대가 자유국가를 지키기 위한 마지막 기회라고 생각하게 된다. 대한민국에서도 가장 처절한 싸움터 중 하나는 공교육일 것이다. 그러나 이것은 교육공무원과 학부모 사이의 싸움이 아니다. 이것은 특정 이념을 주입하려는 교사와 그에 반발하는 신세대 학생들 간의 명백한 싸움이다.

대한민국은 국민적 지지 아래 공교육의 교육독점을 허용하여 왔다. 대부분의 사람들은 막연히 공교육의 단점이란 다양한 생각을 가진 학생들을 배출하지 못한다는 정도로 생각한다.

하지만 가장 큰 문제점은 교실 안에서 조직적이고 제도적으로 주입하는 잘못된 생각에 대하여 학생들이 방어를 하기 힘들다는 것이다. 학구적으로나, 양심적으로 방어를 해야 하는 순간에도 이들 학생들은 학교 안에서 자기 방어를 위한 도움을 받을 수 없다.

현재 공교육은 경쟁이 없고 독점적인 구조로 인해 학생들에게 사안에 대한 합리적인 논리보다는 단편일률적인 논리를 가르치는 경향이 있다. 그래서 공교육을 통해 사회의식을 학습한 학생들은 더 많은 논리를 생각할 수 있는 힘을 기르기보다는, 절반 이상이 주류의 생각과 다른 사람들을, 공연히 혐오하거나 배척하는 데 익숙하다. 그것은 오늘날의 교육현장에서 더 갈수록 심각해지는 문제이다.

다음 이야기는 다소 특별한 이야기다. 공교육이 만든 혐오와 압제 앞에 노예가 되느니, 자유로운 반란군이 되겠다고 마음을 먹은 한 친구의 모습이다. 이러한 작은 반란이 갖고 싶은 유일한 바람이 하나 있다. 바로 자유국가, 자유사회의 모습이다.

교육시스템 안에서
열린 사회의 저항

교육시스템 안에서 열린 사회의 저항

강사빈   저는 중학교 졸업 이후, 여러 사회 문제와 정치에 급격하게 관심을 가지기 시작했어요. 저뿐만 아니라 많은 친구들도 관심을 가지기 시작했고, 자주 친구들과 이러한 문제에 대해서 토론을 하기도 하였죠.

오종택   사실 그런 친구들도 흔한 친구들은 아닐거야. 그치? 왜냐하면 중학교나 고등학교 때 친구들은 대다수 연예인이나 스포츠에 관심을 가지지만, 사회문제나 정치철학에 관심을 갖지는 않을 테니 말이야.

강사빈   네, 그렇습니다. 어렵게 찾은 다섯 명의 친구인데, 이렇게 모여서 한가지 쟁점을 두고 토론을 시작하면 항상 '4 vs. 1'의 구도가 됩니다. 왜 '4 vs. 1' 구도냐면 제가 항상 1에 속해 있었다는 것이죠. 또래들이 평범하게 소비하는 생각과 관점이 거기서부터 달랐던 것 같아요.

오종택 어떤 사안이든 또래의 주류 생각과 다르면 힘든 일이 많지 않니?

강사빈 저는 사실 그것이 '나를 힘들게 할 것'이라고는 생각하지 않았어요. 그런데 학년이 올라가면 올라갈수록 저에게 큰 영향을 미쳤어요. 왜냐하면, 학년이 올라가면 자연스럽게 심화적인 내용을 배우는데, 사회나 역사에서 '고등적인 내용'이란 평가가 갈리기 마련이거든요. 가장 이해하기 쉽고 극명한 예를 들자면 '박정희 전 대통령'을 들 수 있을 것 같아요. 조금이라도 박정희 대통령의 업적에 대해서 긍정적으로 평가를 하면 친구들은 저를 '일베충(인터넷 커뮤니티 사이트인 일간베스트 유저를 이르는 말)'으로 몰아가곤 했어요. 그러고는 이해를 할 수 없다는 듯 "박정희가 죽인 사람이 몇 명인데…. 그리고 그 사람은 독재자인거 몰라?" 라고 반박을 했어요.

오종택 박정희 대통령이 죽인 사람이 정말 몇 명이지? 그리고 그렇게 일베식으로 매도하는 것은 참 흔해. 생각이 다르다고 "일베"라고 말하거나, 나아가서 "새누리당(현 자유한국당)알바"라고 생각하거나….

강사빈 저는 그래서 그런 반공탄압이 그렇게 급속도로 경제 발전을 시키기 위한 하나의 수단이었다고 생각해요. 물론 독재는 나쁘지만 그게 없었다면 엄청난 속도의 경제 발전이 가능했는지 되묻곤 했어요. 그러면 '일베충'으로도 모자라 '극우'로 몰리게 되죠.

오종택 사실 박정희 대통령에 대한 평가는 교과서에서 많은 부분을 할애

하지도, 업적을 정확히 다루지도 않지. 민주주의에 대해서 심도 있는 중고교교육을 받은 누구라도 그런 식의 쿠데타 집권은 한국 헌법에서 다시는 있어서는 안 된다는 것을 알 테니 말이야. 하지만 가장 큰 문제는 박정희 대통령에 대해서 긍정 평가만 해도 일베충으로 몰거나 극우라고 하는 것은 큰 문제이지. 그게 교사인 경우도 있고, 인터넷인 경우도 있지. 인터넷은 학생들만 보는 것이 아니기 때문에 학생에게 가장 큰 영향을 주는 건 교사밖에 없지.

강사빈   제가 생각해도 그런 것 같아요. 그리고 그게 얼마나 영향이 큰 줄 모를 거예요. 한번은 SNS에서 겪었던 이야기를 해볼게요. '일본의 한국 화이트국(國) 배제'로 인해 나라 안팎이 시끌시끌할 때였는데, 그만큼 정치와 시사에 관심이 많은 친구들 역시 정말 이 사안에 대해 많은 관심을 가지고 있어서 SNS에 게시물을 올리며 표현하기도 해요. 뭐 내용이야 어쨌든 어떤 사안에 대해 자기 생각을 표현하는건 너무 좋은 현상이라고 생각해요. 그런 자유가 있는 나라야말로 자유국가이니까요.

오종택   그런데?

강사빈   가장 인상 깊었던 것은 매도당했던 것 때문이에요. 특히 역사에 관심이 많던 한 친구가 본인이 생각하는 글을 올렸어요. 그 친구는 현재 일본이 한국을 화이트국(國)서 배제한 것에 대하여 '국난'이라고 표현을 하였고 "400년 전 군사로 침략하고 100년 전 간계로 지배하더니"라는 말로 글을 시작하였죠. 글의 내용을 요약해보면 일본은 정치적인 이유로 한국에 무역보복을 가하였고 이러한 일본의 '만행'으로 우리나라의 경제는 타격을 입을 것이므로 천일공노할 짓을 저지른 것이라고 하였어요. 덧붙여 이러한 '국난' 속에서 기회를 틈타 국론을 분열시키는 사람들이 우려된다고 하였죠.

오종택   이미 일본제품불매운동으로 우리나라 기업들이 국내외에서 더 많은 타격을 입은 것은 고려조차 안했군.

강사빈   아무튼 친구가 글을 올리고 한 시간도 지나지 않아 나와 친한 친구가 토론을 위해 이 글에 댓글로 나를 불러들였어요. 언제나 그렇듯 나 혼자만이 친구들과 다른 생각을 가지고 있었죠. 다른 아이들의 "공감한다" 라는 댓글과 다르게 제 글에 대해 반박하는 장문의 댓글이 달렸어요. 뭐, 거기까지는 좋은 일이에요. 문제는 다음부터 시작되었어요. 당시 제가 댓글로 단 내용을 간단히 요약하면, "이미 박정희 정부 시절 일본과 맺은 협정에 의해 배상금 명목으로 우리는 당시 일본 국고의 절반 이상인 거금을 받았고 그를 통해 경제를 급속도로 발전시킬 수 있었으며 일본군 '위안부' 문제에 있어서도 '화해와 치유 재단'을 설립하는 등, 노력을 하는 모습을 충분히 보여주었다고 생각한다. 그런데 항상 친구들이 언급하는 부분은 '진정성 있는 사과'인데 외교관계, 그러니까 국가 대 국가의 공식적인 관계에 있어서 '진정'과 같이 추상적인 단어를 사용해서는 안 된다고 생각한다. 배상금이 아니라면 정말 진정성있는 사과를 나타낼 수 있는 것은 무엇이 있을까? 마지막으로 문재인 대통령 취임 이후 2년동안 계속해서 일본에게는 외교적으로 실례를 거듭하고 있는데 그에 대한 생각은 어떠며 '국론을 분열'시키는 사람들은 '제2독립운동' 운운하며 총선을 위해 반일

감정을 조장하고 있는 사람들이라고 생각하는데 어떻게 생각하는가?"이었어요. 하지만 예상했던대로 저의 반박 댓글에 달린 답글에서는 '진정성있는 사과'라는 단어만 물고 늘어지고 있었죠. 다음날 학교에 가보니 거의 모든 아이들이 댓글로 논쟁하였다는 사실을 알고 있었어요. 그런데 가장 큰 문제는 저의 댓글에 공감하며 공감 버튼을 눌렀던 친구들은 '일베충'으로 몰리고 있었다는 것이에요.

오종택 쉽게 말해서, 그 친구는 주류적인 생각을 대변하고 있는데, 그 주류적인 생각을 구성하는 근거에 대해서 의문을 가졌다는 것만으로 '일베충'으로 몰렸구나. 사실 '일베'를 통해서 범죄를 저지르지 않는 이상, '일베'를 하는 것도 표현의 자유일 수도 있지. 그런데 전혀 그런 커뮤니티를 하지도 관심도 없는 너가 학교에서 '일베'와 관련있는 범법자 취급을 받는 것은 엄청난 문제가 있는 일인데도 친구들은 너를 '일베'라고 하였구나.

강사빈 제가 주류와 다른 의견일 수도 있고, 그것은 공교육이라 하더라도, 책임있는 탐구에서 온 생각을 배양하는게 공교육의 표면적 목표인 것으로도 알고 있어요. 저는 분명히 우리나라가 자유국가라고 배웠고 그렇게 생각했어요. 개인의 자유를 존중하고 더불어 개인의 생각 역시 존중받을 수 있을 것이라고 생각했어요. 하지만 계속 학교를 다니면서 절대 그렇지 않다는 것을 느꼈어요. '낙태', '성소수자', '사형제도' 등의 쟁점들과 '일본의 한국 화이트국(國) 배제' 등의 여러 분쟁이 있지만, 그것에 대해 토론을 하고 대화를 해야 하는데, 단순히 주류에 반하는 생각을 하거나 표출하는 사람을 단순히 '일베충'이거나 '극우'로 몰아부쳤던 것이죠.

오종택 586세대의 주류 생각과 다른 것을 비판하려고 할 때, 게다가 그 생각의 근거를 의심하고자 할 땐 정말 많은 사람들이 '일베충'이나 '극우'로 몰아가지. 가장 큰 문제는 이게 선량한 사람들이 매도를 당하고, 일상에서 피해를 입는다는 점이 아니겠어?

강사빈 저도 학교라는 공간이 일상인 학생이다보니까 당연히 엄청난 피해를 받아요. 근거에 이견이 있다고 범죄자 취급을 받는 것은 흔하거든요. 여기서 더 충격적인 것은 이 모든 것이 개인의 생각에 대한 존중을 못 받는 것이었어요. 이것은 생각을 강요받는 사회가 되었다는 것을 의미해요.

생각을 강요 받는 사회
강요를 학습 받는 사회

생각을 강요 받는 사회, 강요를 학습 받는 사회

강사빈　요즘 또래 친구들이 많은 관심을 가지고 있는 '성소수자' 문제에 대한 이야기를 나눌 때면, 그들은 언제나 저에게 "혐오하지 말라"고 강요해요. 사실 저는 '성소수자'들을 미워하거나 혐오한 적이 없었어요. 아니, 더 자세히 말하면 관심을 가져본 적조차 없어요. 애초에 저는 '성소수자'들을 접할 기회가 많이 없었고 저에게 지금껏 피해를 준 적도 없었기 때문에 전혀 관심을 가지고 있지 않았어요.

오종택　그런 무관심이 죄악이 될 순 없지.

강사빈　그런데 그들은 어느 순간부터 길거리로 나오기 시작했고 '퀴어 퍼레이드'라는 이름 아래에서 선정적인 옷을 걸치고는 저에게 자신들을 혐오하지 말라고 강요했어요. 위에서 말했지만 전혀 관심도 없던 저는 그런 모습을 접하고 나서부터 오히려 거부감이 느껴졌거든요.

오종택 게다가 애초에 무관심한 우리라도 길거리에서 선정적인 옷을 걸치거나 공연히 옷을 벗으면 혐오를 받는다는 것은 당연하잖아.

강사빈 그렇죠. 그런데 학교에서도 '성소수자' 문제에 대해서 토론을 할 때면 "그들의 성적 취향은 개인의 자유고 존중하지만 굳이 그것을 길거리에 나와서까지 하는 모습은 좋아보이지 않는다"라고 말을 하곤 했어요. 하지만 그렇게 말하면 저와 다른 생각을 가진 친구들은 나에게 '혐오'를 한다며 비난하곤 하였어요.

오종택 음란한 것과 개인의 성적 자유를 완전히 구별하지 못하고 있지만, 그런 것의 구별을 혐오라고 규정하는 것은 문제인데.

강사빈 뭐 '학교'는 작은 사회이고 '일반사회' 역시 별반 다를 것이라고는 생각하지 않아요. 오히려 더 하겠죠. 제가 학교를 봉급을 받고 다니진 않잖아요. 자사고도 제가 선택해서 온 것이고. 그런데 자유국가인 대한민국에서 지금은 생각을 강요받는 상황까지 온 것이죠.

오종택 그런 상황은 앞서 소개한데로 광우병에서부터 시작된 것이 아니었을까? 초등학생이든 중학생이든 성인이든 의문을 갖는 것만으로도 '한나라당의 알바'로 매도를 당했으니까 말이야. 우리는 그럼 선택지가 없는 것 같아. 매도를 수용해서 침묵을 하거나, 그들의 의견에 동조하거나.

강사빈 그래서 "노예로 살 바엔, 반란군이 되겠다(I'd rather be a Rebel,

than to be a SLAVE)"라는 문구가 그 서슬퍼런 홍콩에서도 적혀 있었나봐요. 그들의 심정을 알 것 같아요. 세상엔 반란군이 되고 싶거나 반란군으로 태어난 사람은 없을 것이에요. 하지만 반란을 일으키고 싶은 상황이 오기 마련이라는 것이죠. 어쩌면 반란을 일으키지 않고선 제정신으로 살아갈 수 없을 것 같아요.

오종택   정말 그런 매도는 사람을 정신적으로나 사회적으로나 너무 피폐하게 만들어. 양심을 공격하는 일이니까 말이야. 반란없이는 제정신으로 살아갈 수가 없어. 양심과 표현의 자유를 건드는 것이니까.

학교에서 학생들을 대상으로 생각을 강요하고, 학생들이 강요를 학습받는 모습은 광우병 사태를 예시로 비추어 이전 장에서 더욱 자세히 다루었다.

생각을 강요 받는 사회, 강요흘 학습 받는 사회

학교 밖에서도
생각을 강요하는 세대

학교 밖에서도 생각을 강요하는 세대

조주영   사빈아, 문민정부 이전 자유사회를 위협했던 가장 큰 적은 당연히 군부독재 세력이었을 거야. 당시 젊은 사람들에게는 북한보다 더욱 큰 적이었나봐. 그렇다면 많은 부분 민주화가 된 지금은 어떨까? 우리가 생각하는 것처럼 완전히 자유사회가 되었을까? 그렇지 않아. 시대는 변했지만 자유사회의 적은 형태를 바꿔 아직도 우리 곁에 존재하고 있어. 오히려 그 사람들의 이름은 민주투사의 이름을 쓴, '과거386-오늘586'인 것 같아. 요즘은 '틀딱'이라는 말이 노인을 놀리는 것이 아니라, 586세대를 놀리는 데에 쓰이는 걸 보고 무척 놀랐어.

강사빈   저도 마찬가지예요. 굳이 저와 같은 일을 하는 사람들이 아니어도, 우리 나이대 친구들이 그렇게 말하고 있죠. 저에게 '꼰대'라는 말은 참 가깝고도 멀게 느껴지는 말이에요. 하지만 역시 누구나 그렇듯 '꼰대'들을 많이 만나게 될 수밖에 없죠. '꼰대'들은 저같은 아이를 처음 본다며 혀를 끌끌 차요. 그들의 첫마디는 언제나 "학생이 되가지고…". 그 사람들은 자기들이 학생이었을 때 학교를 떠나 민주화 투쟁에 나섰던 사람들 아니었나요?

조주영　그들이 당시 어떤 생각을 가지고, 무슨 동기로 민주화 투쟁에 나섰는지는 그 사람들만이 알겠지. 교과서로는 민주화 운동의 강한 열의와 그 성공을 보았지만, 이제는 사실 의구심이 많이 들어. 그 세대 사람들과 사회나 기업 등 다양한 분야에 포진한 그 세대의 지도자들은 정체가 무엇일까? 그 당시만큼은 정의로웠던 사람들일 수도 있고, 아니면 처음부터 기득권을 몰아내고 그 자리에 올라가겠다는 생각을 품고 투쟁에 임했던 것은 아닐까? 하지만 분명한 것은, 그들은 더 이상 '민주투사'가 아니라는 것이야. 자기들은 그 어려울 때에 불의에 항거하여 싸웠으니 자신들의 생각만이 정의라고 여기는 것 같아. 자기들이 무슨 주장을 하던, 어떤 행보를 하던 그것은 절대적으로 옳고, 반대 목소리를 내는 자들은 기득권이거나 그들의 노예라는 선민의식을 가지고 삶을 이어가는 것이지.

강사빈　그 말에는 완전히 공감해요. 주변에 이미 창업을 해서 열심히 돈을 벌고 있는 아끼는 동생이 있어요. 물론 저도 고등학생이거든요. 그 친구는 정말 사회에 일찍 뛰어든 것이죠. 그런데 이런 말을 하더라고요. "기성세대들은 청소년을 현재가 아닌 미래로만 본다"고요. 안그래도 우리 주변에서 많이 들을 수 있는 말이 바로 "청소년이 우리의 미래다" 라는 말인 것 같아요. 관공서든 학교에서든 말이죠. 그런데 사실 이 말에 숨어있는 뜻은 청소년은 지금 당장 무엇을 하기보다는 준비하는 시간을 가지고 성인이 되면 그때부터 무언가를 할 수 있다는 의미가 함축된 것 같아요. 사실 자기 삶은 자기가 설계하는 것인데….

조주영   이상한 일이 정말 많은 것 같아. 이상하게도 독재정권에 맞서 투쟁해 왔다고 자부하는 이들이 정작 집권세력이 된 이후에는 어떤 행태를 보였는지 말야. 새터민보고 변절자라고 하질 않나. 야당 의원이 대통령을 신랄하게 공격하자 곧바로 '국가원수 모독죄를 적용하겠다'고 펄펄 뛰질 않나.

강사빈   심지어 국가원수 모독죄는 그들이 맞서 싸우던 군사정부 시절에나 있던 죄가 아닌가요?

조주영   사실 그게 한번이면 농담으로 치부하겠지만 반정부 언론인에게는 '검은 머리 외신기자'라는 멸칭적인 호칭을 붙이며 매도하더라고. 자기들이 그렇게 비판하는 유신시대와 다를 것이 없어. 시기만, 그리고 당적만 바꾸면 당시에 빈번하게 일어났을 일이잖아. 이들이 과연 민주투사였을까, 아니면 또 다른 권위주의자들에 불과했을까?

강사빈   그 사람들은 청소년이나 대학생들을 아직 까마득한 미래 정도로만 생각하는가 봐요. 주관이나 합리성이라고는 전혀 없을 것처럼 말이죠. "지금 당장 무엇을 하기보다는 준비하는 시간을 가지고 성인이 되면 그때부터 무언가를 할 수 있다" 우리가 '꼰대'라고 일컫는 사람들이 공통적으로 가지고 있는 생각이 바로 여기서 시작될 수도 있어요.

조주영　사실 거기서 그치면 좋은데 그게 바로 권위주의적인 모습이라는 것을 모르는 것 같아. 단순히 권위주의적인 모습을 보이는게 일상이면 그건 개인적인 문제이지, 사회적인 문제가 아닐 테니 말이야. 그들은 수차례 공정과 정의를 외치며 상대 진영의 인식변화를 요구하는 도구로 이를 활용했지만, 정작 자신들이 그 기준에 어긋나는 잘못을 범할 때면 너무나 너그럽게 넘기거나, 심지어 반대파들을 싸잡아 매도하더라고. 앞에서는 평등주의 정책을 주장하지만 뒤에서는 누구보다도 기득권의 혜택을 누리고 있는 '강남좌파', 그리고 조국 등 정부의 인사들의 위선을 보니까 정말 이 사회에 넌덜머리가 나. 그들은 우리를 위해 생각하지 않아. 오히려 우리 신세대의 나약함을 겨냥하고 흔들 뿐이지.

강사빈　사실 어쩌면 기성세대가 청소년이나 대학생에 갖는 인식이, 청년기에는 사회로 나갈 준비를 열심히 해서 사회에 나갔을 때 겪을 수 있는 실수를 최소화하라는 것이기 때문에 그들의 배려도 이해가 되요. 하지만 청년들이 그것을 분명히 인지하고 있음에도 계속해서 언급하는 모습을 보면 답답함을 굉장히 많이 느끼게 되죠. 그래서 저는 마냥 "'꼰대'는 나쁘다"고는 보지 않아요. '꼰대'들과의 대화가 우리에게 많은 피로를 주기는 해도 그들이 살면서 얻었던 지혜를 배울 수는 있었어요. 그런데 문제는 그게 아니에요. 지혜나 성장과는 상관없이 자신들의 정치적, 경제적 이익을 위해서 부도덕하게 자신과 생각이 다른 신세대를 '일베'나 '알바'로 몰아가는 것이죠. 이제는 청년기에 일찍이 사회로 진출해서 성장을 하는 사람에게 막연히 '실패자'로 몰아가는 것도 웃겨요. 정말 그건 참을 수가 없어요.

조주영 그게 우리 주변의 분노인 것 같아. 586세대는 그 분노를 어떻게 받아들이는가? 20대가 '이전 정부에게 잘못된 교육을 받았다'며, 또는 '시류에 편승해서 나불거린다. 귀싸대기를 갈겨주고 싶다'며 막말을 해요. 그나마 '온건한 꼰대'의 경우는 '순진한 청년들이 나쁜 세력에게 선동되어서 그렇게 된 것'이라며, 자발적인 의사표현을 타의에 의해 하는 것인 양 동정하기에 바쁘고. 그리고 무엇보다 그런 말은 정면에서 1대1로는 절대 못하면서, 다른 사람들 앞에서는 큰소리로 말해.

강사빈 586세대에는 자신과 생각이나 견해가 다른 사람에 대해서는 조리돌림하는 나쁜 현상이 있다고 생각해요. 그것이 그 시절 동아리나, 집회에서는 효과적이었을 거예요. 실제로 여러가지 프로젝트들을 진행하거나, SNS 상에서도 그와 같은 경험을 수없이 겪었고요.

조주영 나도 공감해. 소위 '586 세대'를 대변하는 아버지의 지인을 나도 직접 만나본 적이 있어. 그는 모 대학의 겸임교수 자리에 있으며, 나의 먼 친척이야. 그날 저녁은 '다양한 사람을 만나보는 것이 중요하다'는 것이 아버지의 의도였겠지만, 그날 만남은 정말 최악의 경험 중 하나였어. 원래 내가 사회문제에 막대한 관심을 가지고 있으며, 철학이나 사회현상을 공부하는 것을 알고 그 분이 날더러 신념이 확고한 것 같다고 건너로 칭찬을 들었거든. 그 자리에서는 그런 걸 아셨는지 대뜸 내가 생각하는 이상적인 사회가 어떤 것인지 말해보라고 하셨어. 그래서 나는 '높은 세금을 거둬가며 개인과 기업의 재산권을 침해하지 않고, 공공성을 강요하기보단 개인을 강조하고, 국가주도 복지 시스템보다는 민간이 그 영역을 대체하는 작은 정부'가 이상적인 사회라고 말씀드렸어. 그 말을 들은 그 분은 곧바로 나를 '너무 이기적인 게 아니냐'라고 면박을 줬어. 처음 나를 맞이했을 당시 보여줬던 가식적인 모습은 금방 사라지고, 그는 자기가 살아왔던 경험, 그리고 자기가 신봉해왔던 가치가 얼마나 위대한지 일장연설을 늘어놓는 거야. 근거가 조금 의아해서 조금만 반대되는 말을 꺼내도 무조건 '네 생각은 조중동 등 잘못된 출처에 기반한 것이다' '대단히 위험한 생각을 가졌다'고 일축하기에 바쁘더라고. 그냥 일종의 정치철학과에 맞게 관치경제에서 오는 정권의 경제실패를 지적하고, 노동유연화가 필요하다는 말을 꺼내자 그는 나를 '태극기 세력에 가깝다'고 말했다. 솔직히 말해서 아버지의 지인이 아니었다면 나는 진작 자리를 박차고 일어났을거야. 그런 분들은 드물게 1 대 1의 자리에서 그런 말을 해. 자기 세대인 아버지가 옆에 있으니까 더욱 의기양양해서 하는 것이지. 그렇게만 작동하는 무의식이 놀랍기도 하고 참 별로이기도 해. 매도를 하려면, 정확한 자료와 팩트를 바탕으로 해야 하는데, 단순히 자신의 경험과 뇌피셜만 가지고 말씀을 하셨어.

엘리트라는 사람들도 어떻게 개인이 다른 개인을 도와주는 민간기부의 원리를 부정할까? 대형마트가 주말에 문을 닫고 '타다'라는 기업이 엔진을 멈춘다. 이들은 어째서 기업의 흥망과 합병인수를 정부가 주사위 굴리듯 제단하며, 청년들이 시골로 가서 농사를 짓기를 원할까?

그것은 이 세대의 대다수가 과거 사회주의에 심취했던 본인들이라는 것에 이유가 있다. 사회주의에 심취했던 학생시절로 인해 이들은 남들과 달리 평생 발전할 동력을 잃었다. 이들같은 선천적인 무능력자들은 소수만이 엘리트가 되었지만, 그들은 나머지 무능력자들의 지지없이는 결코 그 자리를 차지할 수 없었다. 결국 미움과 시기심은 정부의 정책이 되고, 그것을 지지하는 사람들은 박수를 친다.

'그들은 더 이상 "왜 천재나 백만장자 같은 소수의 엘리트가 다수의 광범위한 인류를 위해 희생하면 안 되는가?" 라고 떠들어대지 않는다. 이제 그들은 다수의 광범위한 인류가 신이나 영웅, 혹은 왕들 같은 존재가 아니라 선천적인 무능력자라는 소수의 엘리트를 위해 희생해야 한다고 선언한다. 그들은 이제 탐욕스러운 자본주의자들이 재능있는 인간들을 착취하고 숨통을 졸라매고 있다고 공언하지 않는다. 대신 그들은 재능있는 자들이 재능을 더 이상 발휘하도록 허용해서는 안 된다고 주장하기 시작한다.

그들은 자본주의가 기술의 발전을 방해하고 있다고 말하지 않는다. 대신 자본주의가 기술의 발전을 늦추거나 아예 폐지해야 한다고 주장하기 시작한다. 그들은 "그림의 떡"이라는 약속을 무시하지 않는다. 그들은 떡을 주지 말아야 할 사람들에게 되려 떡을 줘야한다고 주장하기 시작한다. 그들은 사람들의 생활 수준을 개선시키겠다고 약속하지 않는다. 평등해지기 위해 생활 수준을 낮춰야 한다고 주장하기 때문이다. 그들은 부를 재배분하자고 주장하지 않는다. 그들은 아예 부를 없애버리자고 하고 있다.

그렇다면 이들이 과거에 가졌던 믿음에서 남는 것은 무엇일까? 기존의 주장 중에 어김 없이 남아 있는 것이 있다면 바로 "희생"이라는 단어이다. 이들은 항상 과거에 비밀스럽게 취해오던 형태로(희생을 위한 희생을 하라는 말로) 그것을 설교하고 있다.

인간을 가장 저급한 범례의 수준으로 떨어트리고자 했던 사람은 자신이 자비심에서 그런 짓을 했다고 주장할 권리가 없다. 인간에게서 열망과 야망, 혹은 희망을 빼앗아가도록 제안하면서, 그를 평생 정체 속에 살도록 선고했음에도 자신이 동정심에서 그 짓을 했다고 말할 권리가 없다. 사람들이 절름발이 수준 이상으로 발전해나가지 못하도록 금지하는 사람들은 자신이 인간애 때문에 그랬다고 주장할 권리가 없다…(중략)… 그들의 동기는 오로지 그 누구건 시기심과 미움 뿐이고, 그 외의 다른 동기가 있다고 주장할 수 없다.'

<제목 없는 편지, 아인 랜드, 1973>

강사빈   저도 학교에서 배운 활동의 연장으로 대한민국역사박물관 왜곡 전시 규탄 프로젝트를 진행한 적이 있어요. 왜곡된 전시 정보에 대해서 정정을 요구하는 프로젝트였어요. 그런데 온라인 공간뿐만 아니라 오프라인 공간에서도 "어휴, 어린 놈이 극우가 되버렸네"라면서 혀를 끌끌 차고 가는 분들도 많이 봤어요. 그런데 자세히 클릭해서 보니, 모두 그 나이대 사람들이더라고요. "태극기 세력에 가깝다"고 매도하는 것과 같은 세대의 사람들이라는…. 솔직히 말해서 왜 그러는지 전혀 모르겠어요. 다만 그 시기에 세대적으로 공유했던 잘못된 모습이 아닐까 라는 추측이 들어요. 이제는 그렇게 이해하고 있거든요. 자신들의 주관은 무조건 중립이라며(사실은 편향된 '극좌'에 가깝지만) 절대 선인 줄 알더라고요.

조주영   나도 그 분의 오만한 태도보다 더욱 황당했던 점은, 일장연설을 늘어놓으며 자기 가치를 설명할 때마다 '한쪽으로 쏠리지 말고 나처럼 중립을 지켜야 한다' 라는 말을 앵무새처럼 반복했다는 것이야. 주관적인 철학인데 왜 중립으로 포장하는지 모르겠어. 그 야말로 자신들이 극단화로 만들어가고 있는 사회 속에서도 자신들은 중립적인 담론을 형성하고 있다는 오만한 586의 민낯을 그대로 보여준 것 같아. 단언컨대, 그는 지금도 대학에서 자기 말만이 옳다는 식의 오만과 독선에 사로잡힌 상태로 학생들을 가르칠 것 같아. 물론 그런 교육자는 고등학교에서든 대학교에서든 만나고 싶지 않아.

강사빈　결국 몇 년 뒤에 제가 대학에서 마주할 수 있는 분들이라는 것이네요. 하지만 저는 586세대라고 하더라도 좋은 분들도 많을 거라고 생각해요. 터무니없는 사고를 가진 586의 득세 때문에 침묵하는 다수가 더욱 많지 않을까요?

조주영　맞아. 최소한 우리처럼 목소리를 꺼내는 사람들은 침묵하는 다수 중에 정말 극소수이니까. 사회생활은 앞에 있는 사람에게 맞서는 것보다 그럭저럭 받아주고 넘어가는게 현명하다고 생각할거야.

386부터 586까지 그들은 정말로 자기들이 정의로운 존재라고 착각하며 살아갈지 모르겠지만, 이미 그들은 한국 사회에서 적폐, 그리고 문제집단이 되어버린지 오래이다. 수염을 더럽게 기른 사람이나 대머리에 개량 한복을 입은 사람들이 그들 세대의 정신적 스승이라면, 그들이 전해주는 가르침에 대해서 한번 들어볼 필요가 있다. 자유사회의 구현을 원하는 입장에서, 이들 집단과 그들의 권위주의적 사고방식은 반드시 청산되어야 할 대상이다. 남북한이 평화를 위해 아이를 만들어야 한다는 학자도 있었다. 생명을 이념의 도구로 생각하는데 아무런 거부감 없이 박수치는 모습에 소스라치게 놀라는 신세대들이 많았다.

지금의 세상은 그들이 살아왔던 때처럼 삐삐나 공중전화가 가득한 시절이 아니다. 지금의 시민들은 그 누구도 그들이 교육받았고 믿어왔던 것처럼 '공동체에 대한 역사적/시대적 사명을 띄고 태어났다'고 생각하지 않는다. 그러나 그들은 그 사실을 파악하지 못하거나, 애써 외면하는 모습을 보이고 있다. 그 간극에서 자신들이 물리쳤던 군사정권을 닮아가고 있는 것이다.

새로운 시대가 열렸는데도 스스로 쇄신하지 않으려 하는 자들은 결국 사회에서 도태되는 것은 필연적인 흐름이다. 만약 이들이 언제까지나 30년 전의 세상에 갇혀 살기를 선택한다면, 자유사회를 열망하는 반란군들에 의해 밀려나는 것은 자명하다. 그들이 정말 30년 전에 순수성을 가지고 투쟁에 임했다면, 바뀐 시대를 인정하고 그에 걸맞는 행동을 해야할 것이다. 하지만 인터넷으로 수많은 모습을 접한 신세대 중에서는 아무도 구세대의 자정작용을 믿지 않는다.

오종택 보통 신세대라고 하면 사람들은 Z세대를 떠올려요. 왜냐하면 95년생 이후라는 가장 최신의 포괄된 정의에 들어가고 있거든요. 하지만 개인적으로는 Y세대와는 크게 다를 것이 없다고 생각해요. 사람을 선 나누듯이 세대로 나눌 순 없지만, 그냥 편의상 나눠봤어요. 저는 586세대가 공유하는 가장 잘못된 가치관 중 하나가 경제관이라고 생각해요. 여러 가지 있지만 그 중 하나는 분명 청년 일자리에 대한 인식이나, 청년의 삶에 대한 인식일 것 같아요.

장주영 청년일자리가 없는 이유 중에 하나가 정년을 늘리면서 기업이 새로 채용을 못하게 되는 것이지. 물론 그 일자리를 늘릴 기업들을 옥죄는 것도 선행하지만 말이야. 자신이 평생 한 직장에서 법에 기대어 계속 일을 한다면 언제 퇴직할 것이며, 동시에 자신의 인식 때문에 취업 못하는 자신의 자식을 언제까지 슬하에서 키울 생각인지 모르겠어. 물론, 그 밖에 부가적으로 대학진학률이 높아짐에 따라 취업 연령대가 높아지고 3D업종을 기피하는 현상을 보인다고 하는데 대학진학률 증가로 취업연령대가 높아진 청년들이 3D업종을 기피한다고 생각하는 것 자체가 이미 글러먹은 생각이라고 여겨.

오종택　형님도 그렇게 생각하시는군요. 애초에 정상적인 청년이라면, 자신의 꿈을 향해가는 과정에 스스로 다양한 알바를 해서 생활비를 마련한다고 생각해요. 유복해서 걱정을 덜 수 있으면 그 행운대로 누리면 되고, 그 자유로움이 없다면, 자기 스스로를 위해서 일을 구하면서 병행하면 될 일이에요. 그런 부분이야말로 슬기로움이라고 생각해요. 물론 이젠 옛말이긴 하지만, 최저임금을 높여서 알바를 모두 없애버렸으니까.

장주영　그래 맞아. 최저임금으로 인한 영향을 배제하고 말하면, 자신들은 부지런해서 좋은 위치에 있는 것 마냥 거들먹거리는 사람들이 상당한데, 나도 학비를 벌기 위해서 겨울에 항만에서 추위에 벌벌 떨며 콧물에 감기를 달고 살았고, 매우 열악한 조건에서 일을 했어. 물은 발전기를 돌려 기름이 둥둥 떠다니는 바닷물을 끌어다 사용했으며, 여름에는 바다에서 반사되는 햇볕에 퉁퉁 부어있었지.

오종택　형님이 법조인을 꿈꾸면서 편입학을 하셨는데, 그것을 위해 단계별로 하신 일이라고 하셨죠?

장주영　그렇지. 중국인 요리사가 만들어주는 입에 맞지 않는 음식을 먹었고, 바닷바람은 매서웠어. 솔직히 중국인 요리사는 고용주가 싼 맛에 고용한 것인데 요리를 맛있게 만들겠어? 게다가 항구는 보안구역이라서 한번 들어가면 최소 보름은 배가 정박해 있기 때문에 출항하기까지 책임지고 항만에 있어야 하는 고달픔도 있었어. 힘든 것은 사실이지만, 사회라는 것이 그런 고달픈 일도 있어야 배가 안전히 들어오고 나가는 것이거든. 나는 그 대가로 받은 품삯으로 학과편입을 공부했어.

그런 식으로 학비를 벌던 장주영 군은 편입에 성공하여 자신이 생각하는 법조인의 꿈을 향해 더 가까이 다가서고 있다. 항만과 그 운영에 관한 법령에 대해서 정확히 알면서 현장의 고충 또한 직접 알게 된 것은 덤이다. 그의 책임감과 역동성은 대단하지만, 각기 다양한 방식으로 살아가는 청춘의 모습 중 하나이다.

그에게서 볼 수 있는 특별한 면모는 바로 그가 사회갈등을 보는 눈과 그것을 바라보는 양심을 더욱 기르기 위해 의경에 입대한 것이다. 어떤 이도 이렇게 책임있게 역동적으로 활동하는 젊은이에게 무작정 훈수를 둘 순 없다.

장주영   절대 첫 신세대로 불리는 Y세대, 즉 밀레니얼 세대(Millennials, 1980년대 초반~2000년대 초반 출생한 세대)가 게을러서가 아냐. 아, 물론 예외적인 경우도 있어. 내가 부산시장후보 오거돈 캠프에 잠깐 있었는데 현실의 선거캠프는 어떻게 돌아가나 궁금해서 들어갔었거든. 자기 입으로 좌파라고 하는 친구들을 많이 만나 보았는데, 걔네들은 기본적인 마인드 자체가 일반적인 청년들이랑 달랐던 것 같아. 양질의 일자리를 많이 만들어야 한다는 뜬구름 잡는 헛소리를 들었고, 국가에서 청년들에게 집을 나눠 주어야 한다는 헛소리도 들어야 했고, 카드돌려막기를 하며 자기 분수에 맞지 않게 양주를 마시던 사람도 있었어. 동생들에게 거들먹거리기를 좋아해서 자기 앞가림도 못하는 주제에 허세는 다 잡고 나중에는 돈이 없어서 다른 사람들한테 빌빌거리던 모습이 생각난다.

오종택   그야말로 국가가 기울어질 씀씀이를 꿈꾸고 가세가 기울어질 씀씀이로 사는 거네요.

장주영   자기들 주변엔 그런 애들 밖에 없으니 걔네가 하는 말이 전부인 양, 일반화시켜서 얘기했을 수도 있다. 그러나, 소수의 좌파 청년들이 대다수의 신세대 청년들의 마인드를 대변할 수는 없잖아.

오종택   그 모습은 어쩌면 부산이나 서울이나 똑같을 것 같습니다. 저도 대학 다니면서 생활비를 벌려고 크게 두 가지 일을 했었어요. 정기적으로는 모바일게임업체에서 간단한 통역을 해주면서, 비정기적으로는 레고사의 하청업체가 점포 관리를 대리로 하는 것을 현장에서 했었어요. 큰 돈은 아니지만, 생활비를 보태 쓰는데 참 좋았거든요. 그때 기억이 자랑스러워서 페이스북에도 레고 알바를 했었다고 경력에 적어놓았습니다.

장주영   어떤 일이었는데?

오종택   영어를 조금 할 줄 알아서 해외 모바일 게임업체들이 국내에 올 때 회의에서 간단한 통역을 하거나, 대형점포에서 레고를 창고에서 가져다 매대에 갖다 놓고 관리하는 일이었어요. 전자 같은 통역은 사업이 잘되길 바라는 회사라면 얼마든지 돈을 쓰고자 하는 부분이거든요. 후자의 알바에서는 이마트 같은 대형점포가 외부

업체랑 어떻게 관계되어 돌아가는지 정확히 알게 되었어요. 어쨌든 고객이랑 매장 관리자를 마주하는 곳이라 씩씩함이랑 싹싹함이 생명이라서 배우는 것이 많았어요. 그때 경험이 지금 어떤 일을 하더라도 도움이 되고. 근데 가끔 얼굴도 모르는 자칭 좌파 친구들과 키보드 논쟁이 붙으면, 와서 보곤 레고팔이라고 조롱하고 가더라고요. 저는 워낙 자랑스러워서 별로 타격은 없었는데, 그때 느낀 것이 586과 교감하는 소수의 좌파 청년들은 절대 신세대 청년들의 마인드를 대변할 수 없겠다는 생각이 들었어요. 조롱하는 단어를 보면 돌연 무엇을 대변하는지 의아해져요. 그냥 제 꿈을 위해서 돈도 벌고, 그때 아니면 배울 수 없는 새로운 사회도 알고. 이런 모습이 우리 세대에서는 특별하지 않다고 생각해요.

돈이 없기에 곤궁함은 다수 청년의 모습일지도 모른다. 도쿠가와 이에야스는 곤궁함을 "부자유"라고 표현했다. 현대 일본어에서 일상적으로 쓰는 말은 아니다. 그래도 돈이 수중에 충분하지 않음을 '자유가 없는 상태'로 표현한 것이다. 그래도 그 부자유를 슬기롭게 극복해 나가면서 자신을 위한 노력의 끈을 그럭저럭 잘 이어가는 것이 평상시의 우리의 삶이기 때문이다. 오히려 이러한 노력이 가족이나 남의 부담을 덜어주고 스스로는 더욱 자유로워진다. 장주영 군은 그런 의미에서 더욱 자유롭고, 부자유함을 슬기롭게 극복해나가며 한 가지씩 목표를 이뤄가고 있는 것이다.

복지를 보는 마음가짐도 같다. 여기서 슬기로움의 힘을 아는 이들은 자신보다 어려운 이웃이 도움을 받기를 원하지, 모두가 국가로부터 똑같이 몇 십만원 받는 것이 복지라고 생각하지 않는다. 우리가 꿈꾸는 노력이란, 결국엔 "부자유"로부터의 탈출이기 때문에, 국가와 사회가 "부자유"스러워지는 것도 경계한다. 둘의 원리가 서로 다르지 않기 때문이다.

사실 진지하게 볼 필요가 없다. 인터넷에서는 이런 생각은 유머로 많이들 녹아낼 정도로 잘 알고 있다. 이미 조별과제의 프리라이더들을 보고 스스로 반공사상의 논리를 기르는 세대다.

직업이 있는가?	△	X
부모에게 의지하지 않는가?	O	X
춤을 잘 추는가?	O	X
꿈이 있는가?	O	X
꿈을 위해 노력하는가?	O	X
방구석에서 키배에 열중하는가?	X	O

人の一生は重荷を負て遠き道をゆくがごとし。 いそぐべからず。不自由を常とおもへば不足なし、 こころに望おこらば困窮したる時を思ひ出すべし。堪忍は無事長久の基、いかりは敵とおもへ。 勝事ばかり知りて、まくる事をしらざれば、害其身にいたる。おのれを責て人をせむるな。 及ばざるは過たるよりまされり"

"사람의 일생은 무거운 짐을 지고 먼 길을 감과 같다. 서두르지 마라. "부자유"를 늘 있는 일이라 생각하면 부족함이 없다. 마음에 욕망이 일거든 곤궁할 적을 생각하라. 인내는 무사함의 기반이며, 분노는 적이라 여겨라. 이기는 것만 알고 지는 일을 모른다면 몸에 화가 미친다. 자신을 책할지언정 남을 책하지 말라. 부족함이 지나침보다 낫다."

〈德川家康, 도쿠가와 이에야스〉

최승혁　내 생각엔 문재인정부가 집권한 이후 대통령의 연설이나 어떠한 행사에 있어서 발언한 단어 중 '촛불' 다음으로 많이 언급한 것이

'북한'인 것 같아.

장효섭   거의 매일 보고 들어. 우리 부모님보다 더 많이 접하고 있는 것이 문재인 대통령의 '북한' 발언인 것 같아.

최승혁   현 정부는 마치 북한에 약점이나 잡혀있는 듯해. 어찌보면 쩔쩔매고 있다는 느낌마저 들 정도로 그 행동이나 정책상의 범위가 지나치다는 생각이 들어. 이제는 언론이나 미디어에서 북한을 언급하는 그 자체만으로 질려버리겠고 그렇게까지 기사거리가 없나 싶은 것이 사실이야.

장효섭   그래서?

최승혁   만약 문재인 대통령이 포용력과 민족애가 넘쳐 북한동포를 사랑해서 그런거라면 정치성향과는 별개로 되게 순수한 사람일 것 같아. 뭐 나쁘게 말하면 생각이 없는 사람이겠고. 근데 생각은 없는데 열심히 일하는 사람도 가끔 있으니 그런 종류일 수도 있고. 개그맨 이경규가 말했지. 무식한 사람이 신념을 가지면 무섭다고. 근데 요즘엔 민족과 통일에 관해 그런 진부한 생각을 하는 국민은 별로 없잖아. 사람들도 이쯤되면 이유가 궁금할거 같아. 진짜 공산주의자인 것 같아. 물론 공산주의자여도 국제주의같은 건 안하는 사이비 공산주의자이겠지만.

장효섭   북한뿐만 아니라 중국에게 손을 뻗는 것도 꺼림직해. 대한민국에서는 많은 사람들이, 민주주의의 반대말이 공산주의가 아니라고 목에 핏대를 세우지. 하지만, 그건 원론적인 이야기다 치고, 공산주의를 국가 단위로 시행하기 위해서는 소득을 전부 수급해서 분배해야 해. 이 과정에서 발생하는 갈등을 통제하기 위해서는 아주 큰 권력이 요구될 거 아니야?

최승혁　그치, 항상 국유화의 과정에서는 그 일을 공무원이 하지 않았어. 군인이 했지.

장효섭　그리고 절대 권력은 절대 부패하지. 중국, 북한, 소련은 권력에 대항하거나, 심지어 개선안을 제시하는 사람들까지 숙청하였잖아. 숙청이라고 말은 부드러운 단어이지만, 실제론 죽였고 안 죽였으면 감옥에 보냈겠지. 숙청된 사람 중에는 엘리트나 지식인이 많았고, 이들은 국가의 성장을 이끌던 이들이었어. 곧 나라는 기울기 시작했고, 결과는 너가 아는 것과 같아. 중국도 현재는 시장경제를 도입한다곤 하지만, 후기자본주의라고 생각하면서 결국은 공산주의 사회로의 이양이 목표야. 권력은 그대로이기 때문에 각종 비상식적인 일들이 여전히 일어나는 걸 봐. 그런데 그런 중국이나 북한이랑 손을 맞잡는다는 걸 보면 정말 이상해.

최승혁　사실 나는 대북지원을 반대하지 않아. 내가 받아봤으니까. 굶주리는 북한주민들에게 식량을 지원하는 것 자체는 대찬성이야. 북한에서는 유엔이 준다고 하거나 남조선의 조공이라곤 하는데, 남한에서 오는 걸 다 알거든. 그로 인하여 대한민국이 얻을 수 있는 선전효과도 상당해.

장효섭　헉, 대북지원을 직접 받아본 사람이 직접 자기 경험을 토대로 말하다니.

최승혁　근데, 나는 지금의 대북지원정책에 반대해. 지원대상의 주체가 되어야 할 북한 평주민들이 실제로 지원된 물자를 받아보지 못한다는 것이 내 경험이야. 이 사실을 문재인 대통령은 모를 수 없거든. 모른다면 대통령을 할 자격이 없다고 할 수 밖에. 이 대북지원물자들의 최종 행방을 정확히 아는 사람은 드물어. 한번은 우리 인민반에 유엔에서 온 과자라며 가정당 몇 키로씩 나눠주었어. 실제로 주민들이 과자를 타서 집에 가져갔거든. 근데 이후 유엔감시단이 돌아가니까, 각 인민반별로 나눠주었던 과자들을 다시 회수해오라는 명령이 떨어진 거야. 과자를 개봉하여 먹었거나 판 경우에는 그만큼 돈을 채워오라고 했어. 아니 누가 전달이라도 늦게해서 다시 가져갈 줄 모르고 열어서 먹었으면 돈까지 뜯기는 거였지. 대북지원이란 항상 그런 식이야. 평양이 그러한데, 다른 곳은 오죽하겠어.

장효섭   그 과자가 꼬북칩처럼 우리가 생각하는 과자가 아닐 것 같긴한데. 그게 유엔이 진짜 준 걸지도 모르겠고.

최승혁   그치. 북한에서 당이 하는 일은 우리 같은 인민이 정확히 알 수가 없지. 그게 대한민국에서 온 건지, 유엔에서 온 건지는 알 수가 없지만, 소문만 듣고 그렇게 아는 것뿐이었어. 근데 그게 다 대북지원이란 말이지. 내 경험으로는 대북지원이라는 것은 절대 평주민들에게 가지 않아. 나도 안 받았는데, 그게 어디 가겠냐? 애초에 부패한 독재국가에게 행정분배가 대한민국처럼 돌아갈 거라고 생각하는 것 자체가 모순이지.

장효섭   그런 체제 시스템이라면 고위층에 의한 착복이나 축재임이 틀림이 없겠지. 나는 최고위층과 중간에 있는 간부들도 엄청 챙길 것 같아.

최승혁   그치. 그들이 모든 부정을 축적한다고 보아도 과언이 아니야. 예컨대 탈북하여 방송에 출연하는 이들 중에서 자신은 최고위층이었다는 사람들이 간혹 나오는데 그들은 진짜 최고위층이 아닌 그저 간부집 자녀라고 할 수 있어. 그들의 이야기를 들어보면 자신들은 남한드라마를 보았고 끼니마다 흰쌀밥을 먹었다며 자랑을 해. 근데 최고위층 자녀들은 부모가 매우 고지식하고 철저해서 자칫 했다가는 사상투쟁 비판 수준에서 끝나는 게 아니라 아예 정치범수용소로 가게 되어 절대 그런 생각조차 못하고 살거든.

장효섭   그 정도로 서슬퍼런 곳이구나. 이산가족 문제를 생각했을 때도 나도 비슷한 의견이 들었어. 남한에서 어떤 사람들은 이산가족을 추진하기 위해 북한과 화해해야 한다고 주장해. 근데 본질은 북한은 이산가족같이 엄청나게 가슴아픈 문제마저 협상의 도구정도로만 쓰고 있다는 것이야. 심지어 자기들 자국민인데.

최승혁   그치. 아무도 본질에 관심이 없을 거야.

장효섭   또, 문 대통령은 남북 이산가족상봉이 제대로 이루어지지 않고 있는 문제에 대해서, "남북 모두의 잘못"이라고 하였어. 하지만 그거야말로 양비론 아니겠어? 아예 북한의 잘못을 숨기려 하는 것이지. 이산가족상봉이라는 것이 이렇게 어려워진 이유는, 거의 북한의 폐쇄성 때문이야. 하다 못해 북한 국민이 북한 국내여행이라도 갔다 올 수 있을 정도의 자유라도 보장되어 있다면 이산가족상봉은 아무 문제가 없을 거야.

오종택   남한에서는 KBS를 통해서 이산가족상봉 방송을 해서 남한에서 만이라도 흩어졌던 가족들이 다시 상봉했는데….

장효섭   그러니까요. 그렇다면 왜 북한을 이렇게까지 변호하는 것일까? 전혀 이해할 수가 없어요.

최승혁   어쩌면 문재인 대통령은 이러한 사실을 알면서도 왜 대북지원을 멈추지 않는지 생각해볼 수 있어. 단순히 북한과의 관계개선을 위한 하나의 수단이라고 생각할 수도 있지만, 나는 그렇게 생각하지 않아. 그저 그렇게 하면 북한이 좋아라 할 것이라 생각하고 지지율을 올리기 위한 방법이라고 생각해. 대한민국 건국기에 인구의 20%는 어떤 방법으로든 남로당이나 좌익 탄압으로 가족을 잃은 유족들이야. 그런 유가족들이 자기들끼리 뭉치면서 북한에 대한 때묵은 판타지를 갖는 건 이상한 일이 아닌 것 같아. 실제로 이 방법은 지난 김대중, 노무현정부 당시에도 꽤나 먹혔던 정책이였어.

장효섭   어쩌면 그게 우리가 바라보는 기성세대의 정론인 것 같아. 그들은 북한을 협력자 내지는 잃어버린 민족 정도로 생각하지만, 본질을 그들은 알지도 못해. 김정남이 공항에서 독가스로 암살당해도 대화할 수 있는 상대로 알고 있잖아.

최승혁   어떤 기성세대들은 북한이 친일파를 잘 청산했다고 하더라고. 너도 많이 들어보고 많이 봤지?

장효섭   응. 어떤 기성세대들은 사실 여부를 떠나, 북한이 소위 말하는 "친일파" 청산이 잘된 나라라고 평가하고 있더라고. 근데 친일파라는 단어에 스위치가 켜지는 사람들은 대부분 민족에 대한 생각이 각별하여 북한을 잃어버린 우리나라의 반쪽이라고 생각하는 사람들이 대다수 아니겠어? 그렇기 때문에 북한에 대해 긍정적인 감정이 있는 것이야. 사실 근데 이렇게 말하고 있으면서도 왜 북한을 그렇게 동정하고 같은 민족이라고 생각하고 있는지는 도저히 모르겠다.

최승혁   대한민국에서는 북한이 한민족이라고 하지만, 북한에서는 북조선이란 김일성 민족이나 태양민족이라고 선전하거든. 결국엔 같은 민족도 아니야.

장효섭   그래서 대한민국 정부와는 다르게, 북한은 꽤나 냉대적인 것 같아. 문 정부가 북한에 제시한 딜들은 꽤 좋은 것들이고, 회담기회도 잘 이용한다면 충분히 좋은 것들일 텐데. 그런데 왜 북한은 그렇게 핵에 집착하고, 합리적인 딜을 걷어차는 것일까? 간단히 말하면, 북한에서는 국익보다는 국가를 경영하는 데 있어서 김정은 일가의 사익이 우선이기 때문이야. 이게 뭔 개소리인가 하겠지만, 국가가 국익에 부합되게 회담이나 협상을 진행하는 것은, 정부가 상식적인 경우에나 해당되지. 북한 정부는 국익보다는 자신의 자리 보전을 위해서만 일하고 있어. 그렇지 않으면 사라지겠지. 만일 북한 내 경제가 어떤 사건을 통해서든지 갑자기 발전하게 된다면, 북한 내 국민들은 혁명을 일으키고 말 것이니까. 그 경우 손해를 보는 것은 김정은이 아니겠어?

최승혁   나는 세대적으로 인지부조화를 일으키는 경우를 많이 봤어. 북한에 대해 무지한 남한사람들은 뉴스에 나오면 그러려니 하고 믿는 경향이 있어. 아무래도 일상과 전혀 상관없고, 현실감이 있게 느끼는 사람들은 갈수록 징병제가 부당하다고 생각하는 젊은 남자들밖에 없거든. 물론 북한 주민들이 헐벗고 굶주린다는 사실을 모르는 사람은 없을 거야. 그러나 대북지원을 하면 그것이 조금이나마 북한주민 삶에 도움이 되겠거니 내지는 남북관계가 좋아지려니 하는 막연한 생각을 가진 이들이 대부분이야. 쌀이나 의료품이 대한민국같이 동사무소도 있고, 경찰도 많이 있는 나라여서 적절해 나눠질 거라고 생각하는 것이지. 기성 세대들에게 북한이 못살고 헐벗고 굶주리는 나라라고 이야기하면 북한이 요즘 발전하고 있고, 일부는 남한보다 잘산다고 주장하는 이도 있어. 아니 그렇다면 그렇게 발전한 북한에 왜 아까운 식량을 무상으로 주고 있을까? 그것도 국민의 세금일 텐데 말이야. 너무나 모순되지 않아?

장효섭   그리고 북한과 잘 지내면서 사업을 해야 우리에게 이득이라고 믿는 사람도 있어. 통일을 했을 경우 이득을 얻을 수는 있을까? 답은 아마도 아니라는 것이야. 위의 주장을 하는 사람은 두 가지야. 하나는 민족주의적인 관점으로써, 당연히 한민족은 한 국가에 있어야 한다고 생각하는 것 같아. 자기가 쿠르드족도 아니고 말이야. 많은 사람들이 북한과 통일을 할 경우, 남한의 고급 기술과 북한의 노동력이 합쳐져서 큰 시너지 효과를 낸다고 하지만, 교육받지 않은 인력이 할만한 일은 그렇게 많지 않아. 기계화가 가속화되고 있는 제조업은 더 심하고, 청소노동자나 경비실의 경비원도 마찬가지야. 이 상황에서 북한의 인구가 유입된다면 경제는 파국으로 치닫을 거야. 최저임금을 엄청 상승시키려는 마당에 북한 사람들이 자기들 최저임금은 왜 올리지 않는지 항의를 안할 것 같애? 또 다른 의견은 북한의 땅 속에 파묻혀 있는 광물을 개발하면 된다는 주장이야. 겉보기에는 문제가 없어 보이는 주장이나, 이들이 근거로써 제시하는 자료들은 대부분이 해외투자 안내서인데 근거가 빈약한 것이 많아. 탐사자료가 아니라는 것이지. 내 전공이라서 확실히 이야기할 수가 있어. 예를 들면 북한 내 학술논문을 조사한 결과로는 마그네슘의 경우는 아주 큰 규모의 광산이 있는 것으로 보이지만, 이거 하나 가지고 나라를 먹여 살리기는 어려워. 철도를 뚫는다고 대한민국이 갑자기 흥한다는 것도 마찬가지일 거야. 이런 생각들은 애초에 비상식적인 나라에 너무 많은 시간을 벌어다주고 있어.

최승혁   확실한 건, 우리 세대는 북한을 더 이상 친구라고 여기지도 않고 좋게 보지도 않는다는 거야. 우리가 아무리 중국을 욕하고 싫어해도 중국산 제품의 좋은 가성비의 혜택을 받고 있고, 이슬람인이 싫어도 그들이 채굴한 석유로 나라가 굴러가고 있어. 반미주의에 푹 빠진 사람이 트위터로 글을 쓰고 있는데 트위터는 미국 기업이고 휴대전화의 핵심 통신기술은 미국의 퀄컴이 특허를 가지고 있지. 싫어하는 것과 실리는 달라.

장효섭   나도 북한덕분에 도움이 된 것은, 어릴 때 먹은 북한산 고사리 말고는 단 하나도 없어.

기성세대의 많은 사람들은 북한의 본질과 우리에 대한 영향을 잊고 있다. 쉽게 잊는 역사적 사실도 있다. 바로 2차 세계대전의 발발원인이다. 그것은 전체주의로 구성된 적들을 상식적인 대화상대쯤으로 생각했던 것이다. 그 결과 동맹을 잊고 나의 동맹을 해체하는 모습으로 이어졌다. 그 대가는 전 세계적인 전란이다. 적에게 시간을 너무 많이 주었기 때문에 발전된 군사력으로 민주국가들을 침공하기 시작했다. 김광균의 추일서정(秋日抒情)은 바로 평화공존전략의 희생양이 된 나치의 폴란드침공을 다루고 있다. 물론 그런 기성세대의 오판으로 가져온 대가는 온 유럽에서 하나의 세대가 통째로 전란으로 사라지는 것으로 끝났다.

2차세계대전은 본질적으로 나치와 소련 간의 동맹을 통해서 일어났다. 네빌 체임벌린처럼 동맹을 해체하면서까지 독재국가와의 평화공존을 부르짖는 과정은 본연 독재에 대한 묵인과 방조를 기반으로 한다는 걸 보여주었다. 그 대가로 수천만 명의 청춘들이 총탄에 찢기고 더운 피가 길거리에서, 들판에서, 하늘에서 흩뿌려졌다.

북한과의 대화를 원하는 쪽이 있고 이를 우려하는 쪽이 확실히 나뉜 시기가 2019년이다. 이 나뉜 갈래 양쪽에서는 학식과 덕력을 갖추었다는 어른들이 서로 싸우기 바쁘다. 그러나 확실한 것은 기성세대라고 불리는 존재들은 대다수 북한과의 평화공존, 대화를 손들어주고 있다. 그리고 일부의 신세대들은 무기력하게도 그들의 정치와 그들의 토론이 만든 미래에 몸을 내맡긴다. 그렇다면 북한과의 대화로 인해 국가가 오늘날 보여주는 무기력함은 청춘이 쌍수들어 환영하고 있는가? 그렇지 않다. 불안을 남들보다 앞서 느끼는 신세대들은 그 영향으로 되려 한반도에 이미 전운이 드리우고 있다는 것을 알고 있다. SLBM발사, 지대지유도탄 개발… 등등.

파시즘의 정의에 관해서는 학자마다 차이가 있다. 그러나 나치나 소련이나 근본은 같다. 나치들은 스스로를 '민족사회주의'라고 설명한다. 히틀러는 1941년 2월, 대중연설에서 민족사회주의는 마르크스주의와 근본적으로 같다고 말한 적이 있다. 그것은 현대인이 가진 서투른 통념과는 근본적으로 다르다. 이들은 동일하게 인간의 자유 본성을 거부한다. 그리고 권력이 통제하고자 하는 것에 민족이라는 이유와 공산주의 사회로의 전환을 이유로 정당성을 부여한다.

그런 강압적인 제도와 생각들은 절대 자유시장경제보다 윤리적으로 효율적이라고 할 수 없다. 결국 분배실패와 국가실패에서 온 불만과 불안은 다른 곳으로 돌려진다. 국수주의와 가공된 외부의 적을 향한 대외침략으로 말이다. 그것의 예가 건국하자마자 침략의 욕심을 버리지 못하는 나치와 소련의 모습이다. 그리고 남한을 침공한 북한의 모습이기도 하다. 기성세대는 이미 이런 존재에게 너무 많은 시간을 주었다.

기성세대의 평화구상이 가진 도덕적 모순은 소련에서 태어나고 미국에서 활동한 철학자 아인 랜드(Ayn Rand)가 잘 짚고 있다. 그들의 평화구상이 세계대전 같은 '전쟁의 뿌리'라고 지적한다.

"오늘날 평화운동이라고 불리는 것들의 본질을 들여다보자. 그들은 사랑과 우리 인류의 생존을 고려해보자면서 모든 방위력은 국가들 사이에 분쟁을 일으키기 때문에 버려야 한다고 주장하는 동시에 전쟁은 인류의 이름으로 금지해야 한다고 주장한다. 이런 류의 평화운동은 독재체제에 반발하지 않는다. 이 운동에 임하는 사람들의 정치관은 전체주의의 모든 그림자 속에 들어가 있으며, 복지만능의 국가주의에서 사회주의에서 파시즘에서 공산주의까지 아우른다.
이 논리는 그들은 한 국가가 다른 국가에게 무력으로 억압하는 것에 반대하지만, 한 국가의 정부가 자신들의 시민에게 무력으로 억압하는 것은 반대하지 않는다. 그것은 그들이 잘 무장한 전체주의 정부 앞에서는 우리의 무력을 사용하는 것을 거부하지만, 무장하지 않은 시민들에게 무력을 쓰는 그들의 유형에는 반대하지 않는다"
<자본주의의 이상, 아인 랜드, "전쟁의 뿌리">

철학자 아인 랜드는 이들을 짚었다. 전체주의 정부에게 무력을 쓰는 것을 거부하나, 무장하지 않은 시민들에게 무력을 쓰는 유형에 반대하지 않는 것이 '평화공존'이나 '평화운동'의 사상적 본질이라고 했다. 그녀의 말처럼 그것은 "전쟁의 뿌리(The Roots of War)"이다.

이런 유형의 기성세대와 정부에게 제일 두려운 것은 전체주의 정부에게 무력을 쓰는 것을 거부하는 것만이 아니다. 자국민이 누리고 있는 자유에 대해서는 어떤 통제적인 모습을 보여주는지, 어떤 국가통제적인 제도를 꿈꾸는지 그것을 알면 정말 공포스럽다.

서로 본질이 같기 때문에, 신세대나 기업인들의 경제활동이나, 인터넷과 같은 표현활동을 규제하는 그들의 이면을 보면 기성세대는 자신들이 손을 내밀고 싶어하는 대상과 빼닮았다. 그러한 억압을 학교와 다양한 사회에서 강조하는 오늘의 세태를 신세대들은 버티고 있다.

홍콩의 젊은 신세대들은 같은 것을 겪고 먼저 일어서는 모습을 보여주고 있다. 대한민국의 신세대는 아직 뇌관만 없는 폭발의 초읽기에 임박했다. 물론 만약 그렇지 않다면, 완전히 잠식 당하고 있는 다음 세대 앞에서 무기력하게 백기를 들고 있는 것이다.

신세대,
빅브라더를 거부하다

신세대, 빅브라더를 거부하다

오종택   진짜 무서운 사회가 무엇인지 생각해보았어. 국가가 국민을 통제하려고 하고, 선생은 학생을 세뇌하려고 하며, 부모는 그것에 순응하여 단순히 성공하라고 하고. 가장 숨죽이는 건 아이들일꺼야. 미래 없는 사회에서 죽을 때까지 살아야 해. 머리 속의 전구가 거세된 채 말이지. 복지국가는 가부장적인 국가일 수 밖에 없어. 국가통제가 자연스러운 삶일 테니.

조주영   문재인 정부를 보면 정말 가부장적인 부모를 보는 것 같아요. 이런 얘기 부모님한테서 한번쯤 들어보시지 않으셨어요? "다 너 잘되라고 하는 소리다. 잘되면 네가 좋지 내가 좋냐?" 문재인 정부가 다른 의도가 있는지는 모르겠지만, 온갖 검열과 규제조치를 국민을 위한다는 명분으로 정당화하고 있어요. 이러다 나중에 밥도 떠먹여 준다고 하는 거 아닌지 싶어요.

오종택 정부에 의해서 가짜뉴스를 단속하겠다는 공언이 판치고 있어. 사실 나는 그렇게 말할 수 있다는 의식자체가 너무 무서워. 한마디로 자기들이 "진실"을 통제하겠다는 것과 무엇이 다를까? 소설 1984에서 '진리부(Ministry of Truth)'가 하는 일과 다름없는 것을 공공의 안전이라는 헛소리로 하는 것이지. 결국 우리 모두 오웰리언(Orwellian-조직화돼 인간성을 잃은 사람)으로 살아갈 것 같은 무서움을 주고 있어.

조주영 문재인 정부의 '착한 검열'의 대표적인 것이 여성가족부에서 내놓은 '성 평등 방송 가이드라인'이라는 것을 기억하시죠?

오종택 방송에서 아이돌의 외모가 너무 획일화된다며 발표한 것 말이지?

조주영 너무 획일적이니 비슷한 외모의 출연자가 출연하지 않도록 '권고'했잖아요. 죄다 마른 몸매에다, 헤어스타일도 비슷하다, 피부가 하얗다…. 저는 분명히 다들 군부독재 시절의 풍기문란 단속을 보는 것 같아서 어처구니없다고 생각했어요. 머리 길다고 강제로 바리캉으로 잘라버리고, 자를 들고 다니면서 치마길이까지 일일이 체크하는 것, 지금 돌이켜 보면 얼마나 웃긴 일인가요?

오종택 심지어 방송인들의 외모가 획일화되었다는 말조차 이해가 안돼. 캐릭터도 다르고 매력도 다르고 얼굴도 다르고 심지어 화장으로 꾸며주는 분위기도 전부 다른데, 대체 어떤 사람의 생각에서 '획일'로 판단하고 적용시키려고 했던 걸까? 심지어 국가권력이라는 명분을 이용해서 자기들은 KPOP의 흥행에 아무 것도 한 게 없으면서 대체 무슨 생각으로 그걸 규제하려고 하는지 모르겠어.

조주영　지옥에 악마가 있는 것이 아니에요. 악마가 있는 곳이 지옥인 것이지. 우리가 살아가는 곳이 지옥인 이유는 그런 악마들이 있어서 그런걸 거예요. 이 정부는 21세기에도 이런 시대착오적인 발상을 하고 있네요. 그 논리대로라면 '닮은 꼴 연예인들'은 대체 어떻게 처신해야 하나요. 몸매 바꾸고, 헤어스타일도 바꾸고 어쩌면 성형수술까지 해야겠네요? 논란이 일어나니까 '강제규제가 아닌 권고사항일 뿐이다'라고 한발짝 물러섰지만, 애초에 문제가 되는 건 법적구속력이 아니라는 것을 다들 아시잖아요.

오종택　그러니까. 애초에 문제가 되는 건 권고사항이 적절한가에 대한 것이 아니라, 이런 가이드라인까지 만들려고 했던 그 관료체계나 그 권력가의 생각 자체인 것이지. 걔네는 나름대로 정당하다고 생각하니까 자랑스럽게 만들었을 것이잖아.

조주영　해당 조치가 정당화될 수 없다고 생각하는 사람들이 이런 권고사항을 내놓았을까요? 정당화될 수 있다고 믿었으니 저런 가이드라인을 제시한 것이겠죠. 학생인권조례에서 염색, 파마를 전면 허용하는 조치를 두고 학생들의 다양성과 개성이 증진될 거라며 좋아하던 게 이쪽 사람들인데, 이제 보니 다양성도 강제하려 한다는 결론밖에 안 나오네요.

오종택　그렇게 보면 지금 기성세대들을 대변하는 권력가들의 다양성이라는 모호한 가치를 흔들면서 결국은 독재정권이나 다름없는 일을 하는 것에 스스로가 거부감이 없는 것 같아. 이 얼마나 무시무시한 생각이니? 사실 느꼈던 게, 평범한 사람들이 소비하는 방송이나 KPOP에 대한 생각이 이 정도인데, 다른 분야에서는 얼마나 심각할까 라는 생각이 들더라.

조주영   일상생활에서도 이런 식인데, 정치와 연관되어 있는 사항은 훨씬 더 심하다는 게 짐작이 가시죠? 남북정상회담을 하루 앞두고 벌어진 일이었어요. 방송통신심의위원회(방심위)가 그때 어떻게 했는지 기억하시나요? 난데없이 드루킹 사건 때 오보가 많이 터져 나왔다는 얘기를 하면서 '객관적 보도'를 위해서는 국가기관 발표를 토대로 한 보도를 지향하라는 지침을 내렸어요.

오종택   그냥 다른 것도 아니고, 국가기관 발표를 토대로 보도하라는 것을 국가기관이 말했다는 것이네?

조주영   네. 보도와 관련해서 특별 모니터링을 실시하겠다고 하였어요. 저는 민주공화국에 살고 있다고 생각했는데, 국가기관이 이런 식으로 보도지침을 내놓는 걸 이해할 수가 없어요.

오종택   아니 나도, 대한민국이 완전한 자유국가는 아닌 것은 알았지만, 그 정도로 독재적인 보도지침을 내렸다니, 정말 미치치 않고서야.

조주영   같은 맥락에서 정치 유튜브 규제 시도도 그렇죠. 가짜뉴스를 잡겠다는 명분은 좋아보일지 모르겠지만….

오종택   사실 권력에 의한 모든 지배는 그렇게 시작하지. 국민들로 하여금 약간의 안전을 위해서 자유를 포기하라고 하는 거야. 중국정부는 자국민을 대상으로 엄청난 사이버 검열과 간섭을 하고 있잖아.

근데 2009년에 '황금방패'를 도입하면서 뭐라고 했는지 알아? "유언비어와 공공안전"을 위해서 가짜 자료들을 단속하겠다며 시작했어. 하지만 결론은, 더하고 더해지면서 창살 없는 감옥이 되어버린 것이지. 결국엔 구글이랑 해외 SNS까지 모두 차단하더라.

조주영   그래도 국제기업인 유튜브를 국내법으로 규제해서 옭아매겠다는 발상은 너무한 거 아닌가요. 결국은 중국을 닮아가는 것 같아요. 또한, 한상혁 방통위원장의 '극단적 표현도 규제대상이 되어야 한다'는 발언을 보세요. 결국 국가기관이 이걸 자의적으로 해석해서 반정부적인 의견에 재갈을 물리는 결과를 초래하지 않을 거라고 누가 말할 수 있을까요?

오종택   그러게. 1774년의 미국인들이 한상혁 방통위원장의 말을 들으면 어떻게 생각할까?

조주영   정말로 선의로 이 정책을 추진하는지는 몰라도, 이대로라면 나중에는 거대권력을 가지고 사회를 통제하는 빅브라더(전체주의의 상징)가 출현할지도 몰라요. 민주화세력의 후예를 자처하는 이들이 감시와 통제를 왜 이리 좋아하는지, 참 아이러니하네요.

오종택   그건 선의가 아니야. 물론 선의로 포장했겠지. 하지만 어떤 종류의 정부도 안전을 위해서라며 자국민을 통제할 권리는 없어. 대한민국이 천천히 기술독재사회가 되어가는 것 같아. 중국을 봐. 18억 명이 있어도, 독재사회가 되어가는 것에 대항할 수가 없잖아. 도살장에 묵묵히 끌려가는 소처럼, 18억 명의 1%도 안 되는 사람들이 그들을 만들고 있어. 대한민국은 과연 그 길을 벗어날 수 있을까?

대한민국 정부는 이른바 '패킷감청(인터넷 회선을 통해 오가는 정보를 중간에서 실시간으로 가로채는 감청 방식)'을 개시하겠다고 하여 많은 논란을 가져왔다. 심지어 AI를 도입해서 정부가 지정하는 유해사이트를 차단하겠다는 고삼석 방통위 상임위원의 말이 있었다. 헌법은 전자통신의 자유를 보장하고 있으나, 대한민국 정부는 특히 2018년과 2019년에 이르러 이전에는 없었던 인터넷 검열을 하겠다고 시사한 바 있다.

패킷감청의 근거가 된 통신비밀보호법 5조 2항에 대해서 헌법재판소가 헌법불합치 결정을 내렸다. 하지만 당국에서는 아직 시정이나 대책을 제시하고 있지 않다. 정부는 편법검열을 하고 있는데, 정부가 직접 하면 민주적으로 문제가 크니, ISP(인터넷서비스제공업체)를 통해서 국민들을 검열하고 있는 것이다. 이는 개인의 통신과 사생활의 비밀과 자유에 심각한 침해를 초래하고 있다.

구체적으로 대한민국의 새로운 정부는 'SNI 방식의 검열'을 제시하였다. 관련 법에 의해, 주민등록번호 등 개인식별이 가능한 정보를 전송할 때에는 TLS라는 암호화 프로토콜을 통해 정보를 전송한다. 이 TLS는 수학적으로 안전성이 증명된 암호화 알고리즘들에 의해 보호받고 있어, 이를 해독한다는 건 불가능에 가깝다.

문제는, TLS 그 자체가 아니라 TLS 암호화 프로토콜이 개시되기 위해서는 몇 가지 정보를 주고받아야 한다는 사실이다. 이 과정은 암호화되어 있지 않아, 감청이나 검열이 가능하다. 이 부분이 문제의 SNI이다. 사이트에 접속할 때 국민의 IP주소처럼 개인정보에 해당될 수 있는 정보들이 암호화되기 전에 차단한다는 방식의 검열이다.

인터넷의 공공안전을 위해 암호화가 되기 전에 정부가 정보를 확인한다는 발상은 다음과 같이 이루어진다. 사용자가 접속을 하려고 하면 암호화되기 전에 정부가 유해사이트인지 판별을 하는 것이다. 그리고 유해사이트 정보로 확인되면 접속을 차단하는 식이다. 이 과정에서 의도는 없더라도 정부나 ISP(통신서비스 사업자)가 이용자 정보를 볼 수 있도록 하는 것이 전제로 되어 있다.

즉 검열과 감청의 기회를 준 것이나 다름이 없다.

아이돌의 외모를 규제하겠다는 발상은 헛웃음 그 자체를 불러온다. 하지만 가장 두려운 것은 민주화를 이룩했다고 자부하는 사람들이, 국민을 통제하려고 하는 것에 전혀 거부감이 없다. 방송인 외모 가이드라인은 코미디가 아니라, 가장 작은 조각에 불과했다. 실제로 중국에 준하는 검열국가가 되고 있다. 2019년 10월에는 MS(마이크로소프트 사)의 서비스 공급을 제한해서라도 한국 정부가 통제할 수 있는 OS를 개발하고 보급하겠다고 밝혔다. 이것은 모두 불과 2년 만에 일어난 일이다.

오종택 승혁이 너는 일본에서 공부하다가 왔잖아. 일본은 거의 이런 규제가 없지?

최승혁 귀국하기 전까지는 일본에서 생활하면서 한국의 기사를 접하는 정도로 간간히 소식을 듣고 있었어요. 그 중에서 유독 자주 눈에 띄는 기사제목이 문재인 정부의 '아무개' 규제…일본사회에서는 거의 접하지 못하는 내용들이어서 생소했어요. 이를테면 저런 걸 정부가 왜 규제하나 싶은 것들이에요.

오종택 그래도 일본에 있을 당시에는 문재인 정부의 규제에 대해 사실 별로 심각하게 받아들이지 않았겠다. 왜냐하면 당장 피부로 와닿지 않으니까 말이지.

최승혁　사실 조금 심하다고 생각되는 것들도 몇 가지 있었지만 별로 와 닿지는 않았어요. 근데 제가 이 문제에 대해 심각성을 깨닫게 된 것은 귀국한 이후였어요. 바로 유튜브 규제와 https검열이었거든요. 귀국 직후에는 여러 가지 현실적인 문제에 부딪히던 때이라 규제에 대해 신경 쓸 겨를이 없었어요. 하지만 이후 이와 관련된 기사들을 간간히 접하다 보니 정말 공포감이 들더라고요.

오종택　유튜브 규제와 인터넷 검열을 한국에 와서야 체감했구나. 일본은 그런게 없으니까 말이지.

최승혁　어느 사회나 규제가 있는 것은 당연해요. 사실 질서라고 생각해요. 규제는 꼭 행정부가 아니어도, 판례나 규칙, 다양한 종류의 질서의 모습으로 어느 사회에서나 존재해야 한다고 생각해요. 그러나 지금 문재인 정부가 사회에 대한 규제를 시도하는 것은 선을 너무 뛰어 넘은 것 같아요. 21세기 세계최고 수준의 IT기술을 자랑하는 대한민국에서 독재국가 수준의 정책을 내놓고 있다니…. 저는 유튜브 규제가 그 중 제일 충격적이었어요. 제가 유튜브를 엄청 보니까요. 유튜브 특성상 모든 분야를 다루는 만큼 민감한 영상도 많이 올라오죠. 최근에 유튜브를 떠들썩하게 하는 채널들이 많이 있죠. 저는 유튜버들도 언론인은 아니지만 국민인만큼 유튜브를 통해서 정부에 경고할만한 영상들을 유튜브에 내놓을 권리가 있다고 생각해요. 이를 통하여 사람들이 많은 지식을 얻을 테니까요. 그런데 문재인 정부의 이른바 '가짜뉴스 근절'이라는 캠페인, 말하자면 '표현의 자유 죽이기 작전' 같은 것을 행하고 있죠. 국민이 정부에 대항하여 정부가 숨기고 있는 많은 정보들을 속 시원하게 평가하고 보여주는 걸, 정부와 여당이 탄압에 앞장서고 있죠. 저는 이것을 사회주의화의 한가지 정책이라고 평가하고 싶어요. 사회주의 사회에서는 모든 것이 국가의 통제 하에 이루어져요. 말하는 것·입는 것·먹는 것·자는 것·보는 것·모든 것이 철저하게 감시당하고 제한돼요. 이것이 가진 장점이 있죠. 권력가에게는 권력유지에 상당한 도움이 된다는 것이죠. 북한은 정보의 흐름의 중요성을 굉장히 잘 간파하고 있어요. 제가 살아봤으니까 잘 알죠.

신세대들은 의사소통의 용도로 SNS를 사용한다. 관계를 만들어 나가고 싶은 친구들이나 이방인의 근황도 보고, 자신의 근황도 알려주기도 한다. 다양한 SNS로 1인 미디어를 만들어 내기도 한다. 그런 모든 게시물이나 욕망, 일상마저 정부의 검열을 받기 시작하고 있다.

공공의 가치와 이익을 앞세워 국가가 개인의 사적 영역에 개입한다. 자유가 말살되는데 한 세대면 충분하다. 저항의 목소리는 미약하기만 하다. 마치 공산당원 1백만 명 남짓에게 18억 명이 50년도 안 되어 자유를 빼앗긴 것처럼 말이다.

오종택　　형님도 기술독재라는 단어를 들어보셨지요?

장주영　　응, 지금의 중국 같은 모습이지. 생활 곳곳에 안면인식 기술을 통하여 개개인을 관리하는 사회가 들어섰잖아. 그것도 건물주가 세콤 부르듯이 하거나 관공서가 청원경찰 쓰는 듯이 하는 게 아니라

중앙정부가 기술을 통해서 모든 걸 통제하려고 하는 것이지

"보통 사람도 자동차나 PC같은 개인용 기계는 통제할 수 있지만, 대형 기계시스템에 대한 통제권은 극소수 엘리트의 손에 의해 좌지우지될 것이다. 오늘날과 비슷한 상황이지만, 그러한 미래엔 두 가지 차이점이 있다. 진보된 기술 덕분에 엘리트는 대중에 대해 더 강력한 통제권을 갖게 된다. 무자비한 엘리트라면, 손쉽게 엄청난 인구를 죽여 없앨지도 모른다.

인간적인 엘리트라면 프로파간다(선전·선동)나 심리적, 생물학적 기술을 활용해 출산율을 줄이는 식으로 대부분의 인구를 멸종에 이르게 한 뒤, 남은 세상을 독차지할 것이다. 만약 엘리트를 구성하는 사람들이 마음 약한 리버럴들이라면 그들은 나머지 인류의 선한 목자 역할을 하겠다고 나설 것이다. 그들은 모든 사람의 신체적 욕구가 충족되고 있는지, 모든 아이들이 심리학적으로 위생적인 환경에서 자라고 있는지, 모든 사람이 유익한 취미 생활로 바쁘게 지내고 있는지, 만족하지 못하는 사람은 제대로 '문제'를 고치는 '치료'를 받고 있는지 꼼꼼히 챙길 것이다.

물론 삶은 너무나 무의미해졌으므로, 사람들은 권력 과정에 대한 욕구를 제거하거나, 안전한 취미로 권력 욕망을 '승화'시킬 수 있도록 생물학적으로건 심리적으로건 공학적 처치를 받아야 한다. 이들 공학적 처치를 받은 사람들은 해당 사회 안에서 행복하긴 하겠지만 결코 자유롭지는 않다. 그들은 가축의 신분으로 전락한 것이다."

– 시어도어 카진스키

기술독재는 정부에서 기술을 이용하여 국민들을 검열 및 통제하는 것을 의미

한다. 전혀 새로운 것이 아니라, 1919년대부터 윌리엄 스미스라는 엔지니어를 시작으로 비약적인 신기술이 등장할 때마다 태동했던 개념이다. 전문적 지식이나 과학기술로 사회, 조직 따위를 관리, 운영, 조작하고자 한다.

장주영   중국은 내외국인 불문하고, 곳곳에 있는 CCTV가 사람얼굴을 인식하여 식별번호를 부여하고 동향을 추적하는 등 아주 무서운 사회를 만들었어. 그걸 기업이 책임있게 관리하는 게 아니라, 정부가 무차별적으로 관리한다고 해.

오종택   근데 정말 무서운 건 그게 왜 잘못된 건지 전혀 반항하지 않고 순종하고 있는 모습인거예요. 중국은 인구가 18억이나 되는데도, 내부에서는 저항이 거의 없다면서요?

장주영   사회주의 공산국가의 통제방식에 적응되어 있는 중국인들은 무덤덤하게 보안검사처럼 안전을 위한 것이라고 당연하게 받아들이는 태도를 보인다고 하더라고.

영국 소비자 보안업체 컴페리 테크는 2020년까지 중국에 2인당 1개에 이르는 감시카메라가 설치될 것이라고 예상하고 있다.

장주영   기성세대들은 아무렇지 않게 순종하는데, 학교교실까지 CCTV를 설치하자 학생들이 처음에는 반발하였다고 하더라고. 하지만 그게 끝이야. 왜냐하면 그 학생들은 자신들이 CCTV를 거부하려는 이유가 단순히 수업에 집중하기 힘들기 때문이라는 거야. 자신과 모든 사람의 자유가 이미 끝장났다는 것은 죽었다 깨어나도 모른다는 것이지. 그게 중국몽이지. 통제되고 잃어버린 자유야….

오종택   한국도 거의 따라가고 있잖아요. 기성세대에 의해서 말이죠. 우리도 통제되고 잃어버린 자유를 스스로 져버리고 있는 것 같아요.

장주영   되게 웃긴 게, 한국에 있는 미국인 친구들이 이번 야동규제로 인하여 불만을 호소하더라고. 야동이 범죄도 아닌데, 왜 규제해서 내가 야동을 볼 권리를 잃었냐는 것이야. 많은 한국인들도 이로 인하여 불편함을 많이 느끼는 건 당연한데(웃음), 또 우회를 하잖아?

오종택   야동이 곧 성범죄로 이어지는 것도 아니잖아요. 야동 중에 리벤지 포르노가 있다고 아예 그걸 틀어막은 것이 하나의 이유던데, 그 정도 이유라면 그 사람들은 애초에 안전이 관심이 아니라 통제가 관심사였는지 모르겠어요. 민주화를 이룩했다는 사람들이 그 정도의 생각도 없이 요직에 가는 것을 보면, 민주화의 본질이 무엇인지 잘 모르겠어요.

장주영   난 야동을 규제한다면, 인간의 기본적인 성욕구를 해소하지 못하여, 성범죄로 이어질 가능성이 다분하고, 불법 성매매는 더 활개를 칠 거 라고 생각해. 경제를 통제하면 일자리가 사라지고 범죄자가 되는 것이랑 똑같지 뭐. 성적 욕구를 해소하되, 성범죄와 성매매로 이어지지 않기 위해서 사람들은 우회 IP를 사용하거나, 규제를 받지 않는 페이지를 새로 만들어 사람들의 성적 욕구를 충당하고 있잖아. 우회해서 다른 사람의 권리를 침해하는 것도 아닌데, 왜 정부가 통제하려고 하는지 모르겠다.

오종택   마광수 교수도 스스로 목숨을 끊었잖아요. 자신들도 우회해서 야동을 보지만, 결국 눈앞에서 그런 자유를 주장하는 사람을 외설주의라고 타도하는 모습이 너무 이상한 것 같아요. 오히려 음성적으로 변해갈수록 범죄가 증가하는데….

장주영   이건 현재 정부를 비롯한 기성세대가 정말 아무 생각이 없는 거야. 문재인은 과거 인터넷 산업을 국가전략산업으로 육성하겠다고 밝힌 바 있었는데, 지금 인터넷규제를 하고 있거든. 대체 무슨 생각인 걸까? 자기 생각에만 맞는 인터넷을 국가전략산업 정도로 생각하는 것일까? 그건 애초에 자유로운 인터넷의 성질과 동떨어진 것이지. 내 생각엔 문재인정부와 맞지 않는 사이트는 불법으로 간주하여 중국, 이슬람 등 독재국가에서나 볼 수 있는 규제를 할 것 같아. 그것을 선의와 안전으로 포장한 채 더욱 이어가겠지.

오종택   또 규제를 통하여 국민 개개인을 사찰하겠다는 것으로도 해석할 수 있겠어요.

장주영   그렇지. 음란물 규제를 명분으로 국민을 감시하는 것이고, 나아가 대놓고 패킷을 감청하겠다고 하면서 자신과 맞지 않은 뉴스는 처벌하겠다고 공언하더라. 이는 음주운전 사고가 많이 일어나니 금주령을 내리는 것과 같은 맥락 아니야? 중국정부는 실제로 사이버당국에서 정부에 대해 비판적이거나 입맛에 맞지 않는 사이트와 앱 9300여개를 차단, 삭제하는 등 규제를 강화하더라. 발전된 기술이 좋긴 한데, 독재를 원하는 유형의 정부에서는 사회를 조작, 운영, 관리하는데 더 없이 좋은 도구가 되어버린 것 같아. 그게 기술독재이지. 21세기 사이버 독재가 중국과 바로 대한민국에서 일어나고 있는 것이야.

오종택　형님도 https를 감청하겠다는 뉴스를 보셨죠?

장주영　응. 우리도 지옥이 되어가고 있는 것 같아. 방통위에서는 감청이 아니라고 하였는데, 과거 https시절 공용 와이파이에 접속 시, 누구나 접속한 사람이 무엇을 하는지 확인이 가능했어. 암호화가 없었으니까. 방통위 말에 따르면 와이파이에 접속한 사람의 기록을 수집하고 확인을 하든 말든 감청이 아니라고 주장하는 것인데, 통비법에 근거한 감청의 정의가 "전기통신에 대해 당사자 동의없이 기록하고 송수신을 방해하는 것"이야. 이처럼 정부가 법을 대놓고 어기는데 정부가 뻔뻔한걸 보면. 그럼에도 막을 수가 없는 것이잖아.

오종택　대체 방통위가 우리를 어떻게 생각하는 걸까요? IP를 우회해서 제가 찾아보고 싶은 걸 찾아보는 건 그나마 엄숙주의라서 그렇다고 생각하겠는데, 아예 https를 통제하겠다는 것은 기술독재의 시작이라고 밖에 생각이 들지 않아요. 또 이 사람들은 각종 가상화폐들을 규제하기 시작했죠.

장주영　난 비트코인에 대해서는 내가 이해도가 낮아 자세히는 모르고 있어. 주변에 많은 지인들이 많은 금전을 탕진한 것 외에는. 채권이나 주식 등은 실체라도 있는데, 가상화폐는 실체가 없는 것으로 알고 있고, 이로 인하여 리스크가 매우 높다고 들었어. 뭐, 내가 잘못 알고 있는 정보일 수도 있어. 근데 확실한건 비트코인이 왜 2천만 원까지 올라갔는지는 알고 있어.

오종택 그것은 왜 그런가요?

장주영 중국이 17년 초 자본유출을 막기 위하여 외화 환전 규제를 강화했었어. 그로 인하여 비트코인 가격이 급상하였고, 중국 자산가들(공산당 고위공직자)이 돈을 빼돌릴 목적으로 비트코인을 이용하는 상황이 벌어졌어. 중국 정부가 9월에 비트코인 규제를 발표하여 잠시 가격이 하락하였으나, 이후부터 가격이 미친 듯 뛰기 시작하였어. 이때 우리나라에서 중국 비트코인의 환치기가 급증한 거야. 이 당시 까지만 해도 우리나라가 비트코인에 일본처럼 세금을 물리지도 않았고, 미국처럼 강한 규제도 하지도 않았어. 이때, 현직 경찰관들이 비트코인을 이용한 신종환치기를 하였고, 문재인 치하 대한민국은 중국의 돈세탁 지역으로 전락했었던 거야. 그러함에 따라 비트코인은 미친 듯 가격이 상승했지. 그것으로 인해 12월 6일 EU가 대한민국을 조세회피처 블랙리스트로 지정해버렸어. 가상화폐 시장에는 불안감이 조성되고, 시장은 중국발 도박의 장이 되어버렸으며 국민의 돈이 엄청나게 공중분해되었어. 근데 거기에 갑자기 가상화폐규제를 여럿 꺼내든 거야. 대한민국에서 성장하는 가상화폐까지 다 죽여버린 것이지.

오종택 듣고보니 도저히 문재인 정부 인사들을 이해할 수가 없네요. 정책의 정당성, 타당성 여부를 차치하더라도 국가경제와 밀접한 관련이 있는지 없는지도 생각하지 않은 것 같고. 애초에 그런 불량국 장주영 가가 옆에 존재하는데도 경각심도 없고요.

장주영 중대한 정책을 정부부처의 의견 조율없이 발표했지. 국민들과의 소통은커녕 자기들끼리도 소통이 안 되고 있으니 한심하기 짝이 없어. 우리는 중국의 탈세바람에 일희일비하고 그런 체제를 옆에 두고도 경각심이 없는 걸 보면, 우리 국민이 정책집행의 실험용 생쥐인가 라는 허탈감이 들어. 이런 당연한 생각을 아예 못하는 건가?

장주영 군은 가상화폐에 투자를 하지 않아, 돈을 잃은 적이 없다.

오종택 웹을 이야기하자면, 효섭이 너가 또 전문이잖아. 내 코딩 과제 한 번 봐주거나 웹도 만들어주고. 참 고맙게 생각하고 있어. 근데 우리야 이공계니까, 학교에서 코드를 짜보거나 서버를 관리해 보거나 하는데 일반사람들은 어떨까? 하물며 기성세대는 어떨까?

장효섭 내가 전문 교육은 안 받았지만은, 인터넷에서 배운 리눅스를 이용하여 서버 관리를 하면서 느낀 것은, 웹은 생각보다 이해시키기가 어렵겠다는 것이에요. 스파게티 면발처럼 복잡한 것은 아니지만 어떤 것을 봐도 수능 비문학 지문 정도의 난이도예요. 실제 고등학교 모의고사에서 DNS의 원리가 나온 적도 있었죠.

오종택 그러니깐. 양복을 멋지게 빼입고, 강남 아파트에 사는 정치인이 영양실조 걸린 것 같은 교수 몇몇을 초대해서 감청이나 검열이 과거에 행한 것과 무엇이 다른가에 대해서 다투다가, 기술적 내용은 어디론가 승화해 버리고 결국 자기가 하고 싶은 이념만 찌꺼기로 남는 것이 방송위나 국회에서의 인터넷을 주제로 한 토론이잖아.

장효섭   몰라서 그러면 용서가 되는데, 아예 대놓고 위선 질을 하고 또 그걸 응원하는 세대가 586이에요. 그들이 열광하는 정치인들 중에 테러방지법 반대를 필리버스터로 응원하던 자들은, 음란물 방지를 명분 삼아서 새로운 기술을 이용하여 검열을 시도하기까지 하잖아요. 이른바, SNI 차단이라고 하는 기술인데, TLS암호화 통신에서 암호화되지 않은 부분을 이용해 검열하는 부분이에요. 기술적으로는 기존 HOST 검사와 다를 건 없지만, 추가적으로 차단된다는 점과, 암호화통신까지 감시를 시도하려 한다는 거부감은 개발자들 사이에서 이미 꽤나 논란이 있었어요. 물론 일찍이 이런 국가통제를 지지하는 세력의 역겨움을 알아차렸지만요.

오종택   영국이나, 중국처럼 국가에 의해서 엄청난 초 감시 사회로 변해버린 국가들이 있잖아. 그 지지자들이 레토릭처럼 하는 말이 있더라고. "국가가 감시해도 잘못한 것이 없으면 감청을 당해도 무방하지 않느냐?"

장효섭   애초에 자기들에게 민주화란 또 다른 권위주의 세력이 되고 싶었던 것에 불과한 거죠. 잘못한 것이 없으면 통신을 감청 당해도 무방하지 않냐는 주장에 대해 일관적으로 통신을 감청당하는 것은 알몸을 보여지는 것과 같다고 가르쳐줘야 해요. 근데 이번에는 차단할 것은 차단해야 한다며 옹호를 하고 있어요. 난 그게 정말 기분이 나쁘고, 알면서도 저렇게 말할 수 있는 이유가 궁금해요.

오종택 우리처럼 평생 코딩 한 줄도 안해본 사람이어서 그런 걸 수도 있지. 옛날에 검열이라고 해봤자 검열이 뭐였겠냐? 국가가 언론사 쳐들어가서 신문 검열하는 정도였겠지.

장효섭 그러게요. 요즘 기준으로 보면 그건 너무 귀여운 수준이네요. 반발하기도 쉽고.

오종택 너는 그런 걸 알면서 중국처럼 아예 대놓고 검열 감시하는 기술독재사회로 여행을 가본 적이 있니? 난 중국 같은 경우는 무서워서 안 간다.

장효섭 저는 얼마 전에 중국에 갔다 왔어요. 중국은 비록 독재국가이지만, 여행을 가 볼 가치가 있는 나라예요. 물론 여행이라는 것은 사람과 풍경 같은 정취를 보고 오는 것이니까, 독재 요소를 여행했으면 전 여기 없었겠죠. 음식은 향신료만 버티면 아주 다양하고 맛도 좋고, 물가도 싸고 가깝기까지 해요. 하이난 같은 관광지는 물가는 조금 비싸지만, 공기도 우리나라보다 훨씬 깨끗하고 제 생각엔 일본에서 공기 좋다는 소리 듣는 곳보다도 깨끗했던 것 같아요. 치안도 괜찮으니 탈북자이거나, 뭔가 껄끄러운 걸 어지간히 많이 하지 않는 이상, 중국여행은 적극 권해요.

오종택 하긴 휴양이 목적이라면 그런 건 신경 안 써도 되겠어.

장효섭 하지만 이런 좋은 인상과는 반대로, 구글이 안 되는 것은 꽤 골 때리는 일이었어요. 근데 이상하게도 중국 공산당(이하 중공)은 내국인 상대로는 구글 등의 해외 서비스들을 차단하고 있지만, 외국인 상대로는 자신들의 정책이 부끄러운 모양인지 차단을 하지 않더라고요.

오종택   나는 모바일 게임회사에서 일해본 적이 있었는데, 거기가 홍콩 회사였어. 그쪽은 신기한게 아예 중국과 사업하기를 꺼려하더라. 왜냐하면, 분명히 모바일 게임 사업인데, 대표는 중국이 모바일 게임을 이용해서 중국정부가 내국과 외국의 사람들을 통제하려고 하는 모습을 많이 보았다는 것이었어. 그리고 일을 할 때 당연히 구글 같이 편리하고 자유로운 걸 많이 썼지. 근데 어느 날 대표님이 말해주더라고. 중국과 일을 할 때 불편한 점은 우리가 쓰던 프로그램이 다 안 되고, 중국에서만 쓰는 프로그램을 써야 한다고. 중국 안에서도 구글 같은 웹이 안 되니까 지메일도 안 되고, 그거 없이 사업하기 힘들어서 꺼려진다고 하더라고. 애초에 사업 아이템을 털어가고 훔쳐가서 자기들이 해적판으로 사업하는 건 둘째 치고 말이지.

장효섭   저도 중국 여행 중 상당한 장문의 이메일과 더불어 엑셀 파일을 보내야 할 일이 있었어요. 그래서 노트북을 이용해 이메일을 써야 하는데, 아차 싶었죠. 휴대전화 테더링을 통해 해결하긴 했지만, 우리가 공기마냥 사용해 온 구글 서비스를 사용하지 못하는 것은 불편했을 뿐만 아니라, 숨겨야 할 것이 뭐가 그리 많길래 그러는지 기분이 묘하게 나빴어요.

오종택   독재를 하고 싶은 사람들은 검열과 감청이 일상인 것 같아. 자기가 생각해도 숨겨야할 것이 많으니까.

장효섭   검열은 남모르게 기록하는 감청과 다르게 누구를 검거하거나 책

잡기 위한 목적이 아니라는 점에서 감청보다는 덜 악질적이에요. 하지만, 기술적으로 검열기술이 도입되었다면 감청까지는 몰라도 검열된 사이트에 접속한 사실은 기록 가능해요. 그건 인터넷서비스 제공업체도 할 수 있죠. 검열을 하지만, 접속 시도자를 기록하지 않는다는 말을 누가 믿겠어요?

오종택   나는 텔레그램을 쓰게 돼. 카카오톡 쓰는 게 편리하긴 한데, 민감한 말을 할 경우는 텔레그램만한 게 또 없어. 그리고 매우 직관적으로 잘 만들었기도 하고.

장효섭   텔레그램은 저도 주로 사용하는 메신저에요! 근데 텔레그램이 신천지 메신저라는 오명이 있더라고요. 재밌게 본 유머였어요. 저는 이것이 제공하는 간결하고 강력한 기능들과 (기술적으로)완전하지 않더라도 정부로부터는 안전하다는 이점은 나를 포함해 주변인들이 텔레그램을 쓰도록 만들었어요. 제가 학생이니까 실제 감청이나 압수수색하면 나올게 과제나 리포트밖에 없지만, 텔레그램을 하느냐 안하느냐를 떠나서, 주변 또래에서 텔레그램 사용이 늘어나는 건 괜히 있는 일은 아닌 것 같아요. 정부가 하는 인터넷 통제를 못 믿고, 자신의 사생활을 지키고 싶은 것이지요.

오종택   요즘에는 유튜브를 규제하겠다고 허구한 날 그러는데, 유튜브 규제하겠다는 사람들이 우리 사생활을 지킬 생각은 있을지 모르겠다.

장효섭   유튜브 규제도 마찬가지예요. 허위정보를 검열하지 않으면 큰 과징금을 물리겠다고 해요. 허위정보인지 아닌지는 국가가 자의적으로 판단하는 것이 아닌데….

오종택　그치. 그건 오로지 민간의 힘이자, 권력이 아닌 양심만이 할 수 있는 것이지.

장효섭　그게 옳은지 아닌지는 아무도 몰라요.

오종택　맞아. 유언비어란 인간의 자연성 중 하나일 수도 있으니.

장효섭　하지만 정보 자체를 검열하려는 국가치고 제대로 된 곳이 있을까요?

오종택　그런데 우리가 그런 국가가 되어간다는 것이야. 이미 너무 늦었는지도 몰라. 기성세대들은 생각을 바꿀 수 없는 사람들이니까 말이야.

　　장효섭 군은 사이버에 관해 굉장히 박식한 학생이다. 하지만 그런 그도, 대한민국의 정부에 의한 인터넷 검열이야기가 나오자 사색이 되어 대화를 했다. 거기서 끝나지 않을 거라는 확신을 갖고 있었다.

강사빈　많은 사람들이 인터넷 검열을 불안해하는 것은 단지 본인이 찾고 싶은 정보를 못 찾아서, 가상 화폐를 매수하거나 매도하는 것이 자유롭지 않아서가 아닐 거예요. 제일 큰 문제는 우리가 계속해서 감시당하며 앞으로 우리의 자유가 침해당할 것이라는 걱정일 거예요.

오종택 맞아! 여기서 끝나지 않을 거야. 그런 무시무시한 정책을 대놓고 말할 수 있는 그들을 지지하는 거대한 세대가 있고, 거대한 용기가 있으며, 반대를 압살해버릴 위력도 있다는 자신감이 있다는 걸 수도 있어. 난 북한을 바라보는 시각을 대한민국의 거울이라고 생각해본 적이 있어. 근데 작금의 검열이라는 것은 북한의 모습을 보고도 대한민국에서 자국민을 검열하는데 아무런 문제점을 못 느끼고….

강사빈 아무도 인터넷에서 리벤지 포르노, 사기 기획으로 만들어진 가상화폐들을 규제하는 것에 반대하지 않을 거예요. 이는 범죄와의 직접적인 연관관계도 있기 때문에 '차단'을 통해 그 여지를 사전에 방어할 수 있기 때문이에요. 그러나 지금까지 그것을 할 수 없었던 것은 범죄를 예방하기 싫어서가 아니라 개인정보 유출의 위험이 매우 크고 자칫하면 정부에서 국민들을 감시하는 지경에까지 이를 수 있으니까요.

오종택 기업이 직접 차단을 하거나 기업이 스스로 규제하는건 기업이 책임지는 거니까 똑바로 할 것 아니야. 실수해서 소송을 당하면 엄청난 돈을 물어낼 수도 있으니까 말이야. 근데 정부는, 정부의 실수를 아주 드물게 인정하잖아.

강사빈 제가 초등학교 때를 생각하면, 인터넷을 많이 쓴 것 같지 않아요. 지금과 비교하자면 말이죠. 그때가 지금 기성세대들이 20대, 30대이었을 나이잖아요. 저는 집에 있는 컴퓨터로 카트라이더 몇 판 하고 학교 컴퓨터실에서 플래시 게임 몇 번 한 기억밖에 남아있지 않아요. 아무래도 그건 국가가 검열할 건 아니겠죠. 근데 중학교에 들어와서 모든 친구들이 FACEBOOK을 하고 있었고 친구들과 어울리기 위해서 저 역시도 계정을 만들고 어플도 설치했던 기억이 있어요. 그리고 고등학교에 들어와보니 친구들은 전부 INSTAGRAM을 하고 있었어요.

오종택 그런 어플이나 프로그램은 우리를 너무 잘 알게 되잖아 그치? 무슨 밥을 좋아하는지, 어디에 갔었는지, 누구의 친구인지 등등. 우리 손으로 올려서 너무 잘 정리되니까 말이야. 나는 그게 맘에 들지 않아서 항상 위치정보 기능을 끄곤 하거든.

강사빈 그죠. 위치정보의 경우 그런 SNS계정들을 보면 스마트폰의 GPS 기능으로 인해 이 친구가 지금 어디 있는지 본인이 업데이트하지 않아도 자동으로 뜨게 되요. 요즈음은 SNS계정 하나만 털려도 중범죄의 피해자가 될 수도 있는 세상이 되었죠. 기술의 급속한 진보는 우리에게 편리한 세상을 선물했지만 뒤에서는 칼을 들이밀고 있어요. 근데 기술이 발전해도 권리는 변하지 않을 거에요.

오종택 맞아. 기술은 발전할 수 있어도, 권리는 달라지지 않아야 해. 책임감이 다양해진다는 얘기인 것 같아. 하지만 그걸 조금의 안전을 원한다며 정부에게 모든 권리를 주다간, 자유를 포함해 모든 걸 잃어릴 수 있지 않겠어?

신세대, 빅브라더를 거부하다

이런 세상에서의 인터넷 규제를 우리는 어떻게 받아들여야 할까?

"빅브라더"

위 그림에 있는 남자와 눈을 마주쳐보면 알 수 있듯이, 어떤 각도에서 그림을 보아도 남자의 눈과 마주치게 된다. 이 포스터를 보는 사람들은 감시에서 벗어날 수 없음을 경고하는 것이다.

빅브라더가 나오는 소설 "1984"는 1949년에 쓰여진 소설이다. 대한민국은 소설 1984를 해외 언어로 번역하여 출간한 첫 번째 나라이다. 아이러니하게도 1984가 금서가 아닌 나라 중에서 처음으로 1984의 사회가 되어버린 나라가 된 것이다.

국민에 대한 검열과 감시, 그것을 통제하고 관리하는 초법적인 권력을 풍자하며, 국가가 개인을 통제하는 전체주의를 비판한 소설이다. 가디언 지가 뽑은 "사람들이 읽지 않았지만, 가장 읽은 척을 많이 하는 책 1위"에 뽑힐 정도로 잘 알려진 책이기도 하다. 정부주도 감시카메라 설치나 정부주도의 개인정보 사용 관련 뉴스가 나올 때마다 자주 인용되는 개념인 "빅브라더"는 이 소설에서 유래된 가상의 독재권력이다. 식자층의 끊임없는 국민 감시, 우민화정책, 안전을 빌미로 국가의 개입을 정당화시키는 디스토피아(공동체 사회)가 배경이다.

오종택   자기들이 현세의 빅브라더라며 홍보할 바보는 없겠지. 근데 검열 규제를 시작한다면 끝이 없다는 것이 교훈일 거야. 사실 민주화세력이라고 불리는 사람들은 대체 무엇이랑 싸운 건지 모르겠어. 자기들을 검열한 존재들과 싸웠으면서, 지금은 자기들이 통치하는 국가에서 검열하는 것에 왜 거리낌이 없을까?

강사빈   분명 문재인 정부는 포스터에 나오는 남자와 같이 빅브라더가 되길 꿈꿀 거예요. 검열을 시작하면 끝이 없다는 것이 맞을 겁니다. 하나하나 보면 사소해 보일지 모르는 이런 규제들이 모여 결국에는 우리의 자유를 억압하게 되는 것이죠.

오종택   중국도 그 모든 게 6년에 끝나더라. 18억명도 그렇게 갑자기 자유를 잃었는데, 우리가 어느 날 갑자기 SNS개인 계정에서 정권에 대한 욕을 할 수 없는 나라가 될 수도 있다는 것이지.

강사빈　물론 우리가 직접적으로 체감하기는 힘든 문제이기 때문에 아직 그 심각성을 못 느낄 수도 있어요. 어쩌면 그게 당연한 걸 수도 있죠. 일상을 살아가면서, 사회의 어떤 특별한 문제를 자세히 알게 되는 건 쉬운 일이 아니니까요. 그러나 조금이라도 인터넷에 대해서 아는 친구들은 위에서 언급한 우려를 할 정도예요. 이건 또래에서 이견이 없는 것 같아요. 바로 옆에 중국이라는 샘플이 있기도 하고요.

오종택　1984에서도 2%가 안 되지만 600만 명이 되는 내부당원이 3억 명이 넘는 사람들을 그렇게 통제하기 시작했지.

　기술은 너무 빨리 발전하고 있다. 새로운 기술을 받아들일 새도 없이 또 새로운 신기술이 생겨 삶에 많은 도움을 주고 있다. 기술보다 인간의 삶이 더욱 길어진 시대가 도래했다. 하지만 이는 큰 문제를 만들었는데, 구세대에 있어 기술에 대한 몰인식이나 통제에 대한 욕망이 신기술과 함께 지옥과 같은 사회를 만들어가고 있다. 여기서 가장 큰 희생자는 신세대이다. 우선은 신세대들이 신기술도 가질 수 있는 일자리가 사라질 것이다. 신기술을 습득하여 자유로운 나라로 떠날 수 있는 사람들은 능력이 있는 소수에 불과하니, 정작 그 기술의 발전마저 누리지 못할 것이다.

　그것보다 더욱 큰 문제는 살아가는 평범한 삶에 있다. 특히 기술독재를 꿈꾸는 국가에게 기술은 오로지 국가가 통제하기 위해, 통제하는, 통제를 위한 수단에 불과하다. 그런 국가는 국민들의 침묵 속에서 어느 순간 결코 돌이킬 수 없는 수준까지 도달한다. 기성세대가 자만에 빠져있다면, 자신의 믿음에 빠져 신세대의 이러한 우려를 피부로나 상상으로나 전혀 못 느낀다는 사실이다.

Any Society that would give up a little liberty to gain a little security will deserve neither and lose both.
어떤 사회든지 약간의 안전을 위해 약간의 자유를 버리는 사회는 결국 어떤 것도 가질 자격이 없으며 둘 다 잃게 될 것이다.

-벤자민 프랭클린

강주아오 대교와
홍콩의 분열

강주아오 대교와 홍콩의 분열

　　홍콩은 대한민국보다 양극화 지수가 아주 심각하다. 빈부격차가 크다는 뜻이다. 그럼에도 개방경제, 노동유연성, 신자유주의 경제를 유지하고 있다. 대한민국에서는 신세대들에게 교사들이 신자유주의 경제가 빈부격차를 일으켜 사회를 붕괴시킨다고 가르치고 있다. 그런데 홍콩시민들은 어째서 자신들의 체제를 유지하기 위해 봉기에 가까운 투쟁을 일으켰을까? 우리들을 가르친 교사들은 대답하지 않는다. 왜 모두가 평등한 세상보다 자연스럽게 차이가 나는 세상이 그래도 살만한 가치가 있는지.

　　2018년 10월 28일

　　홍콩의 날씨는 맑은 가운데 선전은 조금 흐린 날씨였다. 이날은 선전과 홍콩 사이의 바닷가를 잇는 55km의 엄청난 길이의 강주아오 대교가 개통한 날이었다. 중국 최장다리 개통에 드리운 홍콩사회의 이념양극화는 이때부터 도사리고 있었다. 연합뉴스의 취재는 서로 상반되는 두 사람의 의견을 담았다.

"엄청난 돈 낭비예요. 보통의 홍콩인들에게는 별 의미가 없어요. 본토에 갈 일이 거의 없으니 이용할 일도 없죠".   -레베카 고

"아직 이용해보지 않아 잘 모르겠지만 다리 개통은 좋은 일입니다. 연결되는 세 도시를 오가는게 편리해지니까요".   -리충킨

단순히 언론이 최장다리를 보는 두 시선을 담은 것 같지만, 실은 골이 깊다. 자신이 중국인이라고 생각하고 공산당을 지지하는 사람은 중국이름을 쓴다. 그리고 다리를 지지한다. 자신이 홍콩인이라고 생각하고 공산당에 부정적인 사람은 영어이름을 쓴다. 홍콩에서는 영어이름을 legal name(법적 이름)으로 쓸 수 있다. 다리를 지지하지 않는 것은 물론이다.

뼈있는 사실은 홍콩인은 보통 중국본토에 갈 일이 없다는 것이다. 55km짜리 다리를 지나 황량한 내륙을 100km를 가야 비로소 경제권 있는 도시가 나온다. 저 다리에서 민주주의를 탄압할 장갑차가 건너올지 사랑하는 연인이 건너올지 아무도 모르지만, 리충킨 씨는 평소의 생각대로 많은 사람들의 불행에 별 저항감이 없는 것일지도 모른다.

이런 이념의 양극화는 홍콩만이 그런 것이 아니다. 우리도 같은 땅에 살면서 도저히 같이 못살 사람들과 너무 많이 부대끼고 있다. 많은 사람들의 불행에 별 저항감이 없는 사람들과 말이다. 그것이 대한민국에서 나타나는 목소리이다. 어쩌면 조선인과 대한민국인이 같은 시대 안에서 다른 가치를 위해 나뉘어 지는 것일 수도 있다. 우리는 홍콩에서 중국인과 홍콩인이 나뉘는 것을 보기도 한다. 그러면 어떻게 나뉜다고 볼 수 있을까?

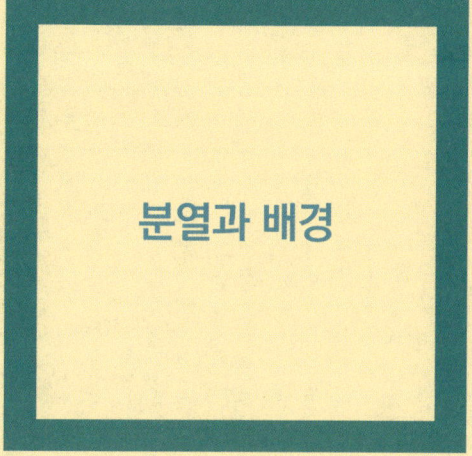

분열과 배경

분열과 배경

수많은 인간을 지역이나 민족, 인종이나 종교처럼 각각의 부족으로 보는 견해는 지금도 줄곧 쓰이고 당연하게 언론이나 출판물에서 쓰이지만, 그 배경을 생각해본 사람은 그다지 많지 않다.

이런 부족분류적인 경향은 몇 가지의 배경이 있다. 우선 전통적인 "이타주의론"이 그 중 하나이고, 19세기에 내로라하는 유럽의 지식인들에게 널리 퍼져있던 국가통제주의(Political Statism) 또한 다른 이유로 볼 수 있다. 심리학적으로 유행하던 정신-육체 이분법(Soul-Body Dichotomy)일 수도 있다.

"환경을 위해서 공장을 멈춰라!"
"플라스틱 빨대를 종이 빨대로 대체하라!"
"돼지를 돼지우리에서 해방시켜라!"
"부자들에게 세금을 더 거두어서 우리에게 달라!"

"원전을 없애라!"

실제로 플라스틱 쓰레기의 90%는 제 3세계에서 나오거나, 원전 없이는 화석연료를 더욱 태워야 하고, 발전하는 산업 국가가 녹지비율이 더욱 커진다는 것을 그들도 알고 있지만, 자신들의 부와 지위를 유지하기 위해 애써 무시한다. 만일 모르고 있다면 이 세상에서 빨리 사라져야 한다.

역사시대 전이나 이후나 인간에게 물질적인 생산은 줄곧 노비, 노예나 농노와 같은 천민 계층의 몫이었다. 그래서 인간의 지성과는 전혀 상관없는 일로 취급되어 왔다. 그건 유럽에서나 조선에서나 상관없이 인간 모두에게 종속되었던 역사였다.그래서 철학이나 정치는 절대 생산과는 상관없는 사람들의 몫이었다. 오히려 그들은 다른 인간을 착취하는 입장에 있음에도, 인간의 본질과 본성에 대해서 생각하는 특권을 누렸다. 그것은 어떤 형태로든지 오류와 갈등을 낳기 마련이다. 마르크스나 엥겔스도 자신의 계급신분적으로나 기능적으로나 여기서 벗어날 수 없었던 것처럼 말이다.

그러나 기업과 자유무역의 발전으로 인간은 좀 더 특별한 위치로 올라갔다. 자신이 물질을 자유롭게 생산하여 자유롭게 판매할 수 있다는 자체가 노비나 왕족과 달리 전혀 다른 종류의 인간이 된다는 것이기 때문이다. 자기 삶을 자기가 책임질 수 있다는 것은 인류의 역사를 보면 굉장히 드물고, 오히려 탄압받는 위치의 위험한 사상이자 행동이었다. 우리는 그 탄압받는 사람들이 능력과 재화를 자유롭게 사고파는 곳을 자유시장이라고 부르고, 그들이 행동하고 말하는 사회를 자유사회라고 부른다.

홍콩은 누구나 아는 유명한 자유도시임에도, 자유와는 전혀 거리가 먼 중국과 통하고 싶어하는 사람들이 있기에 분쟁이 생겼다. 박원순 시장의 말처럼 민주주의 사회에서 공산주의도 외칠 수 있도록 허용하면 이렇게 되는 것이다. 결국 자유와 거리가 먼 사람들과 다리를 놓게 될 일이 생긴다. 결국 빼앗는 자들과 자기의 삶을 지키고자 하는 사람들의 다툼이 잦아진다. 그리고 자유시장과 자유사회를 희망하는 수백만 명이 그들의 정부에 대항하는 결과를 낳게 되었다. 그럼 지금 북한과 다리를 놓고 있는 대한민국을 돌아보자. 지금 우리는 홍콩을 닮아가고 있지 않은가.

'우리 시대의 기본적이고 결정적인 정치적 문제는 자본주의 대 사회주의, 또는 자유와 국가주의 사이의 싸움이라고 할 수 있습니다. 수십 년 동안, 이 문제는 원래 본 의미를 잃어버렸고 모든 사람들에게 세상 모든 것을 의미하도록 확장될 수 있는 단어인 "보수주의"와 "리버럴"의 안개로 짙어져, 결코 정의되지 않는 용어로 침묵되고, 억압되고, 피해지고, 숨겨져 왔습니다.'

<자본주의의 숨겨진 이상, 아인 랜드, 1966>

누구나 알듯이 농노제나 노비제도는 19세기까지 어떤 형태로든 유지되고 보존되며 지속되어 왔다. 그러나 홍콩처럼 자본주의의 도래로 정치적으로 폐지되었다고는 하지만, 지식적으로나 관습적으로는 유지되고 있다. 그것이 중국인과 홍콩인의 차이를 만들었다. 작은 반도에서 780만명이 살아도 정확히 두 갈래로 나뉠 수 있는 것도 그것 때문이다. 대한민국 또한 같은 문제를 겪고 있다. 자유인을 다시 노예화시키고자 하는 586세대의 썩어 빠진 사고와 그것에 동조하는 세력들이 있기 때문이다.

"한 나라를 노예화하고자 하는 모든 운동, 모든 독재 또는 잠재적 독재는,

그 나라의 문제에 대하여 독재세력 스스로가 비난 가능한 어떤 소수 집단을 희생양으로서 필요로 한다. 또 그것은 독재적 권력을 향한 자신의 필요와 수요를 채워주는 정당화의 수단으로서 이용된다. 소련에서 희생양은 부르주아 계급이었다. 나치 독일에서 그것은 부유한 유대인들이었다. 미국에선, 그것은 기업가들이다."

-아인 랜드, 〈Capitalism, the unknown Ideal(1966)〉 中

그리고 한국에선 누구인가?

조주영   우리나라의 현실을 보노라면 종종 회의감이 들고 무기력해질 때가 많아요. 여론의 이름으로 야당(현 자유한국당)을 무시하고 잘못된 정책도 그대로 밀어붙이는 여당(현 더불어민주당), 그리고 과거에 대한 반성과 제대로 된 혁신의지가 없어 보이는 야당을 보면 과연 내가 바라고 있는 가치가 실현되는 날이 올 수는 있는지, 모르겠어요. 사실 그냥 단순하거든요. 좀 자유로운 사회를 원할 뿐이에요. 시류에 영합하면서 편하게 사는 게 옳은 방법은 아닐 거예요. 지난 2년간 몰아주기 식 투표 행태를 보면서 정말 한때는 정치에 관심을 끊을까라는 생각도 했어요.

오종택   하지만 홍콩에서 정말로 일어났잖아. 걔네도 비슷했어. 거수기와 다름없는 일부 야당, 비민주적인 간선제, 혁신의지가 없어 보이는 야당을 5년만에 학생들이 모두 바꿔놓았어. 걔네도 우리랑 읽는 책은 비슷해. 아인 랜드, 미제스, 라스바드…. 정말 신기한 게 홍콩의 학생들이 자기네들의 문제를 해결하기 위해 찾은 책들이 우리가 읽은 책과 똑같다는 점이야. 걔네는 더욱 불리했지. 적어도 우리 경찰들이 지금 우리 국민을 총으로 쏘거나 패버리지는 않으니까.

조주영　그러게요. 홍콩 시위를 쭉 지켜보면서 여건이 훨씬 좋은 우리가 포기해버리는 건 너무 쉽게 패배주의에 빠지는 거라고 생각해요. 홍콩이 자치정부라고는 하지만, 우리처럼 민주적으로 정권이 교체되는 것도 아니고, 전체주의 체제인 중국 본토의 압력으로부터 자유롭지 못한 존재죠. 이들에게 대항하는 건 계란으로 바위치기 아니겠어요? 이미 자국민들을 탱크로 무참하게 진압한 전례가 있는 만큼 이들이 국제사회의 여론을 그렇게 신경쓸 것 같지도 않고요.

오종택　자국민 몇만 명을 하룻밤 만에 탱크로 밀어버려도 눈 하나 깜짝 안하는 사람들이지. 나는 이들의 운동이 대한민국의 민주화 운동과는 같지 않다고 봐. 이 사람들은 뚜렷한 리더도 내세우고 있지 않잖아. 오로지 시민들의 자발적인 운동인 거지. 근데 뚜렷한 리더가 있었으면, 중국 정부가 어떻게든 제거해버렸을 것 같아. 그들은 현명하고, 우리보다 성숙한 거야. 그러한 점이 대한민국의 80년대와는 다른 것이지. 게다가 홍콩시민들 중에 어느 누구도 민주화운동가라고 자칭하면서 북한(중국)에 잠수함타고 접선하듯이 전체주의 세력과 교섭하지 않았어.

조주영　맞아요. 뚜렷한 리더가 없어 어려움도 많을 텐데 홍콩 시민들은 정말 치열하게 잘 싸우고 있어요. 송환법이 결국 민주화 인사들을 탄압하는데 악용될 수 있다는 것을 잘 알고, 결국 거리로 나가 송환법 폐기선언을 이끌어냈죠. 5년 전의 직선제 투쟁을 위한 우산혁명이 실패했음에도 불구하고, 그들은 결코 포기하지 않은 거예요. 아직 중국의 물리적인 위협이 남아있지만, 저는 이들이 끝까지 굴복하지 않고 잘 해내리라 믿어요.

오종택　나는 홍콩 사태를 보면서 전체주의국가가 가진 폐쇄성과 자유사회가 가진 개방성을 뚜렷하게 보게 된 것 같아. 홍콩이 아무리 눈엣가시 같아도 절대로 잔인하게 진압할 수 없는 이유는, 홍콩이 지금까지 가장 개방적이고 자유로운 도시 중 하나였기 때문이 아닐까? 아무리 서슬 퍼런 전체주의자더라도, 전 세계 사람들이 다 보는 곳에서 대놓고 사람을 무작위로 죽일 수는 없을 거야. 물론 의문사 소식들이 들려오더라. 수상한 죽음이 가장 확실한 죽음일 때도 있지. 그래도 지금까지의 홍콩의 개방성과 자유만으로 가장 최악의 전체주의 국가와 맞서고 있어. 오히려 군대가 없어도 생존할 수 있는 원동력을 갖춘 것 같아.

조주영　그걸 보면서 참 많은 생각을 하게 되더라고요. 우선, 전체주의 사회의 폐쇄성을 다시금 깨닫게 해주었어요. 중국이 그동안 대내외적으로 일국양제를 외쳐온 건 잘 아실 거예요. 홍콩 반환 때부터 별다른 일이 없을 거라고 거짓말을 해왔고, 대만과 평화통일을 추진한다고 공언했을 때도 일국양제의 원칙이 등장했죠. 북한이 우리나라와의 통일방식으로 추진하고 있는 '연방제 통일'이 연상되죠. 하지만, 정작 홍콩이 '또 다른 체제'에서 누려야 할 마땅하고 정당한 권리를 내세웠을 때 중국이 외친 건 '하나의 중국'이었죠. 한 나라 안에서 두 체제를 보장해준다고 했을 때는 언제고 참…. 이렇듯 전체주의 사회는 자신들에게 유리할 때는 자유사회의 원칙을 이용하지만 자신들이 불리할 때는 그들만의 원칙을 내세우며 자유사회를 이용하기만 한다는 점이 확실해졌죠.

오종택   그러게. 그리고 우리 또한 절대로 연방제 통일을 할 수 없게 된 것을 보여주었어. 연방제 통일도 일국양제와 똑같은 거 아냐? 우리도 북한의 홍콩이 되어버릴 거야. 결국 범죄자 인도조약을 빌미로 언제든지 남한의 정치상황에 따라 전체주의에 반대하는 인사를 북송해버릴 수도 있겠지? 그 전에 우리 단물을 쪽쪽 빨아버릴 거야. 일국양제가 말도 안 되는 꿈이듯이 북한과의 연방제 통일은 바보 같은 생각이야. 어느 누구든 그런 짓을 하려고 하면 우린 맞서 싸워야 해.

조주영   그들은 앞서 말했듯 우리가 패배주의에 빠져있을 이유가 없다는 걸 잘 보여줬어요. 국내 정치현실, 집권여당을 지지하지 않는 입장에서는 상당히 암울하죠. 하지만 홍콩만 하겠어요? 현실이 조금만 어려워 보인다고 포기하는 건 이들에 대한 모욕이죠. 우리가 용기가 없다는 이유만으로, 현실의 벽이 너무나도 어렵다는 이유만으로 패배주의와 냉소주의에 빠져 자신의 권리를 내려놓으려 하는 순간, 홍콩 시민들은 생명을 걸고 싸우고 있다는 사실을 다들 명심했으면 해요. 그들도 싸우는데 우리가 대한민국을 버릴 순 없지 않겠어요?

오종택   나도 어디서 싸움이 시작될지는 모르겠지만, 확실한 건 우리의 문제를 우리 세대가 더욱 잘 이해하는 곳에서 시작될 거라고 생각해. 우린 절대 전체주의로 남아있는 북한과 연방제로 동화될 수 없고, 결국 개방적이고 자유로운 국가여야 스스로를 지킬 역량도 있겠지? 우리가 자유롭고 개방적인 국가가 되어야 북한도 저절로 자유롭고 개방적으로 나올 수밖에 없을 거야.

조주영   저는 요즘의 세태를 보고 진로를 확실히 정치철학 쪽으로 잡기로 했어요. 어렸을 때부터 워낙 사회문제에 관심이 많았고, 어떤 게 바람직한 사회인지 나름 신념도 있다고 생각해요. 뭐, 앞서 말씀드린 기성세대인 586들은 제가 '이기적이고 중립적이지 못하며 대단히 위험한 생각'을 가졌다고 말하겠지만요. 그들은 자유롭고 개방적인 사회를 두려워하는 것이에요. 그런 사회에서 자신과 자신들의 세대가 설 자리가 없다는 것을 알고 있을 겁니다. 하지만 두렵지 않아요. 제가 신념이 뚜렷하고 가꾸어 나갈 의지가 있어야만, 앞으로 사회문제를 해결할 수 있는 사람이 되지 않겠어요? 혹여 정치철학 쪽의 진로가 아니더라도, 제가 이 체제 하에서 누릴 수 있는 점이 너무나 많다고 생각해요. 법적으로 성인이 된 이상, 남에게 피해를 끼치지 않는 선에서 자유롭게 행동할 수 있는 게 너무나도 많잖아요. 제가 어디를 가던, 무슨 발언을 하던 불이익을 당하는 것도 아니고, 단체에 들어가 뜻을 같이하는 사람들끼리 함께 활동을 이어나갈 수 있죠. 또한, 자신이 가진 능력을 활용할 기회가 언제든지 주어진다는 것도 정말 좋은 점이에요. 높은 학력을 이용해서 과외를 하는 경우를 생각해 볼 수 있고, 글을 잘 쓰는 능력을 인정받아 수익을 얻는 경우도 있겠죠. 실제로 최근에 제가 속한 단체 사람들, 그리고 외부 집필진들과 함께 글을 쓰게 되었는데, 그게 책으로 나온다나요? 인세를 두둑하게 받았으면 좋겠어요. 어쨌던, 이런 점들이 제가 세상을 열심히 살아가는 요인이 되는 것인데, 이게 우리 체제를 사랑하는 이유예요. 깨끗하게 돈 많이 벌어서 나도 좋고, 힘들어 보이는 사람은 내가 직접 도울 수 있을 정도로 돈이 많으면 더 좋고. 자유국가란 개인의 성장을 정부에게 기대는 것이 아니라 스스로 능력을 가꾸어 가는 것이 중요하다는 생각이 듭니다.

장주영   이번 홍콩 사태에서는 경찰이라는 집단이 오히려 지켜야 할 시민을 살상무기인 권총을 아예 심장에다 대고 발포하더라. 그건 너무 큰 위법을 자행하였다고 보이며, 홍콩정부는 피해자 가족에게 손해배상을 해주어야 한다고 생각해.

오종택   저도 그걸 보고 너무 충격 받아서 기존에 홍콩과 사업적으로 교류하거나, 마음이 맞는 분들과 힘을 모아서 작게나마, 한국경찰에게 홍콩경찰과의 업무교류를 단절하라고 편지를 보낸 적이 있어요. 지켜야 할 시민을 대놓고 얼굴에 조준사격하거나 곤봉으로 패는 것은 시위 관리와는 한참 멀죠.

장주영   적법한 행위였다면 손실보상을 하는 것이 맞지만, 이번의 경찰의 행동은 위법행위였고, 참새를 잡을 때는 대포를 쏘지 말라는 비례성 원칙에도 어긋남이 명백해. 그것은 위법한 행위이기 때문에 손해배상으로 가는 것이 맞는 것이겠지만, 중국이 그런 걸 상식적으로 하는 나라겠어? 홍콩을 송환받을 때 1국가 2체제를 유지하겠다고 중국정부가 약속하였잖아.

오종택   그런 약속을 20년 만에 무너뜨리려는 것이 중국이잖아요. 게다가 자치법이 보장하는 선거주권을, 간선제임에도 대놓고 직능단체에서 중국에 유리하게 짜놓았고.

장주영   그럼 1국가 2체제를 유지하려면, 홍콩에 우선 수사와 재판을 할 수 있게 하는 것이 옳아. 또한 1국가이기 때문에, 홍콩에서 처벌받은 자를 중국에서 다시 처벌한다면, 일사부재리의 원칙, 이중처벌, 금지원칙에 위배되는 것이지. 하지만 전체주의자들이 그렇게 할 리가 없어. 걔네들은 부유한 도시의 모든 것을 정부의 통제로 두고 싶어하거든.

오종택   그건 일국양제나 연방제로 통일했을 때 북한도 똑같이 주장하겠네요.

장주영   그렇지. 어쨌든 중국이 해당 범죄자를 조사할 수 있는 방법은 하나야. 홍콩을 독립된 국가로 인정하면, 홍콩은 해당범죄자를 처벌할 근거가 없어지고 속지주의, 속인주의에 의거하여 중국에 범죄관할이 있게 되는 것이며, 해외에서 처벌받은 자국민에 대하여 다시 재판을 하는 것은 이중처벌이 아니라고 대륙법계 형사소송법에 명시되어 있거든. 그럼 중국은 해당 범죄자의 처벌을 포기하든가, 홍콩을 독립시켜주던가 2가지 방법밖에 존재하지 않는 거야.

오종택   홍콩인들은 자신들의 문제가 무엇인지 정확하게 알고 있었던 것 같아요. 정치적 이해나 국제적 감각도 더욱 뚜렷했을 것이고. 홍콩인들은 대단한 것 같아요.

장주영   이번 사태에서 홍콩인들은 매우 결집력이 대단했고, 소신과 결기에 찬 모습이었어. 이것을 모티브로 하여, 대한민국 사람들도 독재정권을 막으려면 모든 힘을 쏟아 부어야 한다고 생각해. 근데 아이러니 하지 않아? 한국의 모습을 보고 결집한 홍콩인데, 다시 우리가 홍콩의 모습을 보고 배운다는 것은 상당히 웃긴 일이야. 우리를 보고 홍콩인들이 힘을 내었듯이, 세계에 자랑스러운 한국인의 면모를 보여주자. 국민들이 부당한 정부에 저항할 권리가 있는 자유국가임을 세계에 널리 알리고 퍼뜨리자는 것이지.

오종택 우리가 그럴 수 있다면 공산국가나 사회주의 독재국가 국민들에게는 신선한 충격이 될 것 같아요. 그들이 누려본 적 없는 자유를 행하는 것이니.

장주영 맞아. 북한정부에서 인민들을 상대로 그런 모습을 방영하게 된다면, 멀리 보았을 때, 북한정권의 붕괴를 희망해 볼 수도 있을 거야. 개방적이고 자유로운 국가는 그 모습 자체가 방패인 것이니 말이야. 그리고 난 우리 체제를 사랑해. 부족한 점이 많지만, 내가 정부의 눈치를 보지 않고 스스로를 위해서 살 수 있는 나라야. 나는 동아대학교 경영학과에 재학중이거든. 그리고 후에는 법학전문대학원에 진학하여, 훌륭한 법조인으로 성장하고 싶고, 내 꿈을 펼치고 싶어. 난 스스로를 위해서 현재 주말에 파트타임으로 경비업을 하고 있어. 경비업 특성상 일이 고정적이지 못하고, 항만이라서 고되기도 해. 하지만 이렇게 정부의 간섭없이 자유롭게 노력해서 나를 성장시킬 수 있는 나라가 지구에 몇이나 있겠니? 근데 그걸 자기 욕심으로 천천히 무너뜨리겠다고? 절대 가만히 지켜볼 수 없지.

강사빈 저는 얼마 전에 SNS를 하면서 흥미로운 사진 한 장을 보게 되었어요. 그 사진은 홍콩에서 벌어지고 있는 한 시위대의 모습을 담은 사진이었답니다. 그리고 얼마 후 국제면에서 '홍콩 송환법 반대시위'에 대해서 보게 되었어요. 이전에 봤던 그 사진이 바로 홍콩에서 일어나고 있는 송환법 반대시위의 사진이었다는 것을 그때 알았어요.

오종택   나는 이런 일이 있을 줄 알았지만, 이렇게 빨리 일어날 줄은 몰랐어. 작년에 홍콩에 갔었거든. 이렇게 절박하고 피를 흘리며 격렬하게 저항할 줄 몰라서 눈물이 났어.

강사빈   형님은 진작에 다녀오셨군요? 저는 평소에 국내 문제에 더 관심이 많았어요. 그런데 주변의 한 선생님께 설명을 들어보니 그들이 '자유'를 위해 싸우고 있다는 것을 처음 알았어요.

표면적으로 문제가 되는 부분에 대해서 간단히 정리하면 홍콩 정부는 송환법을 통해 특정 국가로 범죄자들이 몸을 숨기는 법적 허점을 막을 수 있다고 주장하며 법을 추진하려고 하였으나 비판하는 많은 사람들은 이 법으로 중국사법제도에 홍콩이 노출되는 것을 우려하고 있다는 것이다. 그래서 몇 차례에 걸쳐 대규모 시위가 벌어졌으며 송환법 추진을 중단하기로 하였다. 그러나 시위자들은 이에 만족하지 않고 아예 법안이 파기되어야 한다고 주장했다.

강사빈   사진만 봐도 알 수 있듯이 정말 어마어마한 인파였어요. 그들은 함께 뭉쳐 홍콩 정부를 상대로 계속해서 목소리를 내왔고 끝끝내 승리할 수 있었어요. 200만 명! 어떻게 200만 명이 자유를 위해 일상을 포기하고 투쟁할 수 있을까요?

오종택   우리는 100만 명이니 200만 명이니 300만 명이니, 숫자로 온갖 거짓말을 하다가 시민들이 화나서 정말로 200만 명이 나오니까 여권(더불어 민주당)에서 숫자는 중요하지 않다는 그런 소리를 하는 나라잖아. 근데 그렇게 많은 인원이 모여도 우리가 스스로 바뀌지 못하는 이유가 뭐라고 생각하니?

강사빈　홍콩시민들의 정신 중에 현재 우리나라에 없는 것이 있다면, 그 하나는 자신이 누리는 자유에 대한 절박함인 것 같아요. 대한민국에서 집회는 그냥 팬덤일 수도 있어요. 아니면 거짓말로 만든 쇼일 수도 있고요. 그건 아무리 인원이 많아도 자신이 누리는 자유에 대한 절박함과는 별개일거에요. 2017년 박근혜 정부에서, '최순실(최서원)'이라는 비선실세가 있었고 그녀의 딸의 입시비리에 대한 의혹들이 쏟아졌을 때는 어땠죠? 몇 백만 명의 사람들이 거리로 뛰쳐나왔고 결국 대통령 탄핵까지 이끌어냈죠. 당시에 정말 많은 유명인들까지 발 벗고 나서 여론을 조장하였고 백 만명에 달하는 구독자를 보유한 한 유튜버는 '사이다 발언'을 하여 많은 이들이 공감하기도 하였어요. 근데 지금 그들은? 침묵하는 중이에요. 당시에 마이크를 잡고 직접 목소리를 내며 탄핵 여론을 조장했던 많은 유명인들은 현재 어떤 종류의 위기에도 아무런 언급도 하고 있지 않아요. 이 사람들은 애초에 관심사가 헌법이나 자유를 지키는 것이 아니었어요. 광장에서 팬덤을 만들거나, 거대한 거짓말로 사람들을 호도하는 것이 목적이었던 것이죠.

오종택　그래, 어쩌면 그게 맞을 수도 있어. 특히 우리 세대는 어릴 때부터 광우병 파동이며 유사한 현상을 자주 보아왔지. 광장에서 몇 십만 명이 모여도, 궁극적으로 대한민국이 더 나은 방향으로 바뀌지 않는 이유는 애초에 어떤 사건이든 자신이 누리는 자유에 대한 성찰이 전혀 없었던 거야. 교회는 헌금하러 집회를 하고, 예능인은 광대 짓을 하러 집회를 하고, 정치인은 거짓말을 하려고 집회를 하고. 멋진 촛불경관은 보여주겠지만 결국은 알맹이는 없었어. 우리가 누리는 삶이 위협받고 있다는 것을 표현할 때야 만이 대한민국이 조금 더 좋은 방향으로 가는 것일지도 몰라. 꼭 백만이 아니라 한 명이라도 좋고, 열 명이면 더 좋고. 사실 지금도 그런 분들이 있어서 오늘도 안전한 걸 수도 있어. 그리고 너는 너만이 갖는 자유에 대한 절박함이 있니?

강사빈   저야 당연히 가장 좋아하고 즐겨하는 것은 역사 공부이죠. 앞으로 직업을 가진다면 관련된 직업을 가졌으면 좋겠다는 생각도 항상 해왔어요. 전 오로지 그것만을 위해서 살고 싶어요. 내가 직접적으로 나서서 이런 일을 진행할 수 있는 동력이 무엇일까? 자신 있게 대답할 수 있는데, 그것은 바로 내가 좋아하는 일들을 할 수 있기 때문이에요. 내가 하고 싶은 것을 마음껏 할 수 있는 나라, 자유를 누릴 수 있는 나라, 그것은 민주주의국가의 시민으로서는 당연한 것 같아요. 현재의 입시나 교육의 상황을 고려하면 진정으로 자신이 좋아하는 일을 하기에는 제도상의 결함이 있죠. 우리가 비판하는 제도의 결함이란 우리 본연의 자유를 침해하는 것이에요. 그것을 고치고 바꿔서 대한민국이 조금씩이라도 좋은 나라가 되면 좋겠어요. 정부가 나의 권리를 침해할 걱정을 하지 않고, 나의 생각과 소신대로 활동을 펼칠 자유가 있는 나라가 살만한 나라일 테니까요. 그런데 당연해 보이는 그것이 조금이라도 정부에 의해 위협받으면 전 맞서 싸울 겁니다.

저마다 자신을 이롭게 하는 자유국가/열린사회는 이기적인 사회가 아니다. 오히려 누구도 이기적으로 살아갈 수 없는 사회라는 것이다. 중국과 북한이 결국은 실패하고, 건강한 파트너가 될 수 없다는 점은 다음과 같다.

자유로운 자유국가/열린사회는 타협과 교환을 통해 개인들이 자기 이익에 맞게 거래하여 '호혜 평등'한 사회로 나아간다. 반면 집단주의적이고 전체주의적인 국가는 역설적이게도 개인들이 저마다 자기 권력과 자기 이익이 남을 침해해서라도 먼저 추구할 가치가 된다. 그 이유는 집단주의적이고 전체주의적인 국가에서는 성공이나 돈이 아닌, 서열과 계급이 최고이기 때문이다. 그리고 약자가 제일 먼저 도태되고 최악으로 차별된다.

홍콩인들이 중국에 대항한 원리는 바로 누리는 자유에 대한 절박함이다. 그들은 집단주의적이고 전체주의적인 사회가 도래했을 때 자기와 자기 이웃이 역설적으로 안정적이고 여러 권리적인 평등이 없어질 거라고 정확히 알고 있다. 홍콩은 열린 사회이다. 경제적으로도 열려있고, 사회적으로도 열려있다. 그것을 훔치고 탐하려는 집단주의 체제에 대해서 절박하게 반감을 갖는 것은 당연한 것이다. 대한민국의 시민들은 자신이 누리고 있는 자유에 대해서 절박한가?

홍콩민주화 주역들의
한국과의 인연

홍콩민주화 주역들의 한국과의 인연

오종택   전 예감이 들어맞는 것을 별로 좋아하지 않습니다. 예감에 따라 작년 5월, 한대포 회장으로써 홍콩을 비공개로 방문하였습니다. 우산혁명보다 심각한 일이 곧 일어날 것이라 생각했기 때문이지요(그러나 이렇게 빨리 일어날 줄은 몰랐습니다). 우연히 기가 막히게도 제가 3년 넘게 아르바이트로 일한 홍콩계 회사 사장님이 우산혁명으로 일어난 홍콩의 민주세력들 중 주축 학생들과 10년 넘게 조기축구회를 해왔기에 많은 분들과의 만남이 있었습니다. 저는 그 사람들이 전혀 생소한 그곳에서 자유의지주의, 자본주의나 민주주의라는 단어를 저와 같이 이념적으로 이해하고 있고, 발굴하고 있으며, 연구하고 있다는 사실이 놀라웠습니다. 그래서 쉽게 친구가 될 수 있었습니다. 그리고 무엇보다 공통의 적이 같았습니다. 중국을 점거하고 있는 중국공산당이었습니다. 그들은 당의 불법적 이익을 철학 삼아 북한을 후원하고, 홍콩이나 이웃국의 자유를 침해하는데 거리낌이 없었기 때문입니다. 그로 인해 자유의지주의적 자본주의나 민주주의와 같은 이념이 더욱 중요하게 다가왔습니다. 인간이 같은 인간을 자유롭게 해방시키는 투쟁만이 도덕적이라면, 그것은 잘못된 이념입니다. 무엇보다 자유의지주의적 자본주의나 민주주의란, 같은 인간을 간섭하고 압제하는 사악한 철학에 맞서 싸우는 "지적인 탄약고"가 됩니다. 이러한 "지적인 탄약고"는 인간의 형편없는 직감과 예감이 그래도 꽤 잘 작동하도록 도와줍니다. 그것은 인간을 가난, 독재, 불공정에서 벗어날 수 있도록 도와주는 지성의 힘이기 때문입니다. 그것이 홍콩으로 떠나게 해준 지성의 힘입니다. 그것은 기독교 같은 오래된 종교도 아니고, 보수와 같은 오래된 사상도 아닙니다. 그래서 홍콩에 갔었는데, 그렇게 그곳에서 똑같은 "지적인 탄약고"를 가다듬는 현지의 홍콩인들을 만났습니다. 그들 중에는 집회로 40시간 구금된 이도 있고, 무사히 집에 돌아간 이도 있는 반면, 크게 다친 이도 있었습니다. 오늘날 우리 국가는 많은 부분이 사악한 철학으로부터 무장해제 되어 있는 만큼 언제 어디서든지 똑같은 일을 겪을 수도 있습니다. 그러나 그걸 막는 일은 이미 같은 예감을 가진 시민들과 함께 시작합니다. 우리도 홍콩인들처럼 절대 항복하지 않을 힘이 있습니다.

홍콩 사태는 왜 일어났을까?

주최 측 추산 100만 명의 시민이 동아시아 현대사에서 전례없는 시위를 일으켰습니다. 한국인 관광객들에게도 익숙한 캐서웨이베이, 아드미럴티에서 주요 간선도로를 점령한 행렬이 자그마치 100만이었습니다. 이 시위는 중국본토와 홍콩간에 이른바 "범죄인인도조약"의 비준을 반대하여 일어났습니다. 첫 4일간의 시위 끝에 표결이 예정되어 있던 날에, 홍콩 입법회가 표결을 연기했지만 경찰이 시위대에게 발포까지 하면서 폭력적 진압에 나서는 일까지 일어났습니다. 무슨 일이 일어난 것일까요?

"이것이 왜 중요하냐면…"

홍콩의 행정장관은 우리나라에서 대통령과 같은 역할입니다. 홍콩에서는 중국반환 이후로 간선제라는 특성으로 '직능단체(Functional Constituencies)'라는 선거인단으로 행정장관을 뽑습니다. 그런데 문제는 평등투표가 아니라는 것입니다. 비유하자면 어떤 선거인단은 10명이 한 표이고, 다른 선거인단은 20명이 한 표인 셈인데, 이는 친 중국 국적의 선거위원회의 직능단체들에게 유리하게 의석이 기형적으로 만들어졌기 때문입니다. 지난 16년 선거에도 입법회 의원 70석 중에 직능단체 선거인단에게 주어진 의석은 무려 30석. 그런데 친 중국 직능단체가 52,745표로 22석을 가져간 반면, 민주파 직능단체는 98,899표로 7석밖에 배당이 되지 않습니다. 그리고 이 불만은 14년에 폭발하고 맙니다. 직선제로 바꾸겠다면서 친 중국 행정장관이 직선제로 나온 후보자 2~3인을 베이징의 전국인민대표대회가 허가한 사람을 뽑는 엉터리 선거로 바꾸려고 했던 것이죠. 그런데 14년의 우산혁명이 좌절되는 것을 지켜보던 홍콩시민들이 이번에 드디어 폭발했습니다. 홍콩의 한 반베이징 성향 서점 주인이 중국으로 납치되고, 학생들이 집회법이라는 이유로 구류되는 가운데, 민주파 당원을 친공산당 사람들이 스테이플러로 고문한 사건(17년)까지 일어났던 것입니다. 거기에 대만에서 일어난 살인사건을 핑계로 베이징에서 "범죄인인도조약"이라는 법을 통과시키려고 했습니다. 홍콩시민을 홍콩의 용공정부가 중국본토로 바로 송환해버릴 수 있는 편법/악법인 것입니다. 결국 홍콩은 총파업, 동맹휴학에 들어갑니다.

예상되는 전개

현 홍콩 행정장관 캐리 람은 친 공산당 인사로 손꼽힙니다. 강경대응을 주문한 그녀는 시위대에게 "X시를 기점으로 떠나지 않으면 발포 하겠다"는 말을 하고, 그대로 발포 후 진압하였습니다. 표결이 연기되는 통에 입법회를 4일간 포위했던 시위대는 비로소 점거망을 풀었습니다. 많은 이들이 머리에 고무탄을 맞아 중상을 입었습니다. 홍콩경찰의 매뉴얼은 다리만을 조준할 수 있지만 말이죠. 게다가 경찰이 무차별 발포를 하고 종국에는 실탄도 발사했기에, 분노에 찬 홍콩시민들이 평화적으로만 시위를 이어가기는 힘들게 되었습니다.

시사하는 바

결국 체제가 다르면 연방이나 양국일제가 불가능하다는 모습이 "범죄인인도조약"으로 드러났습니다. 전체주의체제로부터 영향을 받지 않으면서 민주주의가 지켜질 수 없기 때문이지요. 예를 들어 우리가 북한과 연방제를 했다고 가정해보겠습니다. 정치 갈등과 상관없는 한 중국인이 북한에서 범죄를 저지르고 한국으로 도망왔습니다. 대한민국은 범죄인인도조약을 요구할 것입니다. 하지만 그 법은 북한에서 반체제운동을 하는 인권운동가들도 언제든지 인도할 수도 있는 조약이 됩니다. 일국양제와 고려연방제가 꿈일 수밖에 없는 모습과 그 대가를 시민들이 피로 지불하는 모습을 우리는 홍콩을 통해 보고 있습니다.

80년 전 홍콩을 닮은 우리

1941년 12월 1일, 일본육군 제23군, 38사단은 홍콩을 침공하기 위해 주둔지를 떠났다. 광저우를 거쳐 그들은 12월 5일, 홍콩 북동쪽의 미르스 만에 상륙하였다.

당시 홍콩 주둔 영국군사령관 몰트비 소장은 일본군의 상륙 소식을 듣고도 개전을 확신하지 못하였다. 그 사이 방어계획은 홍콩의용방위군단이 5일 소집되는 것만이 유일했다. 이는 나중에 해군력이 홍콩 섬과 침사추이 사이의 해협이 반나절 만에 포위당하는 계기가 되었다. 민간은 더하였다. 일본군의 상륙 소식이 언론을 통해 전해졌음에도, 홍콩의 민간인들은 중국인이나 영국인 할 것 없이 전쟁이 임박했다는 사실을 믿지 않았다.

침공은 월요일에 이루어졌는데, 그 전날은 7일 일요일이었다. 식당과 영화관, 많은 유흥가는 정상영업했으며, 그 날 해피밸리 경마장은 개장 이래 최다 관객을 기록하였다. 죽음의 얼굴을 한 평화를 마음껏 만끽한 채, 온 홍콩이 잠든 8일 오전 3시 55분, 대본영으로부터 "사쿠라사쿠라"라는 암호전문이 제 23군에 하달된다. 11분 뒤 사카이 중장은 전면 공격을 명하는 것으로 일본과 영국 간의 전쟁이 발발한다.

적이 마음껏 움직이도록 손 놓은 상태를 평화로 규정하고, 그걸 아름다운 가치로 삼아 불야성의 저녁 밤을 즐기는 국민들이 대한민국에도 있다. 일본군의 홍콩침공이나 북한의 대한민국침공은 둘 다 불과 70여 년 전의 일인데, 떨칠 수 없는 인간사의 도돌이표인 건지 그걸 답습하는 것만이 우리의 모습이라는 것은 상당히 불안하고 불행한 일이다. 이를 막을 방법은 신세대만이 유일할 수밖에 없을 것이다. 잘못된 것을 바꾸기 위해서는 더 늦기 전에 시작해야만 한다.

대한민국은
어떻게 붕괴될 것인가?

대한민국은 어떻게 붕괴될 것인가?

(오종택)

사실 굳이 이 책을 읽지 않아도 대한민국이 거의 끝났다는 것은 독자들도 알고 있을 겁니다. 기성세대가 접수한 이 국가는 여러 번의 우려를 낳다가, 한 번의 경제위기로 끝날 것입니다. 다시 일어설 수 있을까요? 더 이상 헌법이 우리 국가를 방어할 수 없습니다. 이미 헌법이 경제와 정치의 종속을 주장했으니까요. 사람을 일으키는 것은 경제이지, 정치가 아닙니다.

사람들은 공연히 지금이 인문학의 위기라고 떠들곤 하는데, 인문학은 사실 옛날에 사회주의 운동하던 사람들에게 잠식당해서 죽어 버린지 오래이고, 지금은 도덕적 진공까지 만들고 있습니다. 신세대의 부모들은 두려움과 희망이 반반씩 섞인 마음으로 그런 말은 아무 의미도 없다고 자식들에게 말해왔습니다. 물론 사랑한다고 말하면서, 아무런 의미가 없는 세상을 물려주려고 노력을 하고 있죠.

어느 정부나 상관없이 기성세대가 만든 사회는 교회의 사람들과 다를 바가 없습니다. 인간의 죄가 세상을 파괴하고 있다고 외치면서 신(사회)이 요구하는 미덕들을 실천하지 않으려는 인간의 본성과 같습니다. 그런 저주에는 마땅히 희생될 제물이 필요합니다. 여러분에게 미덕이란 희생을 의미하기에 연이어 재난이 일어날 때마다 더 많은 희생을 요구했습니다. 아이들이 수장된 재난 앞에 또 누구를 희생시켰습니까? 수백 명의 학생들이 물 속에서 끔찍한 죽음을 맞아도 우리 사회는 성장이나 도덕적인 사회로 나아갈 줄 모릅니다. 그런 이유는 당연히 알고 있겠죠.

기성세대 여러분은 세월호뿐만 아니라, 공정과 평등이라는 명목 아래, 당연한 원리들을 곤경의 원인으로 여기며 악이라고 칭하는 모든 것을 희생시켰습니다. 기성세대는 자비를 위해 정의를 희생시켰습니다. 통합을 위해 독립성을 희생시켰습니다. 믿음을 위해 이성을 희생시켰습니다. 필요를 위해 부를 희생시켰습니다. 자기부정을 위해 자아존중을 희생시켰습니다. 의무를 위해 행복을 희생시켰습니다.

기성세대는 뇌피셜로 악이라고 여기는 모든 것을 파괴하고, 선이라고 여기는 것만 남기려고 했죠. 그런데 왜 둘러보면 공포와 탈출로 움츠려 있죠? 대한민국 국적을 포기하는 사람은 과거의 열 배를 넘어섰고 매년 수만 명이 넘고 있습니다. 서로 사랑하는 신혼 부부들은 더 이상 이 땅에서 평균 한 명의 아기도 낳으려고 하지 않습니다. 이 세상은 기성세대의 도덕적 이상이 터무니없게 완벽하게 구현된 모습입니다. 386부터 586까지 그 이상을 위해 싸웠습니다. 그 이상을 꿈꾸고 소망했습니다. 그리고 국민들이야말로 그 소망을 들어준 사람입니다.

교육으로 눈을 돌려봅시다. 기성세대의 이상은 모든 학교를 정부의 독점 아래 똑같이 운영하여야 한다는 것입니다. 기성세대의 도덕률에 의하면 다양하고 능력에 맞게 선택할 수 있는 교육은 파괴되어야만 할 존재였습니다. 그런 식으로 하나씩 차례로 희생시키고 있는 악의 근원을 제거했습니다. 우리의 성장 동력이었던 경쟁을 종결시켰습니다. 기성세대가 자기들을 키운 모터를 스스로 껐습니다. 우리들의 세상에서 인간의 정신을 제거했습니다.

기성세대의 정치인들이 정의와 독립심, 이성, 부, 자존감을 가진 사람들을 희생의 재단으로 끌고 가는 동안 386세대는 586세대가 되었습니다. 지난 40년 동안 평범한 586세대의 사람들은 박수를 불어넣었습니다. 그러면서 가정에 돌아와 새로 자라나는 세대에게는 사랑한다고 속삭였을 겁니다. 그러면서 집 밖에서는 어디든 자신이 옳다는 그 생각을 불어넣기 바빴으며, 집에서는 적절한 휴식도 취했을 것입니다. 신세대들은 너무나도 순진하고 관대한 나머지 미래를 거세당하는 진실을 깨닫지 못하고 있었으니까요.

기성세대들은 사회를 그렇게 무너뜨리는 것도 모자라 덜 성숙된 신세대들에게 기성세대의 특이한 도덕에 따를 것을 요구하였습니다. 그리고 그것을 학교에서 가정에서 결코 빠져나갈 수 없도록 설계했겠지요. 586세대와 똑같은 얼굴, 똑같은 행세를 한 채 돌아다니는 신세대를 보기도 합니다. 그래서 이 책을 집필한 신세대 젊은이들은 당신들에게는 눈엣가시와 같을 겁니다. 왜냐하면 자신들이 만든 도덕에 전혀 맞지 않는 부류이니까요.

인헌고에 감사를 나간 장학사가 학생의 개인정보를 모두 기재해놓고, 학부모 앞에 "학생들이 매우 편향적"이라며 했습니다. 다양하고 경쟁적인 교육기회를 모조리 소거하고, 하나의 독점 아래서 한정적인 자유와 다양함을 누리라고 하는 당신들이 깨어있는 인헌고 학생들을 편향적이라고 몰아세웁니다.

우리 신세대는 586세대에 대항해 분노 중입니다. 거저 얻는 보상과 대가없는 의무에 대항해 분노 중입니다. 자신의 행복을 추구하는 것이 악이라는 도그마(독단적인 신념이나 학설)에 대항해 분노 중입니다. 삶은 죄라는 주장에 대항해 분노 중입니다. 다만 우리 신세대는 외롭지 않은 게, 우리 시대의 돌연변이들은 서로 모두 이어져 있습니다. 당신들이 결코 알 수 없는 방법과 신의의 형태로 이어져 있습니다.

미래를 예언을 하자면, 우리 신세대는 파업을 할 것입니다. 기성세대가 수세기 동안 벌여온 파업과는 다를 것입니다. 우리의 파업은 요구를 하는 게 아니라, 기성세대들이 바라던 요구에 따르지 않는 것입니다.

우리는 기성세대의 도덕을 부정합니다. 우린 무고하게 일베충이라고 불리고 자유시장경제를 주장한다며 극우라고 불립니다. 사상적으로 편향되어 있다고도 합니다. 꼭 그렇게 불리지 않더라도, 그런 평가가 무서운 친구들은 침묵으로 살고 있습니다. 그래서 우리와 같은 돌연변이 신세대는 더 이상 여러분에게 해를 끼치지 않기로 했습니다.

기성세대의 경제학에 따르면 우리는 무용한 존재들입니다. 그것을 뒷받침하는 586여러분의 정치학에 따르면 우리는 위험하고 편향적이며 족쇄를 채워야 할 존재들입니다. 우리는 더 이상 여러분을 위험에 빠뜨리지도, 족쇄를 차지않기로 했습니다. 그렇게 되면 노예가 된 신세대들끼리 누구 족쇄가 반짝거리는지 자랑할 일도 없으니까요. 기성세대에 따르면 우리는 환상에 불과합니다. 그래서 우리 신세대는 더 이상 여러분의 눈을 통해서 세상을 보지 않고 현실을 직시할 겁니다. 기성세대가 원하던 현실, 지금 586기성세대 여러분, 어설픈 현금 복지나 철학없는 모병제 카드 따위로 달랠 수 있는 세상은 존재하지 않습니다.

늘 희생당하고, 주입당하며, 삶의 미래를 모조리 기성세대에게 받았던 우리는 이제야 그 사실을 깨달았습니다. 신세대는 기성세대를 상대로 요구할 것도, 협상할 것도, 타협할 것도 없습니다. 기성세대는 우리 신세대에게 해줄 것이 없습니다. 우리 신세대는 기성세대와 기성세대의 가치로 만들어진 사회가 필요하지 않습니다.

Laissez-nous Faire! 우리가 하게 두세요. 여러분은 할 일이 없습니다!

지금 기성세대는 이렇게 외치고 있나요? "아니야, 이건 우리가 원한 게 아니야! 우리의 목표는 이런 폐허뿐인 세상이 아니었어! 이렇게 성장이 멈춘 나라는 우리 탓이 아니야! 우리는 민주화와 바른 가치를 위해 살았을 뿐, 신세대들이 떠나는 걸 원하지 않았어!" 도덕을 내세우는 식인종들인 기성세대는 자신이 원하는 것의 실체를 늘 알고 있었습니다. 하지만 게임은 끝났습니다. 이제 우리 신세대가 586세대의 실체를 알게 되었으니까요.

미국의 철학자 아인 랜드는 선구자가 맞습니다. 아인 랜드는 그녀의 소설에서 존 골트라는 존재를 그렸습니다. 존 골트는 위대한 것처럼 보일 수 있지만, 그는 일반 사람의 욕망을 가진 평범한 인물일 뿐입니다. 그녀가 만들어낸 존 골트의 정체는 바로 이 시대의 신세대였던 것입니다.

존 골트는 누구인가? "움츠린 아틀라스"라는 소설에서 그 질문을 던진 사람이 바로 존 골트라고 하겠지만, 현실에서는 바로 신세대입니다. 맞습니다. 지금은 도덕적 위기의 시대입니다. 그렇다고 기성세대가 위기 앞에 뻔뻔함을 잃지 않은 것은 아닙니다. 하지만 그 대가를 우리 신세대가 짊어지고 있습니다.

기성세대가 아는 도덕은 싸구려입니다. 초자연적이거나 신비주의적이거나 반지성적인 것뿐입니다. 도덕이란 정치적인 힘의 변덕이나 사회의 변덕에 따라 여러분에게 부과되는 행동의 기준이라고 배워왔습니다. 도덕은 신의 목적이나 이웃의 복지를 위한 것이라고, 무덤 속에나 있는 죽은 이웃을 기쁘게 해주기 위한 것이라고 배워왔습니다. 여러분 자신의 삶이나 기쁨을 위한 것이 아니라고. 여러분 자신의 기쁨은 부도덕한 것이고, 여러분 자신의 이익은 사악한 것이며, 모든 도덕률은 여러분 자신을 위해서가 아니고, 여러분의 삶을 증진시키기 위해서가 아니며 자기의 희생이라고 배워왔습니다. 그것은 진보나 보수나 똑같습니다.

대한민국에서 보수와 진보라는 단어는 몇 십 년의 부흥을 누렸습니다. 하지만 그 양쪽 모두 도덕은 개인의 자기이익과 자아의 독립을 포기하길 요구하고, 도덕적인 것과 실리적인 것은 반대이며, 도덕은 이성이 아닌 믿음과 힘의 영역에 속한다는데 동의했습니다. 그게 아니라고요? 박근혜 대통령의 슬로건을 다시 보십시요. 바로 북쪽에 자신을 돌이켜볼 수 있는 북한이라는 양심의 거울을 두고서도, 양쪽 무리 모두 합리적 도덕은 불가능하고, 이성에는 옳고 그름이 없으며, 이성은 도덕적일 이유가 없다는데 동의했습니다.

인간의 정신과 자아의 독립은 생존의 기본 도구입니다. 생명은 인간에게 거저 주어지는 것이지만 생존은 그렇지 않습니다. 몸은 거저 주어지는 것이지만 몸의 유지는 거저 되는 것이 아닙니다. 정신도 사실 거저 주어지지만 그 영혼은 그렇지 않습니다.

인간은 살아가기 위해서는 행동해야 하고, 행동하기 전에 자신의 행동의 본질과 목적을 생각해야 합니다. 인간은 음식에 대한 지식과 그것을 얻는 방법을 터득하지 못하고서는 그것을 얻을 수 없습니다. 논도랑을 파든 소립자 연구용 입자가속장치를 만들든 자기가 하려는 행동의 그 목적과 방법을 알아야만 합니다. 인간은 살아남으려면 목적과 방법을 찾기 위해 생각하는 것을 멈추지 않아야 합니다. 그 과정이 바로 자아의 독립인 것이죠.

기성세대는 불안할 것입니다. 기성세대가 너무나 경솔하게 '인간의 본성'이라고 부르는 것의 핵심, 그건 누구나, 우리 모두가 아는 공공연한 비밀이지만 그것이 거짓말이라는 사실을 말하길 두려워합니다. 이성과 감성이 분리되었다는 헛소리입니다. 감성은 이성의 결과물일 뿐입니다. 같은 동굴에서 조난자가 느끼는 공포와 탐험가가 느끼는 호기심은 둘 다 감성의 영역입니다. 그러나 이 둘 다 동굴에서 각자 자신의 행동과 목적에 맞는 이성의 토대에서 감정을 느끼는 것 뿐입니다. 이러한 이성은 자동적으로 작동하지 않습니다. 생각하는 과정은 기계적인 과정이 아니며 논리의 연결은 본능에 의해 이루어지는 것이 아닙니다. 여러분의 위와 폐, 심장의 기능은 자동적이지만 정신의 기능은 그렇지 않습니다. 심장을 멈추고 싶더라도 멈추지 않으니까요. 기성세대도 신세대도 언제든, 어떤 문제에 대해서든 본인의 뜻에 따라 생각할 수도, 생각을 회피할 수도 있습니다. 말하자면 기성세대에 대한 신세대의 반감은, 기성세대가 생각한 결과와 생각을 회피한 총합이 만들어낸 거대한 모순이자 괴물에 대한 반감입니다.

자아의 독립과 경쟁적으로 추구하는 자기의 이익은 생각하는 사람만이 누릴 수 있는 정신상태이자, 생존수단입니다. 그러나 그런 자신의 생존수단을 악으로 여기는 생물체는 살아남을 수 없습니다. 제 뿌리를 망가뜨리려고 애쓰는 식물이나 제 날개를 부러뜨리려고 몸부림치는 새는 오래 살아남을 수가 없습니다. 그런데도 인간의 역사는 자신의 정신을 부정하고 파괴하려는 노력의 연속이었습니다. 386부터 586까지의 기성세대는 자아의 독립과 경쟁적으로 추구하는 자기의 이익에 적대적이므로, 그런 자기 파괴를 이어가는 노력의 연속 중 하나로 볼 수 있죠. 대한민국의 기적적인 성장에 완전히 반하는 유일한 세대가 386시절부터 현재까지의 586세대라고 확신합니다.

인간은 합리적인 동물이라고 하지만 합리성도 선택의 문제입니다. 본성은 인간에게 합리적인 존재와 자멸적인 동물, 이 두 가지 중 하나를 선택하도록 하고 있습니다. 인간은 자신의 선택에 의해서 인간일 수도 아닐 수도 있습니다. 인간은 선택에 의해 자신의 삶을 하나의 자기 가치로 여겨야 합니다. 인간은 자기 선택에 의해 삶을 유지하는 법을 배워야 합니다. 인간은 자기 선택에 의해 삶이 요구하는 가치들을 발견하고 미덕을 행해야 합니다.

신세대는 저절로 합리적인 세대가 되지 않습니다. 신세대가 갑자기 특별해지지 않습니다. 그것도 선택의 문제일 뿐입니다. 하지만 홍콩의 신세대들이 좀 더 많은 사람들로 하여금 선택적으로 합리적인 세대가 될 수 있었던 이유는, 이전의 기성세대가 보여준 자멸적인 동물의 모습에서 자신들은 그러한 인간이 되고 싶지 않다는 것을 느꼈기 때문입니다. 그러면서 신세대는 자기 개인이 요구하는 가치들을 자신이 발견하는 미덕을 행했습니다.

지금 나의 글을 보고 있는 기성세대의 여러분이 누구든, 청와대의 민정수석이든, 법무부에서 사퇴한 장관이든, 민심을 파악하기 위해 북한에서 온 간첩이든, 회사에 앉아있는 부장이든 대학가의 강단에 선 교수이든, 나의 말은 명확합니다. 나, 그리고 우리 신세대가 존 골트가 되어 기성세대가 만든 사회 안에 썩지 않고 남아 살아 있는 것, 인간다운 모습, 우리의 정신을 향해 이렇게 말합니다. 개인주의적인 사람, 자기선택적인 인간이라해도 적합한 도덕이 존재합니다. 그리고 인간의 자유로운 삶만이 가치의 토대입니다. 여러분은 그것을 파괴할 자격이 없습니다.

합리적 존재의 삶에 적합한 것은 모두 선하고, 그것을 파괴하는 것은 모두 악합니다. 그래서 훗날 586세대가 우리의 자유와 합리를 선택한 우리의 미래를 대놓고 방해하기 시작할 때, 기성세대 여러분은 합리성으로 뭉친 봉기에 직면할 수도 있습니다. 도덕을 파괴하는 대상에게는 그들의 근간에서 벗어나야 일부분이라도 회복할 수 있을 것입니다. 하지만 그들이 쫓아와 착취를 멈추려 하지 않을 때에는 우리 스스로를 지킬 힘이 필요합니다. 그러나 그것은 한 가지 일을 수반합니다. 바로 우리가, 기성세대가 만들어낸 무기력한 사회에서 벗어나 영구적인 결별을 이루고, 새로운 사회를 알아서 꾸려가는 것입니다. 그 사이에는 저항이 있을 겁니다. 탄압적인 폭력이 있을 겁니다. 하지만 홍콩인들처럼 꿋꿋이 일어서면 쟁취할 수 있습니다.

신세대는 인간의 본성이 요구하는 삶을 원합니다. 어려운 말이 아니라 본성으로 성공할 수 있는 삶과 그 사회입니다. 인간의 본성이 요구하는 삶은 무지한 야만인이나 약탈하는 악당, 남을 등쳐먹는 신비주의자의 삶이 아니라 스스로를 위해 스스로가 생각하는 존재의 삶입니다. 패거리 정치 같은 종족주의가 만드는 강압이나 기만에 의한 삶이 아니라 자기 성취에 의한 삶입니다. 어떤 대가를 치르고 간신히 살아남는 삶이 아닙니다. 그런 식으로 살아남은 대가는 합리성이 결여된 이성일 뿐이니까요. 하지만 586세대에는 그런 사람들이 멸시와 함께 이상한 존중도 함께 받습니다.

행복은 삶의 성공적인 상태이고, 고통은 죽음의 대리자입니다. 행복은 자신의 가치를 이루는 데서 나오는 의식 상태입니다. 여러분에게 자신의 행복을 포기하는 것에서 행복을 찾고, 자신의 가치의 실패를 이상으로 여기라고 말하는 도덕은, 도덕을 뻔뻔스럽게 부정하는 것입니다. 우리 신세대에게 이상이랍시고 타인을 위해 제단에 오르는 희생양의 역할을 부여하는 가르침은 우리 신세대를 죽음으로 내모는 행위입니다. 인간은 자신을 위해 존재하며 자신의 행복을 성취하는 것이 인간의 가장 높은 도덕적 목적입니다.

다른 사람들의 합리적인 행동이나 독립된 자아로 이루어 낸 수익으로 기생해 살면서 인간에게는 도덕도 가치도 행동수칙도 필요치 않다고 말하는 사람들이 있습니다. 가장 평균인 보통 사람들더러 그러한 약탈을 국가를 통해서 보편적 복지라는 이름으로 주워 먹으라고 선전하는 사람들입니다. 국가보조금으로 유지되는 강의실의 기생충들은 이제 사라져야 합니다. 저는 사회복무과정의 강의에서 사회복지학 박사를 졸업한 기생충이 자기보다 건전한 자아를 가진 미래의 희망들에게 세상이 좀 더 나아질 거라는 믿음과 자신의 꿈을 이룰 수 있다는 생각을 버리라는 말을 돌려서 하는 것을 보았습니다. 그러면서 복지라는 이름으로 다른 이들의 성공을 탐닉하고 양껏 주워먹는 것이 권리라고 설파하는 것을 보았습니다.

이들은 우리가 가장 하등한 곤충들에게도 허용한 존재의 법칙을 인간에게는 허용하지 않고 있습니다. 그들은 모든 생물체가 본성에 의해 요구되는 생존방식을 갖고 있음을 인정합니다. 그들은 물고기가 물 밖에서 살 수 있다거나 개가 냄새맡는 감각 없이도 살 수 있다고는 주장하지 않습니다. 그러면서도 가장 복잡한 존재인 인간은 그러한 본성이 없다고 주장합니다. 인간이 정체성도 본성도 없고 생존수단이 파괴되거나 정신이 억압되고 그들의 지배를 받아도 못살아갈 이유가 전혀 없다고 주장합니다.

기성세대와 신세대 여러분, 대한민국은 한번 끝났습니다. 풍요스러움 속에서 망했지만, 기성세대의 가르침만으로는 다시는 일어설 수 없을 겁니다. 기성세대의 가치대로 만들어진 인플레이션과 정부 규제로 모든 물건, 노동, 사람의 가치와 가격표(임금)가 왜곡되어 있는 경제 생활은 우리에게 더욱 불안을 가져다주고, 일어날 힘을 앗아갑니다.

그렇게 끝나버린 대한민국의 국토에 덩그러니 남겨지고 버려진 신세대 여러분, 인간이 인간다운 면을 증오하는 종족주의자, 신비주의자들을 쓸어냅시다. 그들이 물려준 세상에 적응하는 것이 아닌, 우리의 가치관으로 새로운 세상을 만듭시다. 그들을 투표로 쓸어낼 수 없다면, 그들과 아예 분리하여, 새로운 건국을 해야 합니다. 그들은 그들의 이상을 폭력으로 쟁취했으니 그러한 건국과 저항은 가장 손쉽고 고결한 맞대응에 지나지 않습니다. 그런 날은 올 것입니다.

기성세대는 인류의 친구를 자처하며 인간이 실천할 수 있는 최고의 미덕은 자신의 삶을 무가치하게 여기는 것이라고 설교합니다. 그들이 여러분에게 도덕의 목적은 인간의 자기보존 본능을 억제하는 것이라고 말하던가요? 애초에 발전적인 인간사회를 위한 자기보존이라는 목적을 위해 도덕을 필요로 하는 것입니다. 도덕적이기를 욕망하는 인간들과 어울려 살기를 욕망합니다. 그게 바로 우리 신세대가 인터넷 시대 이전의 마지막 기성세대의 손아귀를 벗어나서 인터넷을 누리며 저절로 학습한 진리인 것입니다.

자유로운 삶은 우리 신세대에게도 기본적인 선택입니다. 하지만 일단 자유롭게 살기로 선택한 이상, 다른 인간과 더불어 살아야 합니다. 여러분의 정신의 작용과 판단에 의해서요.

아, 물론 꼭 그럴 필요는 없습니다. 우리 신세대가 반드시 자유로운 인간으로 살아야만 하는 것은 아닙니다. 그것은 도덕적 선택입니다. 하지만 여러분은 식물이나 동물처럼 살고자 하진 않을 것입니다. 그것은 인간에게는 죽음과 같은 삶의 상태이니까요. 자유가 없는 상태라는 것은, 인간의 존재에 적합하지 않은 상태, 더 이상 인간이 아니라 동물보다 못한 상태, 오직 고통밖에 모르는 채 생각없는 자기파괴의 고통 속에서 하루하루를 보내는 상태이니까요.

기성세대가 물려준 쉬운 언어로 이야기하자면 인간의 유일한 도덕 계명은 '생각하라' 입니다. 하지만 '도덕 계명'이라는 용어 자체가 모순입니다. 도덕은 선택하는 것이지 강요되는 것이 아니며, 이해하는 것이지 복종하는 것이 아니니까요. 계명과 계몽은 존재하지 않습니다. 선전과 선동과 다를 바 없는 이유일 테니까요. 도덕이 합리적인 것이라면 이성은 단순한 계명이나 계몽, 선전이나 선동으로 휘둘리지 않습니다.

신세대 여러분, 인간은 살기 위해서는 다음 세 가지를 삶의 최고가치로 삼아야 합니다. 바로 이성, 목적, 자존감입니다. 이것을 이루기 위해서는 경쟁도 있어야 하고, 자립형 사립고등학교도 필요하며 진취적으로 나아가는 '타다' 같은 다양한 기업도 더더욱 필요합니다.

이성은 지식을 얻는 유일한 수단이고, 목적은 그 수단을 통해 이루고자 하는 것을 행복으로 설정해야 합니다. 즉, 살 가치가 있다는 것에 대한 흔들리지 않는 확신입니다. 이 세 가치는 인간의 모든 미덕을 내포하고 요구합니다. 합리성·독립성·고결성·정직성·정의감·생산성·자긍심같은 인간의 모든 미덕은 위에서 소개한 존재와 의식의 관계에 속해 있습니다.

정신은 가치를 판단할 수 있는 유일한 재판관이며 행동의 유일한 지침입니다. 이성은 여기서 존재에 대한 타협을 허용하지 않는 절대적인 것입니다. 기성세대는 의식을 무력화시키고 현실을 인식하는 대신 현실을 속이게 만들었습니다. 그 도구로는 연 3000억 이상 지원받는 YTN 같은 관변언론도 있겠지요. 북한에 몰래 잠수함을 타고 다녀온 간첩이 만든 중고서점에서 추천하는 책을 읽고 있을지도 모릅니다. 우리가 관변인지도 모르고 본 뉴스나 책처럼, 지식의 지름길이라고 알려진 것들은 실로 정신을 파괴하는 지름길이었을 뿐입니다. 어떤 자기계발서를 읽어도 당최 이해하기가 힘들었죠? 신비스러운 말이 많고 그것이 책의 내용을 지탱하지만, 우리의 영혼과는 상관이 없습니다. 그런데 그런 모습이야말로 기성세대가 말하는 주류입니다. 동에 번쩍 서에 번쩍 했다는 이유만으로 여성들이 사모했다는 임종석의 모습이기도 합니다. 뭐 여성들이 사모했다는 것은 집권하고 나서 만든 거짓말일 겁니다. 그런 신비주의를 직업적으로 최고의 경지로 올라간 사람들도 있습니다. 그런 것은 주류인 사회에서나 가능한 일입니다.

독립성은 자신에게 판단의 책임이 있으며, 그 무엇도 자신의 그 책임에서 벗어나게 도와줄 수 없습니다. 그 누구도 여러분의 생각을 대신할 수 없으며, 여러분의 삶을 대신 살아줄 수 없습니다. 누군가 독립성을 침해하면서까지 생각을 대신해준다면, 아무리 선의더라도 정신적인 강간일 것입니다. 가장 사악한 형태의 자기비하와 자기파괴는 자신의 정신을 다른 사람의 정신에 종속시키고, 다른 사람에게 자신의 머리를 맡기며, 다른 사람의 주장을 진실로 받아들이는 것입니다. 기성세대의 연애관은 어떻습니까? 여성을 다루는 기성세대의 남성은 어떻습니까? 가장 민주적인 사회를 꿈꾼다는 남성의 품에 안긴 여성은, 그 자신의 정신과 삶이 결국 어떤 586세대의 남성에게 무덤까지 종속되는 결과를 불러옵니다. 그 과정에서는 당연히 폭력이 동반됩니다. 이에 맞서 일어난 페미니즘은 거기에 얼마간 대항하겠지만, 해결책이 될 수 없습니다. 페미니즘 자체가 자아의 독립성을 길러주지 않기 때문에 그들은 집단에서 위로 받고 군중에게 휘둘리는 모양새밖에 갖추지 못합니다.

결국은 또 다른 자기비하와 자기 파괴로 이어집니다. 여대의 강압적인 분위기에 못 이겨 자신이 원하는 미용을 할 수 없거나 자신이 원하는 삶을 살 수 없는 모습을 자주 보았을 것입니다. 신세대로서의 삶이 아닐뿐더러 독립적인 사상도 아닙니다. 그러나 우리 신세대 또한 그런 흉터를 지니고 있기 때문에, 막연히 혐오하고 단절을 외쳐서는 안됩니다. 신세대의 남성과 여성은 오로지 독립된 인간성을 갖춰야 합니다.

고결성은 자신의 의식을 속일 수 없다는 사실을 인정하는 것입니다. 정직이 존재를 속일 수 없다는 사실을 인정하는 것과 마찬가지입니다. 인간은 물질과 의식이라는 두 가지 속성이 통합된 분리 불가능한 실체이며, 육체와 정신, 행동과 생각, 삶과 신념의 분리는 허용될 수 없습니다. 헌법을 지키는 판사가 여론에 휘둘리지 않아야 하는 것처럼 다른 사람들의 요구에 따라 자신의 신념을 희생시켜서는 안 됩니다.

온 세상 사람들이 여론이나 투표나 청원으로 애원하거나, 설령 민식이 부모처럼 무릎을 꿇은 채 협박해서도 말입니다. 용기와 자신감은 실질적인 필수품입니다. 용기는 존재에 대한 충실, 진실에 대한 충실의 실질적 형태이고, 자신감은 자신의 의식에 대한 충실의 실질적 형태이기 때문입니다. 그래서 우리는 기성세대가 강요하는 모습으로 살아가고 어느 정도의 월급으로 보상받으며, 결국 그들의 풍요나 그들의 모습조차 닮지 못해 하루하루 근근이 살아가고 있습니다. 모두가 미래가 어떨지 알고 있습니다. 그러나 미래에 대한 용기를 가진 고결성이 있었을까요?

정직성은 현실부정이 곧 가치를 지닐 수 없다는 사실을 인정하는 것입니다. 기만에 의해 얻어진 것이라면 사랑도 명예도 이름도 남김없이 그 돈도 그 가치를 지닐 수 없습니다. 다른 사람들을 속여서 가치를 얻고자 하는 것은 상대를 현실보다 높은 위치로 끌어올리는 행위입니다. 그래서 정직성은 의존적인 삶을 거부하는 것입니다. 다른 사람들의 어리석음에 의존해 자신이 속인 바보들을 가치의 원천으로 삼는 바보로 사는 것을 거부하는 것입니다. 정직은 사회적 의무나 다른 사람들을 위한 희생이 아니라 인간이 실천할 수 있는 가장 심오하고 이기적인 미덕입니다. LAISSEZ NOUS FAIRE! 기성세대가 우리의 미래를 망치려 한다면 우리는 외쳐야 합니다. 우리를 제발 내버려둬! 우리 본연의 정직성을 찾아야 합니다.

윤지오 사건 때는 경기도 오산시의 거의 대부분의 기성세대들이 자기의 지역구 의원이 서 있는 것을 보고 무비판적 혹은 침묵으로 이 거대한 사기극을 응원하는 모습을 보여주었습니다. 오산에서 온 택시기사는 자고 있는 젊은 손님에게 이 내용을 설파하기 바쁘고, 오산에서 온 버스기사는 윤지오 씨의 말을 비판 없이 그대로 전하는 뉴스가 나올 때 라디오의 음량을 높였습니다. 정직성이나 합리성이 한 지역이나, 한 세대, 최소한 한 직군에서 통째로 사라져버릴 수도 있는 일이 대한민국에서는 가능해졌습니다. 최소한 한 지역, 하나의 세대, 한 직군이 자신을 속인 바보들을 가치의 원천으로 삼는 의존적인 삶을 사는 것이 가능해진 것입니다. 정직성은 심오하고 이기적인 미덕이라 이렇게 많은 사람들이 이 가치의 부재 속에서는 대규모로 타락할 수 있는 일이 일어나기도 합니다.

정의감은 자연의 성질을 날조할 수 없는 것처럼 사람들의 성질도 날조할 수 없다는 사실을 인정하는 것입니다. 여러분은 사람들을 평가하는데 사물을 평가할 때처럼 양심적이어야 합니다. 사물을 평가할 때처럼 진실을 존중하고 청렴한 시각을 가져야 합니다. 식별의 과정처럼 순수하고 합리적이어야 합니다. 모든 인간은 있는 그대로 평가받고 그에 따라 대우받아야 합니다.

녹슨 고철덩어리를 반짝이는 금속보다 더 비싸게 쳐주지 않는 것처럼 건달을 영웅보다 높이 평가해서는 안 됩니다. 북한과 협력하고 북한과 거래하며, 북한주민의 불행에 아랑곳하지 않는 이들은 한마디로 건달입니다. 하지만 이 사회는 북한주민의 불행을 구원하는 영웅보다 건달이 더욱 높게 평가 받습니다. 거기서 끝나지 않습니다. 우리가 추대한 건달이 설계하는 세상이 오고 우리가 그 영향을 받을 테니까요.

이처럼 우리의 도덕적 평가는 사람들의 미덕과 악덕에 지불하는 돈과 같으며, 금전적인 거래를 하듯 정확해야만 합니다. 기성세대와 기성세대와 가까운 신세대들은 악덕에 너무 많은 돈을 지불하였습니다. 이제는 사람들이 정치적 비판을 식탁에서 하길 꺼려합니다. 하지만 사람들의 악덕에 대한 경멸을 누군가 억제하고 막는 것은 도덕적 위조 행위입니다. 사람들은 영웅에 대한 존경을 정치적이라며 친구들끼리 말하기를 꺼려하기도 합니다. 미덕에 대한 감탄을 억제하는 것은 도덕적 횡령행위입니다.

정의보다 다른 것을 우선시하는 것은 자신의 도덕적 화폐를 평가절하하는 것이며, 악한 자를 위해 선한 자를 착취하는 것입니다. 정의를 평가절하하면 가장 손해를 보는 것은 선한 자이고, 이익을 얻는 것은 악한 자입니다. 누구나 그걸 알지만 섣불리 그걸 말할 정직성이 없었는지도 모릅니다.

우리 신세대가 앞으로 걸어갈 길의 끝에는 절벽이 하나 있습니다. 이 바닥에는 도덕적 파산 행위가 있습니다. 미덕을 가진 사람들을 벌하고 악덕을 가진 자들에게 보상을 해주는 행위, 그것은 완전한 타락이고 죽음을 경배하는 검은 미사이며 여러분의 의식을 존재의 파괴에 바치는 것입니다. 우리보다 앞선 기성세대는 이 길을 걸었습니다. 사실 걷기보다는 추락 직전에 두 손으로 붙잡고, 자신의 이 추락은 순전히 불행이며, 자신이 가던 길로 곧장 잘 가고 있다며 속이고 있습니다. 우리는 그런 기성세대에게 추락을 경험하게 해야 합니다. 노무현 전 대통령, 박근혜 전 대통령, 노회찬 의원 등, 꼭 누구나 다 알법한 정치인이 아니더라도 그런 식으로 바닥으로 추락한 사람은 사회와 직장, 학교와 시민단체의 요직에서 너무 많습니다.

높은 생산성은 도덕을 받아들이는 것입니다. 자신이 잘 살기로 선택했다는 사실을 인정하는 것입니다. 생산성이 높은 것을 누구나 다 아는 삼성을 보십시오. 삼성에 다니는 남자나 여자가 대부분 이상적인 연애상대라는 것은 그 사람이 곧 삼성의 직원이기 때문이 아닙니다. 그건 그 사람이 잘 살기로 자신의 삶을 선택했다는 사실을 삼성이라는 직장이 그 생산성으로 보증했기 때문입니다. 생산성이 단체로 추락하는 회사의 직원은 회사의 평판이어서가 아니라, 그와 맞물린 생산성 때문에 그런 평가를 받는 것입니다. 생산성은 도덕을 받아들이는 일과 똑같습니다. 생산성에 관한 것은 선사시대부터 인류에게 DNA코드처럼 저절로 알 수 있게끔 진화되었습니다.

생산적인 일은 인간의 의식이 자신의 존재를 통제하는 과정입니다. 지식을 얻어 자신의 목적에 맞게 다듬고, 지금까지 관념에만 머물러 있던 것에 물리적 형태를 부여하고, 세상을 자신이 갖고 있는 가치들의 모습으로 재창조하는 부단한 과정입니다. 이런 것이 부정되는 사회가 두뇌유출이 일어나는 사회입니다. 이런 부단한 과정이 가능한 사회로 그들은 떠납니다. 사회학자들은 생산과 두뇌 사이의 연관을 찾지 못한다고 하지만, 실질적인 비밀은 여기에 있습니다.

한 노조가 수많은 사업장의 사람들을 데려가 모두의 임금을 담합하듯이 올리자는 장면을 떠올려봅시다. 현행법은 이런 시도를 막을 수 없습니다. 현행법은 심지어 주 52시간 넘게 일하겠다고 자원하는 사람을 범죄자로 만들어버립니다. 본인이 하는 일에 비해서 갑자기 임금이 높아질거라는 달콤한 유혹에 거의 모든 근로자들은 노조에게 자신의 의지를 맡겨버립니다. 동일노동, 동일임금이라는 구호를 외칠 때는 누구도 그것이 남의 생산을 **빼앗는** 것이라고 생각하지 않습니다. 그러나 이 과정을 비판할 때는 누구나 잣대가 같습니다. 그런 곳에 참여하는 근로자는 자신의 존재를 노조라는 남에게 통제당하기 시작합니다. 지식을 얻어도 자신의 목적에 맞게 다듬기보다는 궐기에 참여하지 않거나 생산성이 높은 다른 사람을 억압적으로 다듬기 위해 생각하게 됩니다. 자신이 갖고 있는 본연의 가치들을 잊게 됩니다.

이처럼 종속되고 독립되지 못한 정신으로 이루어지는 모든 일은 창조적일 수 없습니다. 남들에게서 배운 것을 도덕적으로 비판할 수도 없는데, "무비판적"으로 반복하는 상태 자체가 창조적일 수 없기 때문입니다.

그러나 이러한 일도 우리 같은 신세대가 선택하는 것이며, 그 선택의 폭은 신세대의 정신에 달려있습니다. 자기 선택에 의해 기성세대처럼 살아갈 신세대도 존재합니다. 그러나 그때 하나의 외침을 들을 각오를 해야합니다. "당신은 기성세대를 모방하느라, 평균의 신세대가 가진 평균의 역동성/생산성은 당신에게 불가능하고, 그 선택에서 나온 도덕은 인간답지 못하다"고요.

곧이어 올 우리의 혁명에 대해서 마지막으로 생각해봅시다. 우리가 우리의 정신이 지닌 능력을 최대한 발휘할 필요가 없는 일에 안주하는 것은 자신의 동력을 끄고 스스로에게 전혀 낯선 종류의 활동인 '영구적인 쇠퇴'를 선고하는 것입니다. 기성세대는 우리가 지닌 능력을 최대한 발휘할 필요가 없는 사회 시스템과 일자리 시스템을 물려주었습니다. 그렇다고 보통의 사람이 그것에 저항하기에는 정신이 감당할 수 있는 크기보다 더 큰일이라 갑자기 시도를 할 수 없는 일입니다.

그럴 땐 뭉쳐야 합니다. 더 많은 개인주의가 더 많고 다양한 공동체를 만들어

내듯이 우리는 우리의 가치를 방어할 수 있는 공동체가 더 많이 필요합니다. 결코 개인주의란 개인이 더 많아진다거나(인구가 증가한다는 뜻이 아니다), 그 반면 공동체주의가 공동체가 더 많이 만들어진다는 의미가 아닙니다. 스스로 생각하고, 자유시장경제를 중히 여기는 개인이 많아진다는 것을 의미합니다.

결국 우리 안의 개인주의적인 가치를 공유하는 공동체 수가 기성세대를 슬기롭게 압도할 때, 우리가 혁명에 앞서 신세대로서 우리의 자유와 의지에 대해 정직할 때, 비로소 우리가 자유를 누리고 살아갈 자격이 생기는 것입니다. 그때는 한 번의 저항으로 그들의 도덕적 파산을 모조리 제거하고 관제해야 할 것입니다. 자유국가와 열린사회는 누구나를 위한 자유의지적인 사회입니다. 물론 그런 사회에서는 두뇌유출 같은 문제에 대해서 걱정할 일이 전혀 없겠지요.

신세대 자유국가와
열린사회 그리고 징병제

신세대의 자유국가와 열린사회, 그리고 징병제

　대한민국은 세계 유일의 분단국가이다. 그렇기 때문에 어떻게 보면 대한민국에서의 징병제는 불가피하다고도 여겨져 왔다. 하지만 자원이나 모병이 아니므로 징집되는 모든 인력에게 '군인에 대한 정당한 대우'가 이뤄질 리가 없다. 그래서 징병제는 순전히 대다수 남성들의 희생으로 유지된다.

　지금은 부담이 조금 덜해졌다고는 하지만 그래도 이러한 상황 속에서 20세를 넘긴 청년들은 2년에 가까운 시간동안 군대에서 혹독한 훈련을 받아야 한다. 명백하게 우리 청년들은 2년동안 아무것도 하지 못하는 것이다. 군대를 간 청년들은 면제자, 여성들보다 출발선이 2년 가까이 늦어진다. 하나의 강제제도 속에서 남녀의 갈등이 피어나고, 제대 시기에 사회에 적응을 하므로 징용 인력들의 사회 진출도 늦어진다. 물론 그것은 대부분의 남자에게 해당된다.

　강사빈　저는 국방에 대해서 근본부터 생각해보면 좋겠어요. 사실 나는

'모병제'로 국방을 감당할 수 없는 나라는 미래가 없다고 생각해요. 현재 '모병제'를 통해 군대를 운영하는 대표적인 국가를 꼽자면 '미국'을 꼽을 수 있죠. 뭐 지구최강 지구방위대 미군이긴 한데, 미국은 '모병제'를 통해 19세기만 해도 최약체의 군대였지만 점점 성공적으로 유지되고 있잖아요?

오종택   나는 사람들이 군인에 대한 대우가 미국에 준해야 한다고 믿는 사람의 의견에 동의하지만, 징병으로 징집된 사람이 자기의 나라를 지키겠다고 자원한 사람들과 같은 대우를 받아야 하고, 같은 대우를 받는 것이 합리적이라는 생각은 들지 않아. 애초에 징병은 있어서는 안 될 제도였어. 미국도 징병제가 있었지만, 폐지를 했어. 모병제가 된 미군은 더욱 강해졌지.

강사빈   미국 군인이 식당에서 밥을 먹을 때면 다른 사람이 와서 대신 그 식사비를 결제해 주고, 어린 친구들은 그 군인에게 다가와 사진을 찍어달라고 하는 동영상을 보고 감동을 받은 적이 있었어요. 미국은 '군인'에 대한 존경이 그 정도로 높은 나라인가 봐요. 그렇기 때문에 '모병제'로도 충분히 군대를 운영할 수 있을 같아요. 추가하자면 미국 사람들의 애국심 역시 큰 영향을 미쳤을 거예요. 당연히 국가의 기술력과 재정 역시 큰 영향을 미칠 수밖에 없지만 가장 중요한 것은 앞서 언급한 애국심과 군인에 대한 대우인 것 같아요.

오종택   나는 그렇게 생각하지 않아. '군인에 대한 존경'은 군인이 하는 일이 존경할 가치가 있는 경우에 생기는 거야. 독재국가에서 군대가 아무리 강력하고 사회적으로도 출세길이라고 해도, 사람들이 식사비를 결제해 준다거나, 아이들이 사진 찍어 달라고 하지는 않잖아. 군인이 하는 일이 존경 할 가치가 있을 땐, 군인이 지키는 나라가 자유롭게 살 만한 가치가 있을 때야. 그걸 굳이 의식하지 않아도, 전 세계 사람들 누구나 그렇게 생각해. 자기가 살고 있는 곳이 너무 좋고 합법적이며 하고 싶은 것은 뭐든지 할 수 있는 자유로운 곳인데, 그곳을 지켜주는 사람들이 멋있는 것은 당연하지. 그러니까, 모병제를 시작하기 위해서 존경이 선행될 필요가 없다는 것이지. 애초에 모병제란 자유롭고 열린 국가에서만 할 수 있는 거야. 국가가 국민들의 신체를 강제로 군인으로 만드는 것은 자유국가의 자유로운 원리에 부합되지 않다. 우리나라에서 군인에 대한 모든 처우문제와 존경의식에 관한 부제는 거기에 있다고 생각해. 그래서 내가 생각하는 해결책은 우리 나라가 자유국가가 될 정도로 열린 사회가 되고, 그 일환으로 모병제를 하는 것이라고 생각해.

강사빈　전 애국심을 고취시키고 군인에 대한 대우만 달라진다면 우리도 미국처럼 충분히 모병제를 통해서 군대를 운영할 수 있을 거라고 생각했는데, 순서적으로는 정반대라는 말이네요?

오종택　나는 그렇게 생각하고 있어. 모든 문제가 서로 달라 보이지만 사실은 자유국가만이 이러한 문제의 해결책이 될 수 있어.

장주영　사실 나는 징병제에 대해서 반대하지 않는 입장이야. 전원책 선생님의 말대로, 모병제로 돌리면 지금의 대한민국은 병력 난에 시달리게 될 것 같아. 그래서 저출산 시대에 들어선 만큼, 여성도 남성과 동일하게 국방의 의무를 이행해야 한다고 생각해. 대한민국 4

대의무가 교육, 근로, 납세, 국방의 의무잖아? 여성도 동등하게 국방의 의무를 다하고, 병역을 이행하지 않은 자에 대해서 참정권을 제한할 필요가 있다고 생각하고 있거든.

오종택   왜 사람들이 아이를 낳지 않을까요? 그건 단순히 아이를 낳을 여유가 없는 사회가 되거나, 아이를 낳을 가치가 없는 사회가 되었다는 둘 중 한 가지가 아닐까요? 그런데 국가가 국민에게 세금을 많이 지게 하거나 국방의 의무를 지게 할수록 둘 다 나타나는 현상이에요. 사람들은 징병제 때문에 남성 사회진출 연령이나 결혼연령이 상향되었다고 하는데, 여성까지 징병하면 저출산 문제가 더욱 심각해지지 않을까요? 그리고 애초에 국방의 문제를 신체에게 세금을 내라는 식으로 집행하는 나라는 자유로운 가치가 더욱 사라질 것 같아요. 그런 국가는 사실 모병을 해서든, 징병을 해서든 지킬 가치가 없는 국가죠. 국방의 의무는 헌법에서 병역법에 따라 의무가 정해져 있어요. 병역법이 곧 징병법은 아니기 때문에, 징병을 반대하거나 확대를 거부한다고 해서 국방의 의무를 반하는 것은 아니어야 한다고 생각합니다. 자유국가라는 관점에서는 더욱이요.

장주영   하지만 남녀평등을 외치는 시대에 접어들었잖아? 내 글을 읽는 독자들 중에 남자가 여자보다 강하다고 생각하는 사람이 있다면 아주 잘못된 생각이야. 힘이란 개개인마다의 차이일 뿐이고, 노력을 통하여 충분히 바뀔 수 있는 부분이지. 그래서 내가 제일 아쉬워하는 부분이 바로 왜 여성은 사병으로 징집하지 않는지에 대한 것이야.

오종택   여성의 모집단과 남성의 모집단을 추려서 근력을 측정하면, 신체

구조상 서로의 모집단 평균이 40%정도 차이가 생깁니다. 자연적으로 차이가 나기 때문에, 여성과 남성의 힘 차이는 어쩔 수 없어요. 직업 선택에서의 성비 또한 자연적일 수도 있는 거죠. 자신의 직업을 자의로 선택해서 근력을 극복하고자 하는 것은 훌륭한 사후적 노력이라고 생각해요. 하지만 국가가 군의 인력을 위해 사후적 노력을 인구의 절반에게 강제할 순 없다고 생각해요.

장주영   그러면 우리의 국방정책은 어떻게 되어야 할까? 통일은 꼭 우리식의 흡수 통일이 되어야 한다고 생각해.

오종택   맞아요. 하지만 흡수통일이라 하더라도 자유국가의 가치 아래서 흡수통일이 되어야 해요. 우리 힘으로 이 정도의 국가를 만들었는데, 북한 사람들은 북한 안의 자기 문제조차 해결하지 못하는 사람들이잖아요. 그런 사람들을 프리라이더(무임승차자)처럼 우리가 흡수할 순 없어요. 그래서 흡수통일을 할 자격이 생기려면, 어떤 외세도 훼손할 수 없을 정도로 북한과 대한민국이 각각 자유국가가 되어야 한다고 생각해요. 그게 통일정책이어야죠.

장주영   이미 수많은 공산국가들의 몰락으로 인하여 그 체제의 허점이 드러났고, 전 세계적으로도 자유시장경제체제가 우위에 있음이 입증되고 있잖아. 자유시장경제 속에서 나라를 부유하게 만들고, 누구에게나 기회가 주어지는 세상에서 사는 것은 당연해. 결국은 우리들의 손에 달려 있지.

사람들이 모병제의 실효성을 의심하는 것은 모병제의 인력이 국가를 방위하는데 충분한지 묻는 것과 같다. 모병제의 실효성을 의심하는 게 현 징병제의 부당함을 부정한다는 것은 아니다. 이와같은 생각은 전문용어로 다음과 같다.

전장으로 보는 한반도는 비좁으니, 동원인력이 많으며 종심이 짧고 전선이 뚜렷한 곳에 북한이 엄청난 인력으로 밀고 들어오는 제파식(특정 공격 정면에 공격제대를 연속적으로 투입하여 공격하는 전술)공세를 모병 인원으로 막을 수 있냐는 의문이다.

장효섭   우리나라는 적국을 두고 있다는 그럴싸한 핑계 아래에 징병제를 유지하고 있어요. 하지만 얼마 전에 대만은 완전 모병제로 바뀌었어요. 중화인민공화국이라는 노골적인 적국을 앞에 두고 말이죠. 물론 바다를 두고 있는 대만과는 상황이 다르긴 하지만, 북한에 감귤이니 쌀이니 보내면서 징병제를 유지하는 모습은 서방에서 보면 코미디 그 자체일 것 같아요.

오종택   난 사실 대북 유화책도 그만두었으면 좋겠어. 걔네는 애초에 우리랑 사이좋게 지낼 생각이 없음이 증명되었어. 징병제를 하면서 유화책을 하는 건 대체 무슨 짓거리야. 양심이 있는 거야? 내 젊음을 아주!!

장효섭   맞아요. 과거 여러 번 통일 붐이 일었을 때, 우리는 많은 지원을 했고 그 지원된 쌀과 음식들은 남한으로부터의 조공이라고 하며 어버이수령의 이름으로 북한 주민들에게 보급되었어요. 이미 아는 사람은 알겠지만, 북한은 통일되기는 너무 이질적이에요. 제가 북한의 지질 전공서를 접했을 때, 그 책의 머리말에는 "위대하신 수령 김일성동지께서는…"으로 시작하는 말이 적혀 있었어요. 일개 자연과학 전공서에 그런 문장으로 시작되는 책은 없어요.

오종택   맞아. 그리고 자연과학 전공서에 그런 말이 있을 필요도 없고, 우리 머리 위에서 우릴 협박하게 둘 필요도 없을지도 몰라.

장효섭   과거 우리가 "인도적"이라는 명분 아래에서 지원을 해 주지 않았다면 이미 반란이 일어났거나, 실질적으로 세력이 매우 약해졌을 것 같아요. 우리 동포가 굶어죽고 있는데 그런 소리를 하냐는 말도 있겠지만.

오종택   인질범에게 잡힌 인질들까지 다 죽일 수 있냐고 하겠지만, 난 명백히 북한 주민들이 옛날에 북한 건국에 저항하지 않고 대다수 협력했다는 것을 책으로 읽었어. 그 대가를 자신들이 치루는 것을 왜 우리에게 전가해야 하는지 모르겠어.

장효섭   네. 그리고 총을 겨누는 동포는 이미 동포가 아니라, 우리 입장에서는 굶어 죽어야 마땅할 명백한 적일 뿐이에요. 같은 말 쓴다고 동포면, 당신들이 그토록 혐오하던 친일파는 동포가 아닌가 라는 의문이 들죠.

오종택   징병제도 잘못된 국방정책인 것 같아. 징병제를 통해서 너무 많은 희생을 치루었는데도, 70년 동안 징병제에 대한 재고가 없다는 것은, 우리가 선배들의 희생에도 더 나은 국가경영을 하고 있지 않다고 생각할 수밖에 없어.

장효섭   징병제는 북한 문제도 있지만, 이미 비대해진 군대를 유지시키기 위해 충분한 수의 장병의 필요성과, 이미 징병을 당한 세대와의 역차별 때문에 유지가 되겠죠. 그리고 내부 반란을 막기 위해서라도 그대로 두어야 할 것 같아요. 문제는 여기서 나와요. 국방산업은 몰라도 군인은 생산 활동을 하지 않기 때문에 경제에 꽤 큰 문제를 가져올 것 아니에요.

장효섭 군의 말마따나, 간단한 셈을 해보았다. 성인 남성의 소득(생산량)이 20세에서 70세까지로 똑같다고 해 보자(미래의 고령화 사회를 고려하여 실제보다 다소 늘렸다). 군대를 갔다 옴으로 해서 징병기간과 무관하게 보통 2년의 시간을 손해 본다. 50년에서 2년 손해니까 산수로 따져도 4%이다. 성비를 고려하면 2%의 손실이다. 실제로 연봉은 근속년수에 따라서 증가하므로 초기 2년의 손해는 말년 2년의 손해와 같다. 그래서 실제 손실은 2%보다 커진다.

물론, 생산을 하는 나이는 실제로는 25~6살부터 해서 65세까지 이므로 2%보다 더더욱 커진다. 여기까지는 이렇게 생각할 수 있다. "그저 1년 뒤쳐진 것 아닌가?" 하지만, 복리의 원리에 따라 0.02씩 작게 나타나는 수치는 후세에 가서는 되돌릴 수 없는 국가경쟁력 차이로 나타난다. 여기서 또 돌발적인 요소가 존재한다. 앞의 가정에는 모든 노동가능인구의 생산력이 똑같다고 보았다.

높은 가치의 생산을 하는 고학력자(박사학위나 고급기술을 연구하는 연구직 등)는 지금까지는 병역특례를 받았다(물론 이 역시도 ILO문제로 말이 많다. 그래도 서로 이득을 보니까 하고 있을 뿐이다). 현재 이와 같은 특례를 국익과 상관이 있던 없든 없애려고 하는 실로 무식한 움직임이 보인다. 이 문제는 두뇌유출을 가속화할 것이다. 이미 병역 문제가 없는 기술개발직들을 중국은 한국 연봉의 몇 배를 줘가며 채용하고 있다. 이들이 병역 문제가 존재하는 스타트업들을 통째로 이민시킬 가능성이 없다고 생각하는가? 안일한 상상일 뿐이다.

오종택   그치 두뇌유출은 아인 랜드의 말에 의하면 생산과 두뇌가 서로 상관없이 노예 우리를 벗어나기 위한 움직임일 뿐이야. 그런데 그 대가를 남아있는 사람들이 더욱 종속되면서 대가를 치르는 것이지. 그게 징병제야. 군인 숫자에 대한 문제만은 아냐.

조주영   대한민국이 자유사회로 나아가기에는 아직도 너무 길이 멀어요. 자유사회를 가로막는 것 중 하나는 바로 징병제 시스템이라 생각하고요. 사실 우리나라가 분단국가인 만큼, 징병제를 반대하고 모병제로 전환하자는 주장을 꺼내기가 쉽지는 않죠. 그럼 나라는 누가 지키냐는 얘기를 수도 없이 많이 들었고, 아직 제가 군대를 안 갔잖아요? 그래서 그런지, 모병제로 바꿔야 한다는 주장을 하면 '군대 가기 싫어서 그러느냐'는 면박을 듣기도 했어요. 하지만, 제 신념은 아직도 명확해요. 누가 뭐래도 징병제는 개인의 의사에 반한 노예제도예요.

오종택   징병제는 노예제도가 맞아. 그래서 여성징병론도 내가 보기엔 노예확대론으로 비유할 수 있을지도 몰라. 나도 병역(공익)을 치르고 있지만 우리는 서로를 연민하는 것만으로 징병제에 대한 정당성을 무마시키려고 해.

조주영   가기 싫다는 사람을 억지로 끌고 와서 악영향을 끼친 사례를 보세요. '그린캠프'로 불리는 관심병사제도죠. 보통 직장이 맞지 않거나 정신적으로 너무 힘들면 그만두는 게 이치 아닌가요? 징병제 시스템에서는 그럴 수가 없어요. 정해진 기간 동안 의무를 다 채워야 하니까요. 결국 이런 군인들을 관리하는 세금이 필연적으로 들고, 국방력에 크게 기여하지도 못해요. 또한, 군대를 다녀오는 기간 동안 경력이 단절된다는 게 단점이에요. 2년동안 자기가 하고 싶은 일을 하면서 결과적으로 사회에 더 기여할 수도 있을 텐데, 그 시간을 군대에서 보낸다는 게 큰 단점 아닐까요?

오종택   맞아. 애초에 그런 사람들에게는 감옥인 거야. 징병된 군대 안에서 적응을 못하는 사람들은 그 안에서도 따돌림 받거나 전투력을 발휘하지 못하는 것이잖아. 근데 그건 그 사람들의 잘못이 아니야. 윤리적이라면 그 사람들에게 책임감을 호소할 수도 없어. 군대도 여타 직업처럼 군인이 되기 위해 자유롭게 선택을 한 사람만이 가야해. 그래야 정당하게 책임을 물을 수도 있는 것이고.

조주영   자유주의를 신봉하는 입장에서, 대안은 모병제라고 생각해요. 개인의 의사를 존중해서 가고 싶은 사람만 가게 해야죠. 그게 자유사회로 나아가는 첫걸음일 것이고. 굳이 자유라는 개념을 적용하지 않더라도, 사회적인 효율성을 따져봤을 때 의무라는 이름 아래 강제징집되는 경우와 처음부터 자기가 원해서 직업으로 군대에 참여하는 경우, 어느 쪽이 군의 사기가 더 높을까요? 아니면, 어떤 경우가 장병에 대한 대우가 더 좋을까요? 정답은 잘 아시리라 생각해요.

오종택   어떤 사람들은 북한군의 제파식 전술을 방어하기 위해서는 징병인력동원 중심의 방어 계획이 필요하다고 생각하더라고. 근데 꼭 박사급 인력이 아니더라도, 그 인력 하나하나는 단순한 소총수 화력이 아니야. 현재의 징병인력동원의 방어계획은 대한민국의 역량을 깎아 먹으면서까지 집행하는 소모적인 방어 계획이라고 생각해.

조주영 또 일각에서는 이렇게 주장해요. 모병제를 시행하면 국방력이 약화된다고. 과연 그럴까요? 현대전은 양으로만 승부하는 게 아니잖아요. 단적인 예로 이라크 전쟁에서 이라크의 백만 대군을 물리치는데 미군은 얼마만큼의 병력을 투입했나요? 또한, 영국의 상비군은 20만 규모에 불과하지만 국방력은 세계에서 열 손가락 안에 들지요. 모병제의 적은 병력으로도 충분히 첨단무기들을 도입해 소수정예의 군대를 만들 수 있고, 또 그렇게 하는 것이 합리적이라고 생각해요.

오종택 또 베트남전까지 미국도 징병제를 집행하다가, 닉슨 때 모병제로 전환했잖아. 그때부터 미군은 넘을 수 없을 만큼 강해졌어.

조주영 마침 저 출산 문제로 사용가능한 인력이 계속 줄어들고 있죠. 이럴 때는 무리하게 병력을 긁어모으는 것에서 벗어나 수를 줄이면서도 강한 군대를 만들겠다는 발상의 전환이 필요한 것 같아요.

오종택 그리고 애초에 국가의 문제를 자유권리나 개방성으로 해결하지 않고 사람들을 옭아매는 정책으로 해결할 생각을 하는 국가에서 누구든 아이를 많이 낳고 싶어하지 않을 거야.

조주영 모병제를 실시하면 세금부담이 늘어날 것이라는 주장도 있던데, 저는 이렇게 말하고 싶어요. 우선, 자신 혹은 사회의 이득을 위한다는 명목으로 누군가를 희생시키는 게 근본적으로 바람직할까요? 소설 '오멜라스를 떠나는 사람들'이 생각나네요. 오멜라스는 모든 게 완벽한 유토피아 사회지만, 계약에 의해 오직 한 아이만은 지하실에 갇혀 비참하게 살아가야 하죠. 이 아이를 자유롭게 해주는 순간 그 완벽했던 유토피아 사회는 무너지기 때문에 사람들은 그 아이를 방치하고요. 세금부담 때문에 강제징병을 폐지해선 안 된다는 주장과 이건 별로 다를 게 없어 보여요.

오종택   그 말에 굉장히 동의해. 그리고 비용부담이 클지도 모르겠어. 모병국가가 꼭 징병국가처럼 60만 명일 필요는 없지.

조주영   모병제를 위해 드는 비용도 있지만, 반대로 줄어드는 비용도 생각해야죠. 모병제를 하면 군대수가 줄어든다고 했는데 뒤집어보면 그만큼의 예산을 줄일 수 있다는 말이에요. 더 나아가 이 인구가 경제활동인구로 풀리면서 2년동안 자기가 하고 싶은 일을 하면서 사는 것을 감안하면, 앞서 말했듯 사회는 그만큼의 이득을 더 얻는 셈이니까요. 세금을 싫어하긴 하지만, 거기서 생기는 세금으로 화력을 더욱 증강시킬 수도 있겠죠.

오종택   현행 기준으로 생각해도 거의 모든 남성들이, 삶에서 2년 더 자유롭게 살 수 있다는 경제적 가치와 거기서의 세금만 생각하더라도, 모병제는 가능할 것 같아. 당장 우리 국토가 종심이 좁은데, 공군과 육군이 분리되어야 하는지도 모르겠어. 방공사령부가 옛날엔 육군이었다고 하더라고. 근데 지금 공군인 걸 모르는 사람도 있어. 모병제라면 화력 중심에서 인력 중심으로 대체할 수 있을 거야. 육군이 제공우세를 배우고 공군이 근접지원에 능숙해지고. 그렇게 유연성 있게 하면 되겠지.

조주영   그래서 모병제는 시기적으로 보거나, 사회에 끼치는 효용으로 보거나, 자유사회라는 원칙에서 보거나 모두 들어맞는 제도에요. 이제는 징병제라는 낡은 악습을 버리고 모병제로 가야할 시점이라고 확신해요. 게다가 모병제의 첫 시행년에 군인이 적더라도, 우리는 이 사회가 그만큼 지킬 가치가 있으면, 그런 군인을 더욱 우대할 것이라고 생각해요. 그런 우대가 있으니 누군가는 군인이 될 것이고. 민간에서는 군인에 대한 존경이 저절로 피어날 테니 군의 수준이 결코 떨어지지 않겠죠.

대한민국은 준비되지 않은 방어 전쟁에서 그나마 징병제로 선배들의 수많은 희생을 치루는 것에 의해 자유로운 국가로써 생존했지만, 똑같은 국방정책을 70여 년째 바꾸지 못하고 있다. 이는 70년 동안 자유의 가치와 권리가 북한을 대적하면서 우리도 모르게 북한의 심연을 닮아간 것일 수도 있다. 하지만 대한민국은 대한민국임시정부를 계승하며 이승만 박사에 의해서 자유라는 뚜렷한 가치와 권리로 건국된 나라이다. 모순이 많은 국가는 정상적으로 생존할 수 없다.

모병제는 대한민국 신세대가 약속할 수 있는 자유국가, 열린사회의 첫 공약이다. 왜냐하면 하나의 출발신호이기 때문이다. 자유로운 시민은 정부가 벌이는 거대한 체스 게임 위의 장기말이 아니다. 대한민국 국민들이 모병 의지와 북한 해방의 의지가 있는 국가라면 적정한 수단과 화력을 갖춘 모병 군대에 기꺼이 그 값을 다방면으로 제공하거나 자원할 것으로 예상된다. 왜냐하면 자신이 살고 있는 나라가 그만한 가치가 있으면, 누구든 그것을 지키기 위해 정당한 값을 기꺼이 낼 의향이 있기 때문이다. 그런 시대에서 그걸 거부하는 사람들이 되려 도덕적으로나 사회적으로나 지탄받을 것이다.

대한민국 신세대들의
미래를 위하여

대한민국 신세대들의 미래를 위하여

강사빈   어떤 회사든 '채용' 페이지에 들어가면 '인재상'이 명시되어 있어요. 회사들은 각자 회사들이 지향하는 바나 목표, 비전 등에 따라 인재상이 달라지기 때문에 회사마다 달라요.

오종택   아무도 안보는 것 같다 싶어도, 뽑는 입장에서는 정말로 신경을 쓰는 것이 인재상이지.

강사빈   맞아요. 그리고 그런 인재상들을 보면 각 회사의 스타일을 잘 파악할 수 있어요. 그리고 이러한 인재상은 시대의 흐름에 따라 바뀌기도 하죠. 사실 국가도 마찬가지라고 생각해요. 각 국가마다 지향하는 바나, 목표, 비전 그리고 체제 등이 가지각색이기 때문에 시대의 흐름에 따라 필요한 인재상이 달라질 거예요.

오종택   그래서 항상 적화통일이 꿈인 북한 애들이 한결같이 인재상이 똑같은 걸 보면 대단하다는 생각도 들어.

강사빈   그러면 미래의 우리나라 대한민국에 필요한 인재상은 어떨까요? 어차피 미래 시대를 제가 살 거니까, 미래의 인재상은 제가 제시를 해볼게요.

오종택   기업처럼 비유해서, 먼저 과거의 인재상은 어떤 것 같아?

강사빈   급격한 속도로 산업화가 일어나던 60~70년대에 대한민국에 필요한 인재는 '말 잘 듣고 성실히 일할 수 있는 사람'이었을 거예요. 그렇기 때문에 당시에는 학교에서도 지식을 일방적으로 전달하는 '주입식 교육'이었죠. 당연히 '수행평가' 등은 존재하지 않았으며 오로지 '지필평가'를 통해서 학생들을 평가했죠. 이러한 우리 아버지, 어머니들의 활약으로 대한민국은 '한강의 기적'을 이룩할 수 있었고, 그 이후로는 인재상이 서서히 바뀌어갔을 거예요. 산업화를 통해 국가의 경제 규모가 큰 폭으로 성장하고 제조업을 넘어서 3차 산업이 발전하기 시작하자 '창의성'이라는 가치가 중요해지기 시작했죠. 그에 발맞추어 학교에서도 교육의 변화가 나타나요. 근데 저는 결국에는 대한민국에 필요한 인재상은 '창의성'과 '도전정신'이라고 생각해요.

오종택   우리나라 청소년들의 진로 희망사항 1위가 '공무원'이라고 하잖아. 이는 매우 절망적인 결과인데, 결국 많은 청소년들이 도전하여 자신의 길을 개척해 나가는 것보다 안정적인 직업인 공무원이 되고 싶어한다는 것이야. 그래서 사빈이는 도전정신이 필요하다고 생각했니?

강사빈	이런 결과가 나온 이유는 현행 교육과정의 문제라고 생각해요. 한국에서는 '수시' 제도로 인해 내신이 대학을 가는데 큰 영향을 미치게 되어 있어요. 이런 내신은 반 안에서 1~9까지의 숫자로 평가해요. 결국 교실 안의 친구들은 모두 경쟁자인 셈이죠. 초중고 12년 동안 청소년기부터의 치열한 경쟁은 도전을 할 의지를 없애 버렸죠. 진정한 창의성은 본인이 좋아하고 관심이 있는 분야에서 직접적인 경험을 하는 것과, 스스로 생각을 할 수 있는 시간이 주어지면 함양할 수 있다고 생각해요. 물론 지금의 수행평가나 많은 프로그램들은 오히려 학생들이 스스로 생각할 시간을 줄여버리고 있죠.
오종택	그럼 우리나라에서 우리 세대의 다음 세대를 어떤 식으로 교육해야할까?
강사빈	진정으로 창의성을 길러내기 위해서는 앞으로 우리 교육에 있어서 '참여'와 '경험'을 키워드로 교육이 구성되어야 한다고 생각해요.
오종택	절대 교육부 같은 정부기관에서 할 수 없는 것들이네.
강사빈	도전정신을 길러내기 위해서는 그런 환경이 조성되는 것이 선행되어야 한다고 생각해요. 도전할 수 있도록 학생들이 생각할 수 있는 충분한 시간과 도전에 실패해도 다시 일어날 수 있다는 것을 보여주어야 한다는 것이죠. 그에 앞서 미래의 대한민국을 이끌어나갈 인재는 '창의성'을 갖추고 '도전정신'을 가지고 있어야 한다는 걸 우리가 먼저 증명해야 하지 않을까 싶어요.

조주영 사빈 군의 인재관을 들어보니까 우선적으로 정부로부터 벗어난 시장의 자유가 모든 영역에서 확대되야 될 것 같아요. 기업이나 사람을 계층화해서 징벌적인 세금을 물리거나 각종 규제조치를 확대하는 경제적 예속이 사라지고, 자신의 생각을 표현하는데 있어서 제한을 두거나 특정 행동을 제한하는 사회적인 예속이 모두 사라져야겠어요. 사빈 군이 말한 도전정신은 한마디로 자연스러운 다양성에서 오는 것들인데, 우리가 더욱 자연스러운 다양성을 인정해야 한다고 생각해요. 그런데 우리나라는 아직 이런 점에서 갈 길이 멀다는 생각이 들어요.

오종택 네가 경제적 예속과 사회적 예속을 이유로 들었는데, 보아하니 경제적 자유와 사회적 자유를 생각하는 것 같아. 경제적 자유는 이미 많은 사람들이 얘기하니까 제쳐두고 사회적 자유는 어떤 것을 말하니?

조주영 예시로 들어볼게요. 징병제를 유지하거나 낙태를 죄로 다스려야 한다고 주장이 서로 엇갈리고 있어요. 군대가 자기 가치관에 반하는 경우 사상과 양심의 자유가 침해된 것이고, 낙태 행위가 법적으로 처벌받는다면 이건 신체에 대한 자기결정권이 침해되는 것이죠. 반대 진영이라고 해서 다를 건 없어 보여요. 소수자에 대한 '혐오표현'을 규제해야 한다고 하던데, 이게 사회 다수의 의견에 반한다는 이유로 소수자가 목소리를 낼 권리를 원천적으로 봉쇄하는 거랑 뭐가 다를까요? 애초에 대한민국 사회에서 사회적 토론은 정부에 의한 사회적 예속을 피할 수 없다는 것을 전제로 하고 있어요.

오종택   나도 그렇게 느낀 게, 낙태 논쟁에서도 사람들은 낙태죄를 반대하는 것과 낙태를 반대하는 것을 서로 구분하지 못한다고 생각을 했거든. 나는 윤리적인 이유에서 낙태를 반대하지만, 낙태죄는 전혀 다른 문제라고 생각해. 사람은 누구나 자신의 신체를 자유롭게 행동하되, 책임을 스스로 질 권리가 있다고 생각해. 근데 낙태를 반대 하는게 낙태죄를 반대하는 것과 같다는 것이 네가 말한 사회적 예속일 수도 있겠다. 경제적 예속과 경제적 자유는 어떻게 생각하니?

조주영   경제적 자유의 경우, 이런 경우를 생각해 보죠. 복지예산을 늘린다고 할 때 재원 마련을 어디서 찾나요? 부자들이나 대기업에게서 더 가져오면 된다고 생각하는 경우가 많아요. 다른 나라들은 감세를 하는데 우리나라만 법인세를 인상한 게 떠오르네요. 또한 중소기업이 '탐욕스러운 대기업' 때문에 잘 크지 못하고 있으니 규제를 통해 '동반성장'을 이뤄내야 한다는 사회적 인식이 있죠? 하긴 우리나라 헌법에서 경제력 남용 금지, 최저임금제, 농어업 보호, 토지소유권 제한 등 경제에 대한 국가 간섭을 놀라울 정도로 자세히 명시하고 있는데, 당연한 결과겠죠.

오종택   그래서 나는 대기업이 법에 의해 특별 업종에 진출하지 못하는 것을 보고 이런 생각이 든 적이 있어. 그러면 그 특별 업종에서 중견기업들은 절대 대기업으로 성장할 수 없다는 뜻인가? 부자나 대기업에게 더 많이 가져오면 된다고 생각하는 사람들은 선의를 호소하지만 참 모호하고 위험한 사람들인 것 같아. 남의 기업에 주식도 없이 지분을 요구하는 양 세금을 더 많이 가져갈 궁리를 하고, 결국엔 우리에게 일자리를 제공하는 그 기업들이 우리나라에서 사라지는 것이니까. 게다가 우리는 지금 국제 시가의 두 배에 달하는 국내 쌀을 사먹고 있다면서? 농민들 보면 양심이 없다고 생각해. 그 사람들은 도전을 받고 경쟁하며 생존하기보다는 보호받아서 죽어있기를 선택한 사람들 같아. 그렇기에 사회적 예속과 경제적 예속은 과연 서로 맞물려 돌아가는지도 모르겠다.

조주영 새가 두 날개로 날듯이, 경제적 자유와 사회적 자유 어느 하나도 경시하지 않는 사회가 되길 희망해요.

오종택 미래의 대한민국은 북한을 어떻게 대했으면 좋겠니?

조주영 음. 북한 체제가 언제까지 유지될지는 모르겠지만 아직은 대북 정책에 대해서도 얘기를 좀 해야겠죠. 현재 집권 여당(더불어 민주당)은 밑 빠진 독에 물을 계속 붓고 있어요. 상식적으로 전체주의의 지도자라면 계속 폐쇄정책을 유지하는 게 자기 자신의 안위에 도움이 되지 않겠어요? 제가 김정은이라도 통일을 해서 평범한 시민이 되는 것보다 한 나라의 왕으로 계속 살 것 같아요. 그런데 집권 여당 좀 보세요. 과거 군사도발이 터졌을 때도 끊임없이 '이럴 때일수록 대화로 해결해야 한다'는 말만 했어요. 그리고 지금, 북한이 상상을 초월할 정도의 무례를 범하고 합의를 계속 위반하고 있는데도 평화가 왔다고 주장하기에 바쁘죠. 실제로는 아무것도 바뀐 게 없는데, 자기들 혼자 환상의 나라 속에서 정치를 하고 있는 것 같아요. 로널드 레이건이 이런 말을 했어요. "적에 대한 순진한 포용정책이나 대책없이 희망적인 사고는 순국선열들의 희생을 배신하는 것이며, 자유를 탕진하는 어리석은 행위"라고. 소련이 결국 내부체제의 모순을 이기지 못해 무너졌듯, 우리는 국제사회와 공조해 북한도 그렇게 만들어야 해요.

오종택　러시아가 소련이 망한 뒤 태어났듯이 북한이 소련에서 러시아로 가는 과정을 지날 것이라고 생각해. 왜냐하면 경제적 자유와 사회적 자유가 인간의 본성처럼 저절로 태어난 것처럼 그 서슬퍼런 통제를 벌이는 북한에서도 장마당이 저절로 생겨났거든. 북한 주민들이 경제적 자유와 사회적 자유를 장마당에서 제한적으로 누리고 있을 거야. 그래서 나는 그들이 스스로 깨달을 날이 있을 거라고 생각해. 어디선가는 마을마다 밀주를 만드는데, 거기서 굉장히 원시적인 형태의 주식/주식회사가 생겨났다고 들었어. 김정은은 절대 2천만 명의 사람들이 스스로 깨닫는 자유의 가치를 막을 수는 없을 거야. 그런 조짐이 조금씩 나타나고 있어.

조주영　통일이 된다면, 어쩌면 북한 지역이 자유시장 경제의 실험장이 될 수 있겠어요. 애초에 독재국가 말고 우리나라와 같은 규제시장이 있는 곳이 아니니, 자유시장이 북한 주민에게 더욱 익숙할 수도 있어요. 법인세가 10% 미만인 경제특구를 대거 설립하고, 북한이 그동안 사실상 방치해왔던 철도 등을 포함한 산업시설의 민간위탁 등이 진행돼야죠. 좀 급진적인 형태이긴 하지만, 미국 조지아 주에 위치한 샌디스프링스 시는 소방이나 경찰 등 중요한 업무를 제외하곤 어지간한 행정서비스를 다 민간에 위탁한다고 해요. 이것도 북한의 작은 지역을 대상으로 실험해보는 것도 괜찮겠죠. 말하고 보니 지금 대한민국보다 몇 배는 더 자유주의적이네요. 하지만 종국에는 번영은 물론 힘든 이웃들을 돕는 가장 효과적인 방법이라고 생각해요.

오종택　참 달콤한 상상이다. 생각할수록 우리나라에서 자유국가와 열린사회의 적들은 분명해지는 것 같아. 신세대의 반란이 일어난다면, 그들을 몰아내기 위해서 일어나겠지? 나는 자유에 어긋나는 실험들의 실험쥐가 되고 싶지 않아.

조주영　네. 이런 사회가 언젠가는 오겠죠. 그런 사회를 만들기 위해 우리 같은 사람들이 꼭 성공해야 하는 거고.

오종택　맞아. 꼭 이 책의 집필진들이 아니더라도, 우리와 같은 생각을 하고 있는 사람들은 많을 거야. 그런 사람들을 찾고, 서로 연결하고, 우리가 생각하는 국가가 아주 이상향적이지 않냐고 국민들을 설득해야지.

장주영　그렇지. 그런 사회를 만들기 위해 그 과정동안 우리 같은 사람들이 꼭 성공해야 하는 것이고. 그리고 그들이 오늘날 부패를 마음껏 누리게 놔두는 것도 좋을지도 몰라. 본연의 모습대로 마음껏 살라고 두는 것이지. 그러면 사람들이 모두 알게 되잖아. 그리고 우리가 주인공이 될 수 있을 때 결코 가만히 두지 않는 거야. 자유국가 열린사회가 주는 처벌이 기다리고 있는 것이지.

오종택　그래서 기성세대가 우릴 가만히 내버려 두었으면 좋겠어요. 미래를 위해 아무것도 하지 말고 바보 같이 있으라는 말이죠. 사실 가만히 두는 것 외엔 별 수 없기도 해요. 누군가는 진실의 그물에서 무사히 빠져나가고 파렴치함을 묻어버리고 숨길 수 있겠죠. 하지만 그건 뭐 그럴 인간은 그러라고 하고, 지금의 기성세대가 다른 세대보다 더 일찍 대체되는 것은 피할 수 없을 거에요. 본인들이 너무 많은 원죄를 졌고, 저 하나쯤 비판하고 매장시켜 버릴려고 한들 화난 신세대들이 외치는 자유국가와 열린 사회에 의해서 모조리 그 밑천이 드러나버리고 말거에요.

조주영　586이후의 X세대는 기성세대에 의해 성공적으로 의식이 소거되었다는 말이 있어요. 하지만 그 이후 세대는 달라요. 586세대는 이제 다 늙어버렸어요. 몸이 늙었기 때문에 우리 의식을 바꾸지 못해요. 하지만 그들은 자신들의 안정적인 미래를 위해 청년들에게 다시 한 번 터무니없는 거짓말을 하겠죠. 또 거기에 속은 사람들은 썩어빠진 586에 또 투표를 하고요.

오종택　하지만 우리는 분명 기성세대보다 훨씬 나은 사람들이에요. 젊을 적 무장봉기로 아예 킬링필드를 만들어서 200만명을 죽이려고 한 사노맹이나 남민전, 남로당 따위와 그런 사람들을 옹호하는 유시민이나 그 세대 사람들보다 훨씬 나은 사람들이죠. 우린 홍콩보다 더 세련되게 일어날 것이에요. 우릴 다 죽이기엔 그 사람들은 너무 나이를 먹었으니까요.

"책을 마치며"

"책을 마치며"

　먼저 이 책을 쓰며, 나는 586에 의해 만들어진 지금의 대한민국에서 나타나고 있는 사회 모습들을 다시금 되돌아볼 수 있었다. 그리고 그들이 지금까지 말해왔던 것과는 달리 '정의'롭지 못한 사회의 모습들을 바라보며 우리 사회의 젊은 이들에게는 '상실감', '박탈감', '불신'만이 쌓여왔다는 것을 알 수 있었다. 01년생인 나만 그렇게 아니라고 생각했던 것을 몇 년 더 살아본 사람들과 폭넓게 대화하면서 알게 되었다. 옛날엔 386이었지만 지금은 586이 된 대한민국에 뿌리깊게 박힌 사회악의 근원을. 더 이상 좌익과 우익, 진보나 보수에 따라 달라지는 것이 아닌, 그냥 이 사회의 젊은 층으로서 희망을 바라는데도 말이다.

　그래서 우리는 그런 사회 현실에서 문제의식을 느끼게 되었고 '글'이라는 하나의 수단으로 생각을 표현하고 있는 것이다. 이 책이 몇 권이 팔리고, 얼마나 많은 사람들의 관심을 받을지 보다는 또래들이 읽고 얼마나 많이 공감할 수 있는지, 기성세대가 읽고 얼마나 많이 반성할 수 있을지가 중요한 것 같다.

　하지만 그들이 반성할 것이라고 생각하지는 않는다. 부정한 돈과 부정한 출세를 맛본 사람들은 좀처럼 반성하지 않는다. 그래서 이 책은 시작이다. 거리에서, 학교에서, 기업 등 곳곳에서 하루빨리 사라져야 할 사대부들을 모조리 몰아낼 봉기의 시작인 것이다.

<강사빈>

이 책을 구성하는 다양한 청년들을 만나면서 덜 외로워졌다. 부도덕한 586세대로부터 이단아나 극우 취급을 받던 내가 결코 외톨이 같은 존재가 아님을 알게 되었기 때문이다. Z세대는 부모님 세대들이 곧 586이다. 부모님들이 만든 대한민국이 지금의 대한민국이다. 서로 다른 길을 걷고 있는 청년들과 이야기를 나누다 보니 명확해진 사실이 있다. 어떤 길로 가든, 대한민국이 그들(586세대)에 의해서 병들고, 뿌리부터 안정이나 번영과는 전혀 먼 길을 가고 있다는 것이다.

586세대의 부모님들은 요람과 식탁에서는 자식들에게 사랑을 속삭이지만, 집 밖에서의 투표와, 노조에서는 자식의 미래를 훔치는 탐욕과 착취를 욕망하고 있다.

그들이 나눈 잣대인 진보인지 보수인지의 구분도 무의미하다. 586세대의 잣대가 우리의 미래를 좀먹었다. 그리고 태어나지 않은 세대들의 미래마저 좀먹고 있다. 그들을 보며 신세대의 이상과 세계관이 자유의 편인지, 퇴보의 편인를 강요하는 느낌이 들었다. 그러한 기로에서 이 책이 문명의 내벽을 갉아먹는 기생충들을 해결하기 위한 손쉬운 구충제가 되길 바란다.

586이 만든 대한민국에서는 못 살겠다. 당신들은 모든게 자신과 상관없다고 할 것이다. 그러면서 자식의 미래와 부를 착취하면서, 황토빛 메콩강에서 이름 모르는 탈북자들까지 악어밥이 되게 만들었다. 더욱이 세상 물정 모르는 586세대의 주부들은 스스로 투표권을 거세할 필요가 있다. 자식들이 학교에서 당신들이 만든 괴물에 의해서 학대당하는 것에 관심이나 있었는가? 오히려 괴물 앞에서 자신의 의사를 표현하지 말라고 훈계했을 터다. 그것이 곪아서 오늘에야 하나씩 터진다. 자식에게 사랑을 속삭이면서, 자식의 미래를 훔치는데 가장 앞장서고 방조한 사람들이다. 그것에 대한 대가를 치르게 될 것이다.

<오종택>

현재 20대 국회 소속 의원 평균연령은 58.7세인 것으로 밝혀졌다. 국회의 평균 연령조차 586이다. 각 정당들은 21대 총선 승리를 위해 공천 가산점까지 도입하는 등 청년들의 지지를 호소하고 있다. 근데 정작 청년들의 목소리는 반영되는가? 여야 가릴 것 없이 청년정책 토론회를 열지만, 정작 의원들은 청년 문제에 관심이 없다. 직업 없는 정치꾼과 백수들만 모이라는 것인지 토론회 시간도 대낮 두 시이다. 실제 토론회에 참석해보니, 당대표와 원내대표라는 사람들은 축사 후 사진만 찍고 급하게 자리를 떴다. 이후 청년들과의 토론 세션에서 국회의원들은 남아있지 않았다. 정작 청년의 목소리에 귀를 기울여야 할 의원이나 장관들은 그 시간에 어디에도 없다. 정치적 목적이 있는 단식 사태, 수사 압박, 기부를 빙자한 이미지 관리만 있을 뿐이다.

물론 그분들이 바쁘다는 것은 당연히 알고 있다. 분 단위로 스케줄이 있는 분들인데 그럴 수 있다. 그런데 애초에 우리에게 관심이 있는 척 한다는 것에 분노를 느낀다. 신세대의 미래를 착취하는데만 바쁘다. 복지라는 이름으로 미래를 착취해서 마련한 일부의 재원으로 신세대를 달래기도 한다. 그러나 우리는 바보가 아니다. 그런 것에 속지 않는다.

당신들이 그렇게 해도 나의 삶의 의미를 찾는 과정이 이어진다. 그것은 삶을 영위는 강렬한 철학이다. 부모세대가 하라는 데로, 영어 단어 외운다고, 삼성 직무적성검사 푼다고 내가 어떻게 살아야 하는지는 알 수 없다. 자신을 챙길 수도 없다. 그런데 우리는 당신 세대들과 전혀 다른 철학을 가지고 있다. 우리는 결코 미래의 세대와 미래의 가치들을 착취해서 현실에 끌어오지 않는다. 현실과 주변과 조화롭게 사는 철학 뿐이다. 그것만 해도 586세대와 꽤 구별되는 철학이다. 당신들은 우리와 우리의 미래를 버렸다. 우리의 철학 또한 당신들을 버릴 것이다. 그리고 잃어버린 것을 모두 되찾아올 것이다.

<최종원>

복잡하게 생각할 필요가 없다. 이념이요, 사상이요 하는 번잡한 단어에 파묻혀 잊혀지고 있을 필요는 없다. 오로지 '공산주의와 좌파는 절대 선이 될 수 없다'는 것 뿐이다. 내가 이 책을 쓰는 순간에도 586세대들의 악랄한 만행들은 계속되고 있다. 그것은 결코 남의 일이 아니다. 내가 살아갈 미래로부터 재원을 도둑질하고, 오늘 내가 살고 있는 사회를 망가뜨리는 범죄인들인 것이다. 그들은 단지 합법적 투표이거나, 합법적 시위라는 이유로 범죄가 용인되는 것일 뿐이다.

586세대의 무심함에 기생하여 성장한 전교조의 편향교육은 사실상 대한민국에 맞서는 반역교육에 이르렀다. 맞서 싸우는 학생들을 권력으로 탄압하는가 하면, 그들은 집에서 부모님에게 위로를 얻지도 못한다. 586세대는 자신들이 대한민국의 기성세대라면서, 자유를 찾아 자유대한민국에 도착한 선원들을 살인자라는 거짓누명을 씌웠다. 그들이 살아가는 공간에서의 대한민국 헌법을 위반하면서까지 돌려보내는 것에 침묵했다. 더 이상 그들 세대에 정의는 없다.

내가 이 시대 대한민국을 살면서 가장 가슴아프게 느꼈던 것은 우리 국민이 이 나라를 바로 세우려 안간힘을 쓰더라도 인간의 감정을 자유자재로 이용하는 세력을 이기기 어렵다는 것이다. 우리는 현재 우리도 모르게 586세대의 부조리함으로 만들어진 모든 모순과 내전에 돌입했을 수도 있다.

나는 이제 뉴스를 보더라도 꼭 명심하게 되었다. 바로 절대 저들의 선한 표정에 속아서는 안 된다는 것이다. 저들은 그 어떤 부르조아보다 더 기회주의적이며 물질을 추구한다. 조국이 그랬고 역대 586세대 정치인들이 전부 그래 왔다. 어느 탈북자의 말을 끝으로 마치고자 한다.

'공산주의를 책으로 배운 자들은 공산주의자가 되고 공산주의를 몸소 경험한 이들은 반공주의자가 된다' 모든 것에는 이유가 있기 나름이다.

<최승혁>

문제를 의식하는 것이 해결의 시작이라고 한다. 하지만 이를 행하지 않는 사람들은 너무나도 많다. 문제를 의식하기 보다, 편을 가르기 때문이다. 이는 어쩌면 본능적인 방어기제일 수도 있다. 내 주위의 이해관계를 따지고, 논리적으로 타인을 분석하는 것은 생각을 많이 해야 하는 일이다. 하지만 부조리함은 그 점을 파고든다. 그리고 집단이 되어 개인을 누른다. 집단에 파묻혀 행동하다 보면, 나의 권리보다는 집단의 이익에 따라 움직인다. 그것이 586세대가 문재인 대통령과 함께 오늘의 대한민국을 만들어온 과정이다.

나는 올해(2019)에 그 꼴을 징그럽게도 많이 보았다. 차라리, 문재인 테마주를 가진 사람이 그 짓을 한다면 밉지라도 않지, 기묘한 일이다(누가 보면 이상하게 생각하겠지만, 난 솔직한 사람이 좋다).

얼마 전에는 눈코 뜰 새 없이 바빴다. 연말이라 기말고사에, 조별 과제, 건강검진, 밀린 잡무들이 겹쳤기 때문이다. 집에 들어와서는 멍하게 있게 된다. 시간이 남아도, 기력을 소비하고 나면 글을 읽거나, 생각을 하기 보다는 모니터를 켜 놓고 아무것도 안 하거나, 침대에 누워서 천장을 보게 된다. 운동은 개뿔, 배달음식을 가지러 가는 것조차 귀찮아진다.

그때 문득 느꼈다. 정말로 바쁜 사람들은 거리에서 파업할 시간도, 뉴스를 볼 틈도 찾기 어렵다는 것을. 진짜 시간상으로 못 한다면 거짓말이겠지만, 그만큼 마음의 여유가 없다는 거다. 정치 뉴스를 보는 것도 꽤나 시간이 드는 취미이고, 실제로 토론회 등에 가서 의견 피력을 하는 것은 어쩌면, 귀족적이라고도 할 수도 있겠다.

우리 청년들이 매달 수십만 원의 돌려받을 수 없는 국민연금을 뜯기면서도, 폭동이 한번 안 일어나는 건, 거대한 현실의 압력이 청년들이 끓어오르는 걸 억제하고 있기 때문이다. 일종의 압력밥솥, 아니 Autoclave(고압멸균기)이다. 그곳에선 아무것도 살아남지 못한다. 어쩌면, 우리 같은 청년들은 이런 압력밥솥 덕분에 문제해결책과는 거리가 한참 멀리 있는 토익이나 IELTS 점수로 감정을 억누르는 건지도 모르겠다.

   글이 너무 칙칙한 것 같다. 누구나 햇볕을 쬐지 못한 초겨울의 감성이 있다. 하지만 이를 모두 녹이고 따뜻한 봄이 꼭 온다면, 우리 청년들에 의해 억눌린 이 거대한 압력의 밥솥은 녹아져 버릴 것이다.

<장효섭>

사실 문화적 가치관은 세대마다 다를 수 있고 탈가치성으로 인하여 우리가 옳다 그르다 할 문제가 아닐 수도 있다. 또한 586세대는 우리의 부모 세대이고 그 당시 시대적 특성상 많은 부모세대들이 특정 생각에 몰려 있었던 것도 사실이다.

586세대를 너무 미워해서 세대간 갈등으로 이어지진 않았으면 좋겠다. 미워하는 것이 해결책은 아니기 때문이다.

대신 우리 세대는 우리에게 닥친 현 상황, 586세대가 리드하고 있는 시궁창같은 현 상황을 어떻게 해결하고 이끌어 나갈지 건설적으로 사고할 필요가 있다. 어쩌면 시간조차 얼마 남아있지 않을 수도 있다. 새해를 바라보는 감상은 초조함이 더욱 크다.

이 나라의 주인공은 이제 우리가 되었으니 말이다.

좋든 싫든 이전 세대들이 물려준 대한민국이다. 우리는 586세대와 같이 대한민국을 망치면 안 되지 않겠는가? 다음 세대에게 떳떳할 수 있는 우리 세대가 되어, 다음 세대에는 이런 내용을 담은 종류의 책이 나오지 않기를 바란 뿐이다.

<장주영>

586세대는 편협하다. 그들은 단순히 자신들이 정치적, 사회적 사안에서 언제나 중립을 지킨다고 착각하는 것에 그치지 않고, 자기보다 조금이라도 왼쪽이나 오른쪽에 있다면 곧바로 극단주의자로 몰아붙이며 생각을 바꿀 것을 강요한다.

586세대는 타락했다. 젊었을 적 불의에 맞서 싸웠던 과거가 있었음에도 불구하고, 지금은 자기들의 행동이 언제나 정의롭다고 우기며 온갖 불의를 정당화하며 살아간다. 불의에 목소리를 내는 젊은 세대의 외침은 선동을 당했거나 철없는 이들의 것으로 몰아간다.

586세대는 강압적이다. 공동체를 위해서라면 개인은 기꺼이 희생되어도 좋다고 믿고, 조직 내에서는 통일된 목소리만을 요구한다. 비판은 곧 조직 붕괴의 길이며, 리더에게 충성하며 '단합된' 모습을 보이는 것이 외부 집단에 맞서는 길이라고 가르친다.

그들은 늘 말한다. 젊은 세대가 사회의 희망이라고. 하지만 정작 그들은 젊은 세대들의 사고방식을, 행동을 수용하려 하지 않는다. 철저하게 자신들의 필요에 따라 적당히 이용해먹기 좋은 도구쯤으로 생각하는 것이다.

이제는 젊은 세대의 한 사람으로서 감히 목소리를 내고 싶다. 그들의 시대가 언제까지나 계속되지도 않을 것이고, 그들의 낡은 이념이 사회를 지배하는 날도 언젠가는 끝이 날 것이다. 변하고 있는 시대의 물결을 막으려는 시도는 전혀 성공될 수 없으며, 시대착오적인 체제를 지키려 발버둥치는 이들의 추악함이 더욱 부각될 뿐이다. 586세대가 이제는 그들의 자식 세대에게 정당한 몫을 돌려주고, 역사의 흐름에 맞추어 조용히 무대 뒤로 퇴장하는 날이 오기를 기원한다. 그것이 곧 상식이고 정의일 것이다.

<조주영>

586이라는 이름의 어른들

초판인쇄 _ 2020년 3월 30일

초판발행 _ 2020년 3월 30일

발행인 _ 이장우

표지디자인 _ 손홍림

저자 _ 오종택, 장효섭, 최승혁, 강사빈, 조주영, 최종원, 장주영

펴낸곳 _ Freedom&Wisdom

등록일자 _ 2014년 1월 17일

등록번호 _ 제 398 - 2014 - 000001호

전화 _ 070-8621-0070

이메일 _ jpt900@hanmail.net

SBN 979-11-86337-42-4(03300)

opyright ⓒ 2020 오종택 외

　본서의 내용을 사전 허가없이 전재하거나 복제할 경우 법적인 제재를 받게 됨을 알려 드립니다.

　잘못된 책은 구입하신 서점이나 본사에서 교환해 드립니다.

　정가는 표지에 표시되어 있습니다.